L'ITALIE

L'ITALIE

• *Le Pays : une géographie, une population et une économie fortement contrastées.* • *À travers le temps : au cœur de l'Europe, les racines d'une civilisation, la vie quotidienne aujourd'hui.* • *Villes et régions : les grandes étapes de la visite.* • *Encyclopédie : l'Italie de A à Z.*

LIBRAIRIE LAROUSSE
17, rue du Montparnasse – 75006 Paris

MONDE ET VOYAGES

Collection dirigée
par
Pierre Minvielle

Secrétariat de rédaction
Hélène Gouby

ITALIE

Documentation iconographique
Viviane Seroussi

Cartographie
Gilles Alkan et CART

Mise en page
Michel Méline, graphiste

Conception graphique
Frédérique Longuépée

Direction artistique
Henri Serres-Cousiné

Fabrication
Janine Mille

La photo de la p. 2 est de Rauchon-Explorer.

Nos couvertures

*Le Colisée de Rome ; il a traversé les siècles,
changeant de fonction. Aujourd'hui, un témoin
de la richesse d'une civilisation.*
Phot. K. Straiton-Explorer

*Tout le mystère et tout le charme de Venise
revivent à travers le carnaval et ses acteurs
masqués.*
Phot. J.P. Garcin-Diaf

Librairie Larousse (Canada) limitée, propriétaire pour le Canada
des droits d'auteur et des marques de commerce Larousse
– Distributeur exclusif au Canada : les Éditions Françaises Inc.,
licencié quant aux droits d'auteur et usager inscrit des marques
pour le Canada.
ISBN 2-03-513 159-6

ITALIE

SOMMAIRE

P. 6   Coup de cœur——————— Dominique Fernandez
P. 8   Le pays ————————————— Pierre Minvielle
P. 10   *Géographie* —————————————————
P. 14   *Population* ——————————————————
P. 16   *Économie* ——————————————————
P. 20   À travers le temps ———————————————
P. 22   *Le passé* ———————— Dominique Vergnon
P. 34   *Le patrimoine culturel* —— Dominique Vergnon
P. 52   *La vie quotidienne*——————— Ena Marchi
P. 60   Villes et régions—— Marina Ferretti-Bocquillon
P. 120   Encyclopédie ———————— Isabelle Calabre
                            ——————————— Nicolas Schneider
P. 157   Index ———————————————————

coup de cœur

Qu'elle nous paraît éloignée, l'époque où l'Italie ne plaisait que par les vestiges de l'Antiquité disséminés sur son territoire ! Pourtant, jusqu'au début du XIXᵉ siècle encore, les voyageurs venaient chercher à Rome, à Vérone, à Naples, en Sicile surtout un reflet de l'Italie latine, des souvenirs de Virgile, Cicéron et Horace, des Apollons mutilés et des Vénus sans bras. Il n'est que de relire le voyage de Goethe ou les pages célèbres de Chateaubriand sur les campagnes du Latium pour comprendre à quel point les imaginations, alors, étaient frappées par la contraste entre la grandeur de la nation antique et la misère de la nation actuelle. On venait en Italie, comme l'auteur des *Mémoires d'outre-tombe,* pour méditer sur la fragilité des civilisations et se répandre en élégies sur la mort. Hubert Robert, dans le même temps, ne savait peindre que des ruines. Terre de pleurs dont le passé glorieux avait été enseveli par un arrêt sans appel de l'Histoire, il semblait que l'Italie ne fût plus qu'un vaste, poétique et décourageant cimetière.

Notre siècle a renversé cette image. Il a découvert la vitalité extraordinaire d'un pays à qui les difficultés ne manquent pas sans doute – ne serait-ce que par la disparité économique entre un Nord surindustrialisé et un Sud appartenant encore au tiers monde –, mais qui sait en venir à bout grâce à l'ingéniosité et au dynamisme de ses habitants. Pourtant, l'idée est longue à s'éteindre d'une Italie vouée aux dorures prestigieuses d'un interminable crépuscule...

Prenons deux exemples, l'un au Nord, l'autre au Sud. Nul ne se rend à Venise sans avoir devant les yeux les séquences du film de Visconti *Mort à Venise,* sans associer Venise et mort. Pur lieu commun, véhiculé par Barrès et Thomas Mann avant d'être magnifié par le cinéma, et qui ne correspond pas du tout à la réalité ! Quelle est la ville qui a inventé la gaieté moderne ? Venise. Et non seulement une forme, mais bien quatre formes de gaieté. La gaieté en musique, avec Vivaldi. La gaieté en peinture, avec Tiepolo. La gaieté au théâtre, avec Goldoni. Enfin la gaieté tout court, la joie de vivre, avec Casanova. Quatre maîtres incomparables d'optimisme, quatre sources de jouvence intarissables. Mais la puissance des clichés est telle que nous continuons à faire mijoter la cité des doges dans un marais de marasme, alors qu'elle nous offre, par sa résistance aux menaces combinées des marées hautes et des pollutions par les usines de Marghera, une magnifique leçon de santé.

Au Sud, voici la Sicile, présentée comme un champ de ruines figées dans la mort depuis la fin du monde grec. Les voyageurs, naguère, ne s'intéressaient qu'aux restes des temples et des théâtres antiques. Ils ne faisaient halte qu'à Ségeste, Sélinonte, Agrigente et Syracuse. C'est tout récemment que notre goût s'est tourné vers d'autres témoignages du génie sicilien, vers ces églises baroques surgies aux XVIIᵉ et XVIIIᵉ siècles, ornées d'anges en équilibre instable, de saintes en exquise pâmoison, de marbres colorés et de stucs proliférants, prodiges de fantaisie, miracles d'allégresse, mais qui étaient restées victimes du préjugé selon lequel la Sicile n'avait vécu pleinement qu'au Vᵉ siècle avant notre ère et, depuis, traînait une misérable agonie.

Combien cette idée est fausse, on peut le vérifier sur un autre point. De ruines modernes, la Sicile ne manque pas. La terre tremble tous les trente ans à peu près et se charge de renverser des villages entiers. Ainsi en a-t-il été de Gibellina, bourgade de l'intérieur rasée en 1968. Vous croirez peut-être que les habitants ont accepté ce désastre avec une résignation fataliste ? Pas du tout. Sous l'impulsion de leur maire, Ludovico Corrao, ils ont reconstruit un autre village tout neuf, à vingt kilomètres des ruines. Je cite Ludovico Corrao, parce qu'il me semble le plus récent échantillon de cette race d'hommes, à la fois bâtisseurs, organisateurs et grands poètes de la vie, qui ont fait l'Italie, qu'ils fussent papes, architectes, hommes d'affaires ou artistes, de Jules II à Urbain VIII, de Mattei à Benetton. Ce simple maire d'un village perdu dans la montagne a fait orner Gibellina nouvelle de sculptures par des artistes d'avant-garde et recouvrir les ruines de Gibellina ancienne par un linceul de chaux blanche qui respecte le tracé des rues et des places, immense suaire de plusieurs hectares qu'on voit de loin étinceler sur la pente, à vrai dire un des monuments les plus étonnants, les plus forts et les plus émouvants de ces dernières années en Europe.

Que d'idées fausses gardent de puissance ! Ainsi, il est admis que l'Italie serait surtout un musée : opinion confortée par l'afflux des touristes dans une ville comme Florence. Certes, Florence mérite le séjour, et quiconque veut se familiariser avec Michel-Ange, Giotto, Masaccio, Botticelli, Brunelleschi, Donatello et quelques autres princes de la Renaissance doit se réserver quelques jours dans la cité du lis. Mais réduire l'Italie à Florence serait aussi absurde que limiter une visite de Paris à l'exploration du Louvre. Il y a en Italie des villes bien plus vivantes et amusantes que Florence : à commencer par Naples, bien entendu, métropole labyrinthique aux trésors inépuisables et où le spectacle est à chaque coin de rue. Florence, Venise et Rome représentent la triade sacrée du « devoir culturel » : chacun est content de l'avoir accompli, « il faut » avoir vu le Grand Canal, Sainte-Marie-des-Fleurs et le Colisée, mais les vrais coups de cœur, ce n'est pas là, sur les chemins obligés du tourisme, qu'on les éprouve.

À chacun, pourvu qu'il ait un peu d'indépendance et de goût personnel, l'Italie réserve un lieu qu'il élira comme fief privé, fontaine de jouissance et palais de délices. Pour l'un, ce sera Trieste, porte de l'Europe centrale, qui se souvient, dans ses imposants édifices 1900, d'avoir été le port de l'empire autrichien ; pour l'autre, la délicieuse Urbino, nichée dans les collines, pur joyau de la Renaissance ; pour un troisième, la minuscule Sabbioneta, près de Mantoue, où un des Gonzague tint sa cour, comme en témoignent la résidence princière et le théâtre merveilleusement préservés. Quelquefois, une simple construction en rase campagne suffira, tel le château de Castel del Monte élevé par Frédéric II dans la solitude des Pouilles, ou une église abandonnée dans le désert, comme la cathédrale rose de Trani, qui se réflète dans l'Adriatique. Un arbre seul, aussi, un cyprès planté au sommet d'une colline, dans les riantes campagnes de l'Ombrie, enchantera celui qui préfère à l'œuvre des hommes l'architecture naturelle inscrite dans les paysages.

Telle est l'Italie, prodigue en merveilles et en miracles, féconde en surprises, inlassablement vivante et ensorceleuse, qui frappera à votre cœur non pas un seul coup, mais cent, mais mille gifles toniques de bonheur, d'enthousiasme et de jeunesse !

Dominique Fernandez

LE PAYS

Ondoyantes et dénudées, les collines de la région de la Basilicate. La terre y tremble régulièrement.

À DROITE : Le Val Gardena, lumineux, couv d'alpages et de forêts de conifères.

Présentation du pays

Tout le monde peut reconnaître l'Italie sur une carte. Avec sa forme de botte, elle semble jouer au ballon avec la Sicile. Mais la plus développée des péninsules méditerranéennes est aussi la plus européenne grâce à son enracinement non pas sur une côte, mais au cœur montagneux du continent, les Alpes. Trait d'union entre l'Europe et l'Afrique, ce territoire de 301 251 km² s'étire de la latitude de Berne à celle de Tunis. Largement ouverte sur quatre mers (Ligure, Tyrrhénienne, Ionienne et Adriatique) comme un embarcadère s'avançant sur le bassin de la Méditerranée, l'Italie est la porte maritime de l'Europe sur l'Orient. D'autant plus maritime que, à la portion continentale de son territoire, se rattachent des îles ; les unes sont grandes : la Sicile, la Sardaigne ; d'autres sont beaucoup plus modestes : îles Lipari, Stromboli, Ischia, Capri, Elbe, Pantellaria et îles Pelasgiennes.

Ce long corridor de terre en impasse sur la mer se caractérise par la diversité de ses paysages. On a dit de l'Italie qu'elle est « le monde du discontinu ». Circulant à travers ce pays, on assiste à un perpétuel changement. Goethe, qui

s'enchantait de cette variété, est allé jusqu'à s'émerveiller des poussières successives qui couvraient sa voiture. Plus prosaïquement, le géographe relève que les collines et les plateaux couvrent 42 p. 100 de la superficie et les montagnes, 35 p. 100. Le relief impose quatre grandes unités territoriales : les Alpes, la plaine du Pô, les Apennins et la Sardaigne.

La tête dans les Alpes

Les Alpes forment un rempart qui couvre tout le nord du pays, de la Méditerranée à l'Autriche. Leur grand arc montagneux

se hérisse de cimes prestigieuses. Les dix principales sont l'Argentera (3 297 m), le Viso (3 841 m), le Grand Paradis (4 061 m), le mont Blanc de Courmayeur (4 807 m), le Cervin (4 478 m), le mont Rose (4 633 m), la Bernina (4 052 m), l'Ortles (3 899 m), l'Adamello (3 554 m) et la Marmolada (3 342 m). En dépit de ces altitudes élevées, la muraille alpine ne forme pas écran, son franchissement étant relativement aisé grâce à l'existence de vallées profondes (vallées de Bardoneechia, d'Aoste, de l'Adda et double vallée du Haut-Adige : vers le Stelvio et vers le Brenner). L'histoire a depuis longtemps tracé des

UNE HYDROGRAPHIE MÉDITERRANÉENNE

■ Une conséquence du climat irrégulier porte sur l'hydrographie. On la devine sans peine quand on sait que le territoire va des glaciers des Alpes aux steppes semi-désertiques de la Sicile. Dans la zone médiane de la péninsule, les rivières comme l'Arno ou le Tibre font figure de simples torrents, à sec l'été, avec des crues brutales. Ce régime irrégulier, méditerranéen, est également celui des torrents des Alpes comme l'Adige ou la Brenta, redoutés pour leurs crues et les éboulements qu'ils entraînent. En réalité, le seul système fluvial équilibré est celui du Pô, au moins dans son trajet en plaine. En effet, l'étendue énorme de son bassin d'ali-

mentation contribue à régulariser son cours entre les crues du Pô supérieur, de la Doire, du Tessin, de l'Adda et du Mincio.

Une autre caractéristique de l'hydrographie italienne est l'abondance des lacs. En tête de ceux-ci, il convient de mentionner les grands lacs subalpins, véritables petites mers intérieures et fleurons du paysage. Le lac Majeur, les lacs d'Orta et de Varèse, de Lugano, de Côme, d'Iseo, de Garde occupent tous des cuvettes glaciaires. Leur masse régularise le cours des torrents et assure une réserve naturelle d'eau potable qui fait des Alpes italiennes un véritable château d'eau. Mais il existe aussi des lacs plus modestes. Le seul Trentin, qui en renferme 297, a même été surnommé « la Finlande de l'Italie ».

PAGES PRÉCÉDENTES : Paysage de Toscane.

viales. Curieusement, son relief se prolonge en Sicile.

La Sardaigne constitue, à elle seule, un
petit monde original. Sa mosaïque de
plateaux est d'origines géologiques très
diverses. Et, pour compléter cette impression de monde à part, la Sardaigne
possède un vrai massif montagneux,
celui du Gennargentu, qui culmine à
1 834 m.

Une grande activité volcanique

L'évocation de la mosaïque géologique
sarde appelle une mention des structures
très fragmentées et complexes qui marquent la morphologie italienne dans son
ensemble. Pris dans sa globalité, le
territoire présente une véritable marqueterie de roches que diversifient leur
nature et leur âge. D'une histoire géolo-

voies de communication empruntant les
brèches les plus accessibles. Par les cols
de Tende, Larche, Montgenèvre et
Mont-Cenis, l'Italie est reliée à la France
(sans parler des tunnels) ; par les cols du
Grand-Saint-Bernard, du Simplon, du
Saint-Gothard, du Stelvio et de Resia,
elle communique avec la Suisse ; par le
Brenner, le Tarvis et la vallée de la Drave,
elle a des liaisons avec l'Autriche. L'Italie
ne possède que le versant méridional de
l'arc alpin.

Celui-ci domine la plaine du Pô,
deuxième grande unité du pays et son
unique vaste plaine : 50 000 km². Sa
forme triangulaire allongée résulte d'un
alluvionnement progressif, qui explique
aussi l'étrange platitude de ses horizons.

Au sud de cette étendue plate se dresse
la chaîne des Apennins, qui sert de
nervure à « la botte ». Cette épine
dorsale de l'Italie s'étire sur 1 200 km de
longueur et ses sommets principaux
affichent des altitudes non négligeables :
2 914 m au Gran Sasso d'Italia, 2 283 m
au mont Greco, 2 163 m au mont
Cimone et 2 050 m au mont Sannio. Ce
relief compact, dépourvu de brèche,
tombe en abrupt à ses deux extrémités,
privant ainsi la Ligurie et la Calabre de
véritables plaines littorales. En revanche,
dans sa partie centrale, la nervure montagneuse est annoncée par des plateaux,
des collines et de petites plaines allu-

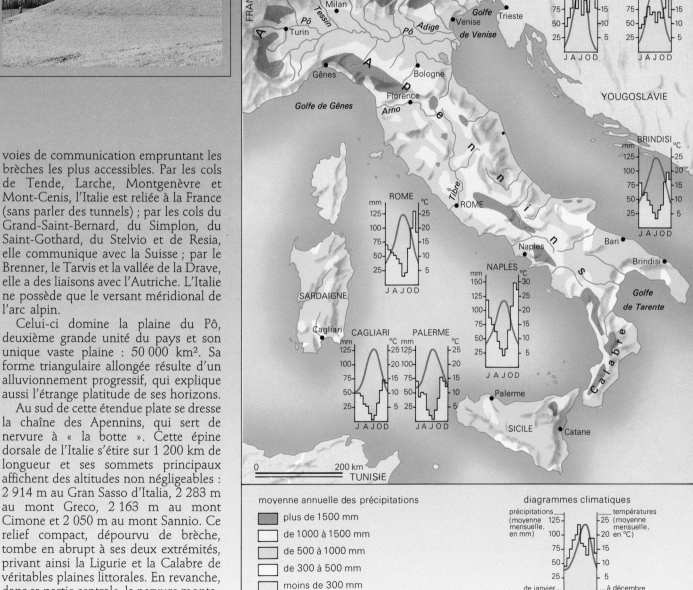

Climat et précipitations.

Hautes aiguilles rocheuses, architectures tourmentées. Les Dolomites ont bien un aspect lunaire.

Peu peuplée parce que pauvre en eau, la Sicile intérieure aux vastes horizons.

LES NUANCES D'UN CLIMAT

■ Celui de l'Italie est de type méditerranéen, cette affirmation mérite cependant les nuances qu'imposent le relief, l'étirement du territoire et la plus ou moins grande proximité de la mer. L'Italie est divisée en trois zones climatiques. L'Italie du Nord connaît un climat plutôt rude, à caractère nettement montagnard dans les Alpes et plutôt continental dans la plaine du Pô, où les étés sont suffocants et les hivers froids. Le véritable type de climat méditerranéen se rencontre surtout dans les Apennins, avec des étés chauds et secs, des hivers doux, un ensoleillement durable et des précipitations capricieuses. Ce type s'aggrave à mesure qu'on progresse vers le sud. En Calabre et plus encore en Sicile, le climat du Sud prend des tonalités déjà africaines.

UNE VÉGÉTATION SUR LA DÉFENSIVE

■ Une conséquence des contrastes et des rigueurs du climat italien est de placer la végétation sur la défensive. Les biologistes noteront d'emblée que les espèces les mieux adaptées sont les arbres. Et personne ne s'étonnera de découvrir des oliviers, des chênes verts, des pins maritimes et des pins parasols émailler les paysages les plus typiques du pays. Cependant, on remarquera que les plus belles forêts de feuillus et de conifères se rencontrent dans les Alpes, sur les pentes desquelles elles sont disposées selon l'étagement classique (feuillus en bas, conifères en haut). Dans le Sud, en revanche, la particularité végétale la plus notable est la présence du palmier nain, qui annonce déjà les dattiers de l'Afrique.

ques (éteints) pointent dans les Apennins : les monts Sabains et les collines du « Castelli Romani ». Enfin, détachées des axes montagneux, les collines Euganéennes complètent ce panorama volcanique.

La marqueterie des petits pays

Relief, climat, végétation liguent leurs efforts pour créer sur l'Italie tout entière une marqueterie de petits pays. Leur appellation et leurs limites relient souvent ces entités locales à d'anciennes provinces historiques. Ainsi, le Piémont, berceau de l'unité italienne, englobe la haute vallée du Pô, les montagnes alentours ainsi que les vallées alpestres d'Aoste et de la Doire Ripaire en un terroir où l'on rencontre encore l'olivier. La Lombardie coïncide avec la verte plaine du Pô, entre Tessin et Mincio, et l'on y rattache les grandes vallées glaciaires qui y débouchent. Plus à l'est s'étendent les Vénéties (il y en a trois) : le Veneto occupe les bassins du Pô et de la Brenta et s'achève mollement dans le delta du Pô ; la Vénétie Julienne, autrement dit le Frioul, plus riche en collines, annonce déjà les Alpes ; enfin, la Vénétie Tridentine correspond aux vallées de l'Adige, de l'Isario et au massif monta-

gique complexe, retenons le soulèvement des Alpes et des Apennins, provoqué par les migrations tertiaires de la plaque continentale africaine en direction de l'Europe. L'érosion consécutive à cette orogénie sera, à la fin du tertiaire, responsable des sédimentations qui s'accumulent sur l'emplacement de la plaine du Pô. D'autres mouvements plus modestes marquent l'ère quaternaire, où se manifestent un volcanisme important ainsi qu'une érosion glaciaire responsable du creusement des vallées alpines et

des cuvettes qu'occuperont par la suite les lacs subalpins. Tremblements de terre et éruptions volcaniques témoignent encore de nos jours d'une activité ignée loin d'être assagie. Trois appareils volcaniques importants sont encore en activité : le Vésuve, près de Naples, avec les champs Phlégréens et l'île d'Ischia ; le Stromboli, qui forme une île à laquelle il faut associer les îles Lipari, composant l'archipel des Éoliennes ; l'Etna, qui dresse son cône près de Catane, en Sicile. Moins connus, d'autres massifs volcani-

gneux si particulier des Dolomites. Avec l'Émilie-Romagne, on gagne une plaine alluviale qui se prolonge au sud du Pô. L'antique via Emilia a donné son nom à ces vastes champs aux horizons plats. Ici, on cultive le riz, et la vigne enlace volontiers les troncs des ormes, donnant l'image d'une union qui est celle de cette double province. De l'autre côté des Apennins, la Ligurie descend en pentes raides sur un littoral âpre, rocheux. Privée du répit des plaines, cette terre ne possède que des vallées encaissées. Sa rudesse contraste avec l'harmonie des paysages toscans. La Toscane offre ses horizons de collines au profil net que la lumière du soir nimbe d'or, faisant naître le « miracle toscan », naturel avant d'être artistique. Dans ce terroir raffiné, on distingue le relief des Alpes Apuanes, par opposition au bassin de l'Arno et aux Maremmes.

Plus au sud, c'est l'Ombrie, sur laquelle le poète a tout dit d'un seul vers : « La verte Ombrie où bruissent les peupliers. » Entre Apennins et Adriatique s'étalent les Marches. Leur nom évoque l'ancienne limite de l'empire des Francs. Ici, des chaînons de collines parallèles à la montagne descendent jusqu'à la mer, ne laissant sur la côte qu'une étroite bande de plaine. Entre Apennins et mer Tyrrhénienne est installé le Latium, berceau de la civilisation romaine, où quelques collines volcaniques animent un littoral sableux. Au-dessus, les Abruzzes prennent l'aspect de nids d'aigle. C'est la haute montagne des Apennins dans toute la sauvagerie de leurs crêtes pelées, de leurs plateaux désertiques et de leurs forêts oubliées. Descendant vers Naples, on traverse la Campanie, sorte de croissant fertile entourant le grand port. Les Pouilles, plus au sud, encore relativement fertiles, servent de transition avec les terroirs les plus méridionaux de la péninsule : la Lucanie (ou Basilicate) et la Calabre ; peu de plaines, des montagnettes âpres en bordure de mer.

À cette diversité s'ajoute celle des îles. Les paysages de Sicile jalonnent de cyprès et d'oliviers des steppes où des murets en pierre sèche marquent jalousement des limites de propriété. Quant à la Sardaigne, son sol raboteux et les paluds malariques de ses côtes lui donnent un aspect sévère.

COMMUNICATIONS DIFFICILES ET CALAMITÉS NATURELLES

■ Le compartimentage naturel a des conséquences économiques. En premier lieu, il rend les communications difficiles sur l'ensemble du territoire. Impossible de construire un chemin de fer ou une autoroute sans bâtir de coûteux ouvrages d'art. Les zones littorales ne sont guère mieux loties que l'intérieur du pays. Les côtes italiennes sont tantôt rocheuses, tantôt basses et sableuses, mais elles n'offrent que rarement des sites portuaires naturels. Un peu partout, l'existence de pentes raides entretient la menace de glissements de terrain, les « franes », dont la presse doit traduire trop souvent le caractère périodique et catastrophique. Au chapitre des calamités naturelles s'ajoutent aussi les séismes fréquents. D'un point de vue plus général, la valeur agricole des sols italiens est limitée ; les plaines y sont mal drainées et les marais, nombreux, sont autant de foyers de paludisme. Chacun s'accorde à reconnaître qu'il est temps d'y mener à bien des gros travaux de bonification. Enfin, dans le Nord, très industrialisé, la pollution pose des problèmes de plus en plus aigus (Seveso).

Camogli ; station balnéaire peut-être, mais aussi port de pêche
coloré sur la Riviera du Levant.

La population

Une démographie en pleine mutation

Avec 57 100 000 habitants, l'Italie arrive
en deuxième position parmi les pays les
plus peuplés du Marché commun européen, après l'Allemagne fédérale. Mais
sa densité de population — 189 habitants au kilomètre carré (100 en France)
— n'est que la quatrième de l'Europe.
Encore la réalité italienne se modifie-
t-elle au point que certaines idées reçues
à propos de sa démographie sont aujourd'hui périmées. C'est ainsi que l'Italie n'est plus le pays prolifique et

surpeuplé qu'il était naguère encore.
Depuis les années 1960, son dynamisme
démographique s'atténue. Ce qui entraîne des transformations dans les mouvements migratoires. Actuellement, l'accroissement naturel de la population
italienne est curieusement ralenti. Il n'est
que de 0,2 p. 100 par an, alors qu'en
France, pays peu prolifique, il est de
0,4 p. 100 par an. À l'inverse, la mortalité
est en baisse régulière sur l'ensemble du
territore italien depuis un siècle. On l'a
ainsi vu chuter de 30 à 9,4 p. 1 000 par
an. Cette appréciable diminution est en
grande partie due à un recul très net de
la mortalité infantile, jadis située au taux
très élevé de 230 p. 1 000 et qui s'établit
aujourd'hui à 15,6 p. 1 000. En revanche,
la natalité est en baisse : une étude de
ce facteur démographique montre

qu'elle s'est longtemps maintenue à
30 p. 1 000 par an mais qu'elle fléchit
depuis quelques décennies, se rappro-
chant aujourd'hui du faible taux de natalité caractéristique des pays industrialisés. En 1980, le taux italien de natalité
était de 11,8 p. 1 000. Ces chiffres
englobent l'ensemble de la population
italienne mais une étude plus fine met
en opposition le nord et le sud du pays.
Au nord, les habitudes démographiques
sont celles des pays industrialisés tandis
que le Sud a conservé une forte fécondité.

Une émigration en baisse

La conséquence la plus directe de ce
ralentissement est le vieillissement de la
population. Les plus de 60 ans constituent 18 p. 100 de la population et les

14

Quel plaisir
de grimper sur ces
rochers rouges
qui bordent le rivage
d'Arbatax,
en Sardaigne !

À GAUCHE :
La Cattolica, une
curieuse église
byzantine du xᵉ s.,
veille sur le bourg
de Stilo, en Calabre.

moins de 20 ans ne représentent que 30 p. 100. Il découle de cette situation un important changement du flux migratoire. Jadis, l'Italie pouvait être considérée comme un réservoir de main-d'œuvre. Durant la période entre l'Unité et la Première Guerre mondiale, l'émigration des Italiens se chiffrait par millions. Cette émigration a été freinée par le régime fasciste. Mais elle a repris après la Seconde Guerre mondiale puisque l'Italie a enregistré 3 millions de départs entre 1946 et 1978. Désormais, la direc-

tion privilégiée n'est plus les États-Unis mais les pays européens. Cependant, dans la période récente, on assiste à un amenuisement de ces flux migratoires et à leur inversion. Depuis 1975, en effet, les retours dépassent les départs. L'Italie devient même un pays d'immigration. Elle accueille en nombre grandissant des ressortissants des pays sous-développés, notamment d'Éthiopie.

Néanmoins, les flux internationaux ne constituent plus le phénomène démographique majeur. Désormais, ce sont les

migrations intérieures qui deviennent fondamentales pour la vie du pays. Depuis la fin de la Seconde Guerre mondiale, on assiste en effet à un transfert massif de population du Sud vers le Nord et de la campagne vers la ville. Le Mezzogiorno vient chercher du travail à Rome, dans l'ensemble Florence-Prato-Livourne et surtout dans le « triangle industriel » du Nord : Milan-Turin-Gênes : 5 millions d'Italiens ont quitté la terre. Aujourd'hui, plus de 53 p. 100 de la population italienne vit en ville.

Forces et faiblesses de l'économie

Prise sous l'angle économique, l'Italie fascine les spécialistes. Voici une puissance traditionnelle, c'est-à-dire peu tournée vers les secteurs de pointe, et qui pourtant gravit insensiblement les échelons dans la hiérarchie des pays les plus performants du monde. Si l'on considère le produit national brut, l'Italie occupe le 7e rang mondial. Peut-être le 6e, voire le 5e si l'on y ajoute des facteurs d'expansion. En 1987, la variation en volume du P.N.B. italien a été de + 3 p. 100. La même année, le taux de chômage était de 11,8 p. 100. Le rapprochement de ces deux chiffres traduit ce

Enfin, une prise ! La pêche au thon en Sicile, une ressource non négligeable.

que certains appellent avec un sourire « l'expansion à l'italienne ».

Derrière ces paradoxes, certains commentateurs se plaisent en effet à évoquer la débrouillardise, la mobilité, le sens de la « combinazione » qui caractérisent la main-d'œuvre italienne. C'est aller vite en besogne et faire peu de cas d'un climat social agité de nombreuses turbulences. Mais cela traduit l'existence d'un secteur d'« économie souterraine » qui échappe aux statistiques officielles et qui vit d'expédients, utilisant le travail au noir, pratiquant l'évasion fiscale et la vente sans facture ; bref mettant en pratique toutes les recettes de la concurrence sauvage.

Cette réalité n'exclut pas les problèmes : 2 millions de jeunes au chômage, le poids, la complication et l'injustice rendant le système fiscal insupportable, les grèves à répétition. Le climat social est marqué par la protestation. Celle-ci tire sa motivation de la baisse du pouvoir d'achat au cours des quinze dernières années. Des voix s'élèvent, nombreuses, pour en rendre responsable l'action égalitariste des syndicats. Ceux-ci en sont

Carte

SUISSE — AUTRICHE — HONGRIE
FRANCE
A l p e s
Turin
PIÉMONT
Asti
Milan
LOMBARDIE
Valpolicella
VÉNÉTIE
Venise
YOUGOSLAVIE
LIGURIE
ÉMILIE-ROMAGNE
Gênes
MER LIGURIENNE
Florence
Chianti
TOSCANE
MAREMME
OMBRIE
Orvieto
A p e n n i n
MER ADRIATIQUE
LATIUM
ROME
Castelli
Lacryma Christi
CAMPANIE
Naples
POUILLES
Nuraous
SARDAIGNE
Vernaccia
Cagliari
MER TYRRHÉNIENNE
LUCANIE
CALABRE
MER IONIENNE
Palerme
Marsala
SICILE
MER MÉDITERRANÉE
TUNISIE
0   200 km

agriculture intensive à base de blé et maïs ; betterave en Vénétie.

polyculture intensive

polyculture extensive ; oliviers en recul.

maquis ; forêt et hauts pâturages des Alpes.

riziculture

arboriculture fruitière : agrumes et oliviers dans le Sud.

culture maraîchère

vignoble   (Asti : vin de qualité)

Agriculture.

Les montagnes protègent des vents froids du nord les vignobles des alentours de Bolzano, dans la vallée de l'Adige.

venus à réviser leur stratégie. Désormais, ils prônent la flexibilité, la reconnaissance du professionnalisme, la fin des automatismes de carrière.

À l'autre extrémité de l'éventail social, l'augmentation du taux de profit des entreprises se manifeste par une internationalisation de leur champ d'action. Cet esprit conquérant est illustré par la firme Fiat, qui a doublé ses bénéfices, s'assurant le contrôle de 53,4 p. 100 du marché italien de l'automobile et de 12,7 p. 100 du marché européen. Il se manifeste aussi par les O.P.A. lancées par le « condottiere » de Benedetti, appuyé sur son empire d'Olivetti.

Derrière cette imagerie, il convient de distinguer une situation nuancée de forces et de faiblesses.

Une agriculture encore traditionnelle

L'agriculture par exemple emploie 12 p. 100 de la population active et ne produit que 6 p. 100 du P.N.B. À cet égard, le déclin de la population agricole est significatif : 70 p. 100 des actifs en 1861, 42 p. 100 en 1951, 12 p. 100 en 1986. Pourtant, les terres cultivées couvrent 42 p. 100 de la superficie du pays, surface énorme (32 p. 100 en France, en

comparaison) mais faible productivité. Un agriculteur italien produit 2 300 dollars par an tandis que son homologue français en produit 8 500. Cela tient à de vieilles habitudes : la production italienne est organisée autour d'exploitations familiales de trop faible importance (moyenne : 7 ha) ; la production végétale est privilégiée par rapport à la production animale.

En tête de ces productions vient le blé. L'Italie, qui en produit 88 millions de quintaux (1986), occupe ici le 13e rang mondial. Le blé intéresse 27 p. 100 des terres cultivées. Le riz (1 million de tonnes) se circonscrit à la vallée du Pô. Le maïs, en pleine expansion, atteint une production de 6,5 millions de tonnes (1986), plaçant l'Italie au 13e mondial. Par contre, l'olivier, en grande régression, n'existe plus qu'en Ligurie et dans le Sud (Calabre, Sicile). L'Italie agricole se tourne vers une arboriculture fruitière curieusement régionalisée : pommes, poires et pêches viennent d'Émilie, de Campanie et de Toscane ; les agrumes (3 millions de tonnes), de Sicile. Les légumes obéissent à une spécialisation régionale encore plus intense : oignons d'Émilie, aubergines de Campanie et tomates de ces deux provinces.

Seul le raisin (11 p. 100 des surfaces cultivées) intéresse toutes les régions. L'Italie est le premier producteur de vin du monde, en volume (68 millions d'hectos en 1986).

À côté, l'élevage fait figure de parent pauvre. Seul l'élevage porcin, avec 9,2 millions de têtes, est important ; mais c'est un élevage industriel, lié à l'industrie charcutière et surtout concentré en Émilie et en Romagne. Pour les bovins, on compte un cheptel de 9 100 000 têtes (par exemple, 2,7 fois moins qu'en France par nombre d'habitants). Encore les deux tiers proviennent-ils du nord du pays. L'Italie est le premier importateur de bovins du monde. Enfin, mentionnons les 9 millions d'ovins qui paissent dans le Sud et en Sardaigne.

Si l'on ajoute à tout cela des importations de bois parce que les forêts nationales sont très dégradées et, si l'on tient compte du faible rendement de la pêche (400 000 t par an, provenant surtout de l'Adriatique, parce que la Méditerranée est peu poissonneuse), on comprendra que la balance agricole italienne soit fortement déficitaire. En 1984, ce déficit était le cinquième du monde avec un solde négatif de plus de 10 milliards de francs, c'est-à-dire 3 p. 100 du P.I.B.

L'industrie, fer de lance de l'économie

Très dynamique, l'industrie utilise 34 p. 100 de la population active et réalise 38,5 p. 100 du P.N.B. Sa réussite fait converger vers elle un nombre croissant de travailleurs. Entre 1960 et 1980, ses effectifs ont augmenté de plus de 53 p. 100. Actuellement, plus de 8 millions d'Italiens travaillent dans l'industrie ; encore ce chiffre doit-il être nuancé par les effets du travail au noir.

Gérée de façon très originale, l'industrie italienne présente un tissu fort diversifié. De grandes firmes comme Fiat, Olivetti, Pirelli constituent ses points forts. À côté de ces noyaux privés existent des secteurs fortement étatisés tels que l'I.R.I. (Istituto per la Ricostruzione Industriale), l'I.D.I. (Istituto da Davaloppo Industriale), l'E.N.I. (Ente Nazionale Idrocarburi), également surnommés les « canards boiteux » de l'économie, eu égard à leurs faibles performances. En revanche, les P.M.E. sont en très grand nombre et se montrent particulièrement actives. Au palmarès de la réussite, on cite volontiers les lainiers de Prato ou les sidérurgistes de Brescia. Certains secteurs comme le textile ou la chaussure enregistrent aussi de flatteuses performances en utilisant une main-d'œuvre de « chômeurs ». Aujourd'hui, la tendance s'oriente vers la privatisation des colosses publics de l'industrie et leur alignement sur le fonctionnement des P.M.E. Comme pour illustrer le bien-fondé de cette orientation, la production

industrielle a retrouvé en 1986 son niveau record de 1980, effaçant ainsi les effets de la crise.

Le catalogue des productions industrielles couvre un éventail très large et classique. La sidérurgie fournit 24 millions de tonnes d'acier. Comme elle se fonde sur les importations de matières premières, on ne s'étonnera pas de trouver la majeure partie de ses grands centres installés sur les côtes : Gênes, Piombino (au sud de Livourne), Bagnoli (près de Naples), Tarente. Les autres se situent près des sources de houille blanche, au pied des Alpes ; c'est le cas de l'agglomération du grand Turin et du complexe Brescia-Dalmine-Lecco. Même distribution pour les centres de traitement des métaux non-ferreux : Porto-Marghera pour l'aluminium, Mori, Bolzano et Brescia.

La construction automobile s'est surtout implantée à Turin, Milan, Naples et Modène, où il y avait de la main-d'œuvre. L'industrie automobile italienne produit 1 300 000 voitures par an. La construction mécanique englobe aussi de puissants chantiers navals, situés à Sestri-Ponente, Gênes, Naples, Ancone et Trieste-Monfalcone.

L'industrie chimique couvre l'ensemble du territoire, à l'exception du raffinage d'hydrocarbure, d'une capacité de 160 millions de tonnes par an (l'Italie occupe le 1er rang européen), situé en bordure de la mer ; la chimie lourde se répartit entre Ferrare, Ravenne, Brindisi, Syracuse et Gela ; celle des synthétiques, à Milan et Varèse ; celles du caoutchouc, à Milan et Turin. Les implantations de textile, activité en recul, découlent d'origines historiques : le coton dans la banlieue de Milan est une sorte de tradition, comme la laine à Biella, Prato, Schio et Valdagno, au débouché des vallées de montagne. Le vêtement et la chaussure, secteur en expansion, s'appuient sur des ateliers modestes répartis sur tout le territoire. Quant au verre, il est traité à Pise, Livourne, Milan et bien entendu à Venise. Enfin, l'industrie alimentaire, c'est-à-dire les minoteries, sucreries, confiseries industrielles, fabriques de pâtes, est moins développée qu'on ne pourrait s'y attendre.

Cette longue liste d'implantations industrielles a pour but de montrer le profond déséquilibre qui oppose le Nord (producteur) au Sud (le « Mezzogiorno », synonyme de sous-développement). Il s'agit là d'un grave problème d'aménagement du territoire qui ne

saurait être résolu sans l'installation d'infrastructures de transports harmonieusement réparties.

Transports : des progrès inégaux

Les transports ferroviaires sont vétustes, lents et mal répartis. L'effort d'aménagement a surtout porté sur le réseau routier. Entamés sous Mussolini, les grands chantiers d'autoroute ont été largement augmentés après la guerre. Entre 1950 et 1980, le réseau italien d'autoroutes est passé de 500 à 5 900 km. Compte tenu du relief accidenté, cet aménagement a souvent fait intervenir des prouesses techniques : viaducs, tunnels. Ainsi, grâce au percement des tunnels du Mont-Blanc, du Grand-Saint-Bernard et du Fréjus, le nord du pays a été désenclavé et relié aux importants marchés que représentent les voisins européens. Les transports maritimes ne sont pas négligeables non plus. En raison de l'étirement des côtes, près de 15 p. 100 du trafic correspond à de la navigation de cabotage. Si les transports aériens ont décuplé depuis 20 ans, ce développement correspond davantage à un accroissement du trafic aérien international qu'à un effort particulier du pays. En revanche, l'Italie s'est dotée

UN PAYS PAUVRE EN RESSOURCES MINIÈRES

■ L'Italie n'est pas bien pourvue en ce qui concerne ses produits miniers. La mine emploie 0,5 p. 100 de la population active et produit 0,5 p. 100 du P.N.B. Son importance est donc très secondaire. Les produits énergétiques fossiles (méthane et pétrole) sont les principales richesses minières du pays.

En revanche, ses gisements de charbon sont presque épuisés. Le sous-sol national contient aussi un très grand nombre de minerais (fer, cuivre, plomb, zinc, manganèse, mercure, bauxite, lignite, potasse, étain, uranium, soufre dans les solfatares), mais en très faibles quantités du fait de la trituration des couches géologiques. Aussi la valeur totale de cette extraction est-elle estimée à 2,03 milliards de dollars seulement (1983). Dès lors, l'industrie italienne doit fonder son activité sur l'importation de ses matières premières.

À GAUCHE : Le port pétrolier du centre industriel de La Spezia.

CI-DESSOUS : Flamboyant prototype de la Ferrari F 48, conçu à Maranello.

CI-DESSUS : Rome internationale ! Ces touristes américains n'ont pas fini de photographier...

dans le Nord d'un réseau d'oléoducs reliant ses ports, Gênes, Porto-Marghera, Trieste, aux centres industriels du Nord et favorisant les exportations d'hydrocarbures raffinés sur le sol national vers la Suisse, l'Allemagne et l'Autriche.

Une société de services

Au pactole touristique, l'économie italienne ajoute une activité de services. Le tertiaire occupe 53,6 p. 100 des actifs et produit 55 p. 100 du P.N.B. La balance des services enregistre un solde positif. C'est l'un des points forts du commerce extérieur italien. Il indique la bonne tenue de l'économie. La croissance demeure en effet une tendance constante de l'économie italienne.

Un problème : le déficit budgétaire

Cependant, l'Italie occupe le 1er rang des pays de l'O.C.D.E. pour le déficit budgétaire. L'inflation est forte : 5,2 p. 100 en 1987 ainsi que la dette publique, estimée à 100 p. 100 du P.I.B. par des observateurs internationaux. Certes, dans la période récente, la baisse du prix du pétrole a permis à l'Italie de se dégager. L'État a pu accroître les recettes publiques et diminuer le déficit budgétaire. Ces mesures ont entraîné un rééquilibrage des comptes et une accélération de la croissance. Il est à noter que le commerce extérieur italien est excédentaire depuis 1986. Son économie actuelle se caractérise donc par la combinaison de trois facteurs : croissance de la production, baisse de l'inflation, diminution du déficit budgétaire. Cependant, la balance des paiements demeure déficitaire d'environ 4 milliards de dollars par an malgré l'apport important du tourisme.

LE TOURISME : UNE TRADITION ANCIENNE

■ Les recettes touristiques italiennes sont très importantes et relativement constantes : 9,03 milliards de dollars en 1983 ; 8,58 milliards de dollars en 1984 et 8,9 en 1985. Il est vrai que le tourisme italien repose sur une tradition très ancienne, mais il a très bien su prendre le virage de la modernité. Les chiffres en témoignent : l'Italie, qui recevait 2 millions de visiteurs en 1932 et 5 millions en 1950, en a accueilli 18 millions dès 1970, marquant ainsi son adaptation au tourisme de masse. Actuellement, les nations les plus représentées dans le contingent touristique sont les Allemands, puis les Américains, suivis des Français.

La force du tourisme italien repose plus sur une attraction multiforme que sur son accueil. Son volet traditionnel est historique, culturel et religieux. Il suffit de citer Rome, Florence, Venise ou Pompéi pour évoquer des images de musées, de monuments, de rayonnement religieux enracinées dans l'histoire de l'Italie. Avec Cortina d'Ampezzo, Val Gardena ou les Dolomites, on évoque plutôt le volet du tourisme de montagne et de sports d'hiver. Mais l'Italie touristique dispose d'un volet balnéaire avec ses stations de la Riviera (San Remo, Imperia, etc.), celles de l'Adriatique avec Venise, Rimini ou Iesolo et celles de ses lacs alpins de Côme, d'Iseo ou de Garde. Le sud de la « botte » est moins visité. Mais des opérations spectaculaires de développement se greffent sur des zones jadis déshéritées comme la création de toutes pièces d'une Costa Smeralda en Sardaigne.

À TRAVERS LE TEMPS

La *Louve*
du Capitole,
bronze étrusque
du Vᵉ s. av. J.-C.
Rome, musée
de Capitole.

Le passé

Placée par les dieux à la croisée de deux mondes, l'Italie pourrait être entre l'Orient et l'Occident le fléau d'une vaste balance ancrée au cœur d'une mer qui, depuis toujours, fut avant tout civilisatrice. Chance ou fatalité ?

La Méditerranée, qui la baigne dans sa majeure partie, lui soufflait d'être le confluent privilégié des grands courants d'échanges qui l'irriguent. Dans le même temps, accrochée au flanc de l'Europe, elle se voyait solliciter par les exigences de son appartenance terrienne. Enfin, lancée vers l'Afrique, elle pouvait rêver d'exotisme et d'aventures.

Très tôt citadine, berceau dès la plus haute antiquité d'une chrétienté appelée à rayonner sur le monde, l'Italie semblait donc, par vocation, écartelée. Sa position explique sa diversité, ses attachements multiples, tout comme elle retardait sa marche vers la cohésion nationale. Elle qui aurait dû être normalement protégée par ses défenses naturelles — mer, montagne — se trouva curieusement vouée à subir toutes les conquêtes, ce qui contribua à la richesse de son patrimoine et à la diversité de sa culture.

Les Étrusques, un peuple raffiné

Le peuplement d'origine de l'Italie demeure obscur, voire énigmatique. Venant de l'est, issus eux-mêmes de migrants quittant l'Asie Mineure, les Villanoviens s'établirent aux environs de 900 av. J.-C. vraisemblablement sur une zone qui correspondrait à peu près à l'Émilie-Romagne actuelle. C'est cependant au centre de la péninsule que le véritable premier foyer de civilisation apparaît, dans une région qui recoupe approximativement la Toscane. Il est le fait des Étrusques, descendants probables de cette peuplade orientale. Intelligents et doués, ils se développèrent et parvinrent à un degré de raffinement étonnant. Leur urbanisme, leur commerce, leur art surtout en portent témoignage.

Leurs devins avaient élaboré des théories complexes pour tenter de connaître la volonté des dieux, maîtres à leurs yeux du cosmos et des forces essentielles. Trois divinités très proches des dieux grecs Zeus, Héra et Athéna régissaient cette mystique : Tinia, Uni et Menrva. Elles deviendront à leur tour, pour les Romains, Jupiter, Junon et Minerve. Comparativement à leurs cités, dont proviennent notamment les villes actuelles d'Orvieto, Arezzo et Volterra, Rome n'est à cette époque qu'un village

LES ÉTRUSQUES

■ Tous les mystères qui entourent les Étrusques ne sont pas encore éclaircis. Pour mieux les connaître, une première approche peut être faite par la lecture de deux historiens qui, parmi les premiers, en parlèrent : l'un grec, Hérodote ; l'autre romain, Tite-Live.

Grâce à des tablettes d'or vieilles de 2 500 ans, à des fouilles précises, aux reconstitutions diverses, et en dépit des nombreux vols et pillages commis dans les cités, seuls vestiges de cette civilisation, leur histoire nous est maintenant mieux connue. Le pays était riche en céréales ; la vie semblait aisée, se partageait entre travaux agricoles, jeux, danses et festins. Le culte de la nature, à l'instar des Grecs, était omniprésent dans les mentalités. Croyant à la prédestination, les Étrusques redoutaient la mort ; ils construisirent de vastes nécropoles dans lesquelles les tombes, contenant des urnes à forme humaine, étaient meublées et décorées, sans doute pour accompagner les défunts au cours du grand voyage. L'immense cimetière de Banditaccia est le plus bel exemple de ce respect dû aux morts qui les imprégnait si fort. Sculpteurs, peintres, artisans accomplis, ils ont très largement fécondé l'art romain. Les apports orientaux n'y sont d'ailleurs pas négligeables. Les objets ménagers, les bijoux qui nous sont parvenus soulignent leur maîtrise. La ville de Caere — devenue Cerveteri —, au nord-ouest de Rome, fut sans conteste la plus riche d'Étrurie.

PAGES PRÉCÉDENTES : *L'Entrée à Milan de Victor-Emmanuel II* (en 1859). Aquarelle de Carlo Bossoli. Turin, musée du Risorgimento.

À GAUCHE : Soldat avec bouclier, bronze étrusque du IVe s. av. J.-C. Rome, Villa Giulia.

À DROITE : Officiers et soldats prétoriens d'un relief romain du IIe s. Paris, musée du Louvre.

de huttes, un peu fortifié et qu'a fondé, en 753 av. J.-C., Romulus. Le premier roi étrusque, Lucius Tarquinius, y réside d'ailleurs ; averti des problèmes d'hydraulique, il fait aménager le Tibre. La zone marécageuse qui sera le cadre du futur Forum des Césars est drainée et un système d'égouts, que la ville impériale utilisera par la suite, est mis en place. On peut d'ailleurs de nos jours voir les vestiges de la canalisation centrale appelée Cloaca Maxima.

Marchands et guerriers à la fois, les Étrusques rêvaient d'élargir leurs possessions aux régions voisines. Mais, à la suite de plusieurs défaites, le royaume s'affaiblit. Rome, d'abord mise à sac (390 av. J.-C.), peu à peu se dresse contre leur domination. En l'an 87 av. J.-C., ils se retrouvèrent citoyens romains. Mal organisée, l'Étrurie allait à grands pas vers la décadence ; son déclin s'acheva en chute.

À côté des Étrusques, se répartissant inégalement les superficies, d'autres peuplades s'étaient rassemblées, formant des communautés plus ou moins bien structurées. Parmi elles, signalons les Ligures, les Vénètes, les Celtes au nord ; les Sabins et les Latins au centre ; les Lucaniens au sud ; un peu partout sur les côtes, de nombreuses colonies grecques. En l'espace de cinq siècles, il va se constituer un phénomène remarquable qui aura, tant pour l'Italie que pour l'Europe, d'incalculables conséquences : l'émergence de l'Empire romain. De par sa position géographique privilégiée, Rome était destinée à jouer un rôle majeur, retrouvé tout au long de l'histoire italienne.

Émergence de l'Empire romain

Les forces naissantes du pays se rassemblent donc autour d'un minuscule village. Paysans, pasteurs, artisans travaillant dans la campagne avoisinante s'y retrouvent. Les habitants se sont regroupés sur les collines qui se succèdent de part et d'autre du Tibre, jugées plus salubres que les zones basses, trop marécageuses.

De cet « ager romanus » va naître une des plus puissantes civilisations de l'histoire. Sous l'impulsion des empereurs qui se succèdent, le pays se romanise ; les Romains imposent leur langue, leurs mœurs, leur architecture. L'Urbs, la ville par excellence, devient le centre d'un réseau de communication de mieux en mieux établi. Les richesses affluent ; on construit des théâtres, des thermes, des palais. Le Colisée, qui en réalité était l'amphithéâtre de Flavien, fut commencé par Vespasien et devint le symbole de cette grandeur. Environ 45 000 personnes pouvaient s'y loger. Avec le Capitole, cette magnifique construction est synonyme du gouvernement des Césars : la loi, l'ordre, le jeu. Le Forum lui-même se pare de nombreux édifices : temples, arcs, fontaines, prisons. Les tribunaux siègent en plein air, les sénateurs se rendent à la Curie pour délibérer. De l'Espagne au Rhin, et jusqu'au nord de l'Angleterre, les légions aux manteaux rouges implantent partout, peut-être plus qu'une politique, un mode de vie et de pensée sans équivalent jusqu'alors. Les villes qui se construisent sont à l'image de Rome ; les institutions administratives uniformisent les colonies, jusqu'aux plus lointaines.

La capitale de cet empire comprend un million d'habitants. Mais, fondée par Auguste sur le seul principe de la force, elle fait preuve d'une rigidité qui devient précisément son point faible. L'univers romain, avant de s'user par les vices, périclite par une surabondance de conquêtes. La cité-reine voit soudain ces Barbares qu'elle méprise fondre sur elle et se partager son opulence. Le déclin la menace ; elle ne peut plus contrôler ses colonies. À la fois sous le choc des poussées étrangères et sous la pression du christianisme naissant, mais qui s'oppose avec virulence au paganisme ambiant, l'Empire se fissure et finit par se désagréger. Pour tenter de sauver leur ville, les Romains construisent tout autour la vaste muraille d'Aurélien. Mais le saccage des Goths (410) porte un premier coup à la cité, les derniers empereurs disparaissent, assassinés ou dans d'étranges conditions. L'an 476 marque la fin de la gloire romaine.

Le début du Moyen Âge

De son passé, Rome ne garde rien. Constantinople l'a détrônée, ses habitants sont partis. L'Italie n'est plus, assez brutalement, au centre des grands courants d'échanges qui l'irriguaient. Seul avantage qu'elle maintiendra : rester le siège de la papauté.

Pendant plusieurs siècles, la péninsule va connaître une histoire très mouvementée, troublée d'abord par les grandes invasions qui labourent l'Europe. Tous les manuels ont enseigné ces noms aux consonances parfois terribles : les Huns d'Attila, les Vandales de Geiseric, les Ostrogoths, les Suèves, tant d'autres. Odoacre, roi des Hérules, peuple germanique, s'était proclamé roi d'Italie en 476 ; il est écrasé à Ravenne en 493. Avec lui prend donc fin l'Empire d'Occident. Son vainqueur, Théodoric, qui épousera une sœur de Clovis, roi des Francs, se révèle homme d'envergure. Il se rend maître du pays jusqu'aux côtes dalmates ; Ravenne, à l'origine port militaire, devient capitale. Cependant, les Lombards, venus des rives de l'Elbe, établissent leur capitale à Pavie, envahissent le sud de la Romagne et remettent en cause l'indépendance de Ravenne. Cette ville est rendue par Pépin le Bref au pape. Son port s'envase ; Venise la supplante.

Ainsi, au moment où l'Italie se morcelle, on assiste à la montée de la puissance pontificale. C'est un fait unique et propre à ce pays. Les États de l'Église ne cesseront de jouer à l'avenir un rôle politique que d'aucuns combattront, le jugeant incompatible avec leur mission évangélisatrice.

L'administration de Charlemagne

Fils aîné de Pépin le Bref, Charlemagne va régner seul. En défaisant les Lombards (774), il va s'imposer à toute l'Italie du Nord. D'Aix-la-Chapelle, sa résidence habituelle, il organise et contrôle un vaste empire ; il s'appuie pour cela sur les « missi dominici », les envoyés du maître, qui — toujours deux par deux, un clerc et un laïc — assurent le contrôle des provinces et rendent compte à l'empereur. Excellent administrateur, soucieux de développer le christianisme, Charlemagne parraine en quelque sorte une renaissance culturelle, qui se double, en France comme en Italie, d'une période de prospérité inespérée. Les monastères se voient par exemple dotés d'ateliers d'art, qui favoriseront la diffusion culturelle. Des liens commerciaux sont noués avec l'Orient ; les villes, en particulier les ports comme Venise et Naples, s'agrandissent.

À partir d'une poussière d'îlots, fuyant les Lombards, les habitants de la basse plaine du Pô vont créer une ville unique, Venise, à peine reliée à la terre, vivant de la mer et, de ce fait, cherchant à acquérir une indépendance croissante. Elle deviendra le point de passage obligé entre l'est et l'ouest ; esclaves, épices, soieries, draps seront des denrées échangées à prix d'or. Pendant plusieurs siècles, la richesse de la « Sérénissime » ne cessera de s'accroître.

Après une période d'accalmie, au début du IXe siècle, les invasions vont à nouveau bouleverser la situation, faisant éclore chez les Italiens un désir, longtemps mal formulé mais non moins réel, de conquête vers leur liberté, fût-ce au prix d'un éclatement du pays.

Après le partage de l'empire de Charlemagne par le traité de Verdun (843), s'ouvre une période qui se caractérise par l'émergence de la féodalité et l'effacement de la couronne, qui pouvait symboliser l'union italienne ; on pourrait affirmer qu'elle ne fut qu'une longue lutte entre princes, papes, bâtards, neveux, parents, alternativement influents ou bannis.

Dans ce contexte embrouillé par les querelles et les compromissions, dans un pays en proie aux invasions répétées, deux classes de la population sont quelque peu à l'écart des mouvements retenus par l'histoire. Elles semblent être à la fois la sauvegarde et le moteur de la société italienne, de ses traditions, de sa culture. À l'abri des châteaux qui se construisent et que la guerre détruit peu après, les paysans assurent une survie, souvent précaire il est vrai, à la population des villes. À leurs côtés, les artisans, dont l'habileté sera de plus en plus reconnue, maintiennent un niveau d'équipement parfois surprenant : tapisserie, ferronnerie, vannerie, tissage. Quelques villes fleurissent : Pavie, sur le Tessin, qui abrite un temps la cour ; Ravenne, qui s'éclipse ; Milan, qui monte ; Venise, qui prospère sûrement ; Naples, dont la population croît. Les moines se révèlent les gardiens du savoir ; ils dispensent un enseignement de qualité. Un des centres spirituels renommés est le Monte Cassino, fondé en 529 par saint Benoît, dont l'influence sera grande en Europe tout au long du Moyen Âge.

Conflit entre pouvoir spirituel et pouvoir temporel

À l'aube du Xe siècle, et pendant près de deux cents ans, une dominante sous-tend l'histoire de l'Italie : le conflit entre le pouvoir temporel et le pouvoir spirituel, autrement dit entre les rois et les papes. Il faudra attendre près de mille ans pour qu'il cesse et qu'un respect mutuel s'instaure. En 962, le roi de Germanie Otton Ier, vainqueur des Hongrois, premier titulaire du Saint Empire romain germanique, se présente comme un des chantres de la chrétienté. À ce titre, il reçoit à Pavie de Jean XII, pape

de 955 à 964, la couronne impériale. L'Italie et la papauté sont désormais sous sa domination. Le pape sera en quelque sorte tenu de prêter allégeance à l'empereur, c'est-à-dire de lui promettre fidélité et obéissance. Là sans nul doute réside un des ferments de la longue lutte qui opposera le Saint Empire et le Saint-Siège.

Henri IV ne put réussir à maintenir le privilège que son père, Henri III, s'était octroyé en déposant le pape Grégoire VI. Engagé dans ce que l'on appela la querelle des Investitures (c'est-à-dire la collation des titres ecclésiastiques), il dut se rendre à Canossa, village d'Émilie, et faire devant le pape Grégoire VII, un habile diplomate, amende honorable (28 janv. 1077). Cette « humiliation » célèbre infligée à l'empereur germanique se retourna peu après contre le souverain pontife car il fut contraint à l'exil. Il faudra attendre près de 50 ans pour que, par le concordat de Worms conclu entre Henri V et Calixte II, ce conflit prenne fin (1122). La papauté en sortait temporairement gagnante. En effet, le couronnement de Frédéric Ier dit Barberousse relança cette épineuse question.

Menant plusieurs expéditions en Italie, il se heurte non seulement à la Ligue lombarde, qui, avec Crémone à sa tête, fédère plusieurs villes, mais aussi au pape légitime, Alexandre III. Sa défaite à

sables relais à leurs expéditions. Les marins italiens, en outre, fourmillent dans tout le Moyen-Orient ; les flottes qu'ils arment sillonnent la Méditerranée de part en part. Leur fret est assuré tant par la laine des Flandres, le bois et le fer que, en retour, par les soies, les épices et le coton. La bourgeoisie, peu à peu, prend conscience de ses forces, liées précisément à sa réussite commerciale. Un mouvement dit « communal » se dessine. Localement, à l'échelon de la cité, c'est le conseil restreint, la « credenza », qui détient le pouvoir. Et, comme la cloche municipale réunit l'assemblée, elle devient le signe tangible de ce pouvoir naissant.

Ainsi va se consolider, de régions en régions, ce « campanilisme » qui, prenant conscience de son pouvoir, constituera une force neuve et décidée. Parmi l'ensemble des villes, certaines, en raison de leur importance géographique et sous la houlette de quelques grandes familles, s'établiront d'office sur le devant de la scène : Milan, Florence, Turin, Naples. Voilà le paysage que découvre le frère de Saint Louis, Charles Iᵉʳ de France, comte d'Anjou, de plus rallié aux guelfes. Il est sans conteste une des grandes figures du XIIIᵉ siècle : roi de Jérusalem en 1277, puis, de manière plus éphémère, roi d'Albanie, il va s'imposer en Italie en appuyant sa domination sur les podestats, c'est-à-dire les premiers magistrats des villes.

Les Vêpres siciliennes

Cet autre rêve d'une monarchie angevine va toutefois s'écrouler à cause de la révolte qui éclate à Palerme. L'événement mérite d'être connu. Le 30 mars 1282, lundi de Pâques, alors que partout sonnaient les cloches appelant les fidèles aux vêpres, les troupes françaises furent massacrées en totalité. La population, rageant devant cette occupation, était soutenue dans l'ombre par Pierre III d'Aragon. Giuseppe Verdi tirera de cette sanglante journée un opéra célèbre. La Sicile se divisa alors en deux, l'une insulaire, l'autre continentale.

L'Espagne, saisissant l'occasion offerte par la brèche qu'elle avait contribué à ouvrir, allait à son tour se rendre maîtresse de l'Italie. Cette nouvelle intrusion étrangère n'éteint pas pour autant les anciennes oppositions. La papauté s'est heurtée également à la France en la personne de Philippe le Bel, qui, pour

Legnano, en dépit de la destruction de Milan, le contraint à céder. Le Saint-Siège, sous l'impulsion d'Innocent III, reprend son pouvoir temporel.

Les guelfes et les gibelins

De cette confrontation, une véritable guerre civile s'ensuivra, chacun ayant ses partisans aussi acharnés les uns que les autres : d'un côté, les gibelins, favorables à l'empereur ; de l'autre, les guelfes, soutenant le pape. Ceux-ci prirent le dessus à Florence, Bologne et Milan, les premiers détenant Crémone, Pavie, Modève. En dépit de son absurdité apparente, cette lutte d'influence entre le Sacerdoce et l'Empire reprendra de plus belle sous les pontificats de Grégoire IX et d'Innocent IV, face au très diplomate

Frédéric II. Ce dernier se révéla si brutal que les Italiens le honnirent ; acculé, il signa enfin la paix de San Germano le 23 juillet 1230. Le rêve « méridional » de la Germanie s'écroulait.

Les Angevins et le campanilisme

Désormais, ceux que l'on appelle les Angevins vont dominer l'Italie, une Italie qui, à cette époque, présente de forts contrastes. D'un côté, la masse paysanne, pauvre, illettrée, laborieuse ; de l'autre, des seigneurs souvent fortunés mais ardents querelleurs.

Avec les croisades, le commerce a fini par bien se développer ; Pise, Venise, Gênes sont des ports en pleine croissance. Les pèlerins venus de toute l'Europe chrétienne y trouvent les indispen-

Miniature du *Livre des merveilles* de Marco Polo représentant Venise vers 1400. Oxford, Bodleian Library.

■ Leurs noms retentissent dans nos mémoires et leurs actions, si diverses soient-elles, sont toutes à inscrire à l'honneur de l'Italie et témoignent de la vivacité de son peuple. Voici saint François d'Assise, célébrant la pauvreté, fustigeant ses semblables trop portés au culte des richesses ; à ses côtés, sainte Catherine de Sienne, très engagée dans la lutte contre le grand schisme et qui rappellera à Rome les papes ; saint Thomas d'Aquin, le théologien. Parti en 1271 pour l'Extrême-Orient, voici Marco Polo le Vénitien, dont les récits de voyage, écrits en français, vont ravir un Occident émerveillé par la découverte de cette fabuleuse Asie. Attestant de leur prestige, de leur bravoure, de leur magnificence, les grandes familles enfin, qui participent à des degrés divers à l'histoire de leur nation, nouent et dénouent des intrigues, fournissant cardinaux et condottieri, autrement dit des chefs de guerre qui épaulent leurs rêves de conquête bien souvent à coups de mercenaires : les Visconti, les Sforza à Milan ; les Este à Ferrare et à Modène ; les Gonzague à Mantoue, les Colonna, rivaux des Orsini, établis, eux, à Rome, toutes familles ducales ou princières qui alliaient à la fortune l'ambition, le courage, le prestige.

mettre fin à ses démêlés avec Boniface VIII, lui envoie son légiste, responsable de la politique royale, Guillaume de Nogaret. Ce dernier insulte et arrête le pape à Anagni, en 1303. L'affaire fera grand bruit. Dans le même temps, Louis de Bavière a créé un antipape ! La péninsule, on le voit, ne cesse d'être écartelée ; dans ce pays que labourent les haines et les passions apparaissent d'étonnantes figures, prônant un idéal qui sera soit spirituel, soit artistique et humaniste.

Un vent de liberté, la Renaissance

À l'aube de la Renaissance, qui incontestablement constitue une des périodes clés de l'Italie, un vent de liberté, fondé en même temps sur les règles de la vertu, se met à souffler un peu partout. De plus, le pays connaît un essor économique certain. Des comptoirs ont été établis sur tout le pourtour de la « Mare Nostrum », en particulier à l'est, en direction de Byzance et de la Morée (le Péloponnèse).

Les monnaies d'or circulent abondamment, surtout le ducat de Venise et le florin de Florence.

Ces deux villes, d'ailleurs, triomphent dans leurs artistes, leurs musiciens, leurs écrivains. Les banques italiennes fleurissent ; on n'en compte pas moins de 135 à Gênes, en 1327. Il est courant de faire appel au crédit : le chèque se généralise, le virement (« il giro ») est autorisé dès 1625. Les foires, nombreuses, ont remplacé celles de Champagne, trop éloignées des nouvelles routes maritimes. De petites cités comme Bergame, Reggio, Brescia, dans la plaine du Pô, entretiennent des marchés très spéculatifs. Réjouissances, fêtes, religieuses ou non, processions et défilés ponctuent l'année.

L'aristocratie, qui requiert les artistes et qui s'adonne au mécénat, se mêle au peuple pour la cérémonie solennelle des « épousailles de la mer », le Sposalizio de Venise. Jusqu'au XVIIIe siècle, les carnavals et les représentations théâtrales seront les moteurs de cette liesse. Sous l'influence de Dante, le père de la poésie

À GAUCHE :
Laurent de Médicis,
détail de fresque de
la chapelle Riccardi,
à Florence, par
Benozzo Gozzoli.

CI-DESSUS : Banquier vénitien du XIVe s., miniature du
Libro dei conti. Venise, bibliothèque du Séminaire.

italienne et partant de la langue, de Pétrarque, qui compose les célèbres sonnets dédiés à Laure de Noves, de Boccace, d'abord prosateur, un humanisme raffiné et exigeant va se répandre peu à peu et faire éclater les cadres rigides qui régissaient jusqu'alors la société, très marquée encore par la féodalité. De ses sculpteurs, de ses architectes, de ses peintres, dont les noms appartiennent au patrimoine universel, l'Italie va tirer gloire et beauté.

Des guerres incessantes

Pourtant, plus que jamais, elle semble être un vaste champ de bataille où vont s'affronter sans relâche les trois puissances voisines, beaucoup plus anciennement structurées et qui la convoitent : la France, l'Espagne, l'Autriche.

Par le traité du Cateau-Cambrésis, signé par l'Espagne et la France en 1559, la prépondérance espagnole, déjà bien établie par suite des rattachements du royaume de Naples et du Milanais à sa couronne, se trouvait largement confirmée. Cette domination toutefois n'apparaissait guère bénéfique pour l'Italie. Elle entraîna une misère certaine, d'où un sentiment de révolte de plus en plus répandu.

Henri IV, conscient de l'enjeu que représentait l'Italie mais aussi des risques

LAURENT DE MÉDICIS

■ Personnalité foisonnante, « aimé de la chance et de Dieu », selon Machiavel, Laurent de Médicis, appelé Laurent le Magnifique, est assurément l'une des figures marquantes de la Renaissance et de l'histoire italienne. Né en 1449, ce prince-citoyen appartenait à l'illustre famille des Médicis, dont les représentants jouèrent pendant trois siècles un rôle primordial. Le nom de Florence leur est indissolublement associé.

Collectionneur avisé, Laurent fut un homme fastueux et religieux, diplomate mais sincère dans ses élans. À la suite de la conspiration des Pazzi, il fut en butte au pape Sixte IV, qui l'excommunia le 1er juin 1478 malgré le soutien reconnu de Louis XI. Il épousa Clarice Orsini,

de l'aristocratie romaine. Leur somptueux palais était situé Via Larga, à Florence. Ses travaux, tant poétiques qu'économiques, même si ces derniers ne connurent pas toujours le succès, furent nombreux. Sous son règne, la banque homonyme ne fut pas florissante et diverses filiales, notamment celle de Londres, connurent des difficultés que les aléas politiques renforcèrent. Homme d'État, il s'efforça de rétablir la paix dans une Italie alors déchirée ; il pensait que seule l'unité de direction et la cohésion constituaient la force d'une nation. Michel-Ange traduisit dans la pierre ce vœu constant de Laurent le Magnifique : « Là où est la patrie, là est le vrai repos. »

Il mourut en 1492, année où Christophe Colomb, de deux ans plus jeune que lui, découvrait l'Amérique.

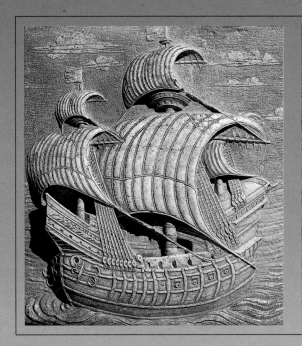

qu'il y encourait, désireux d'abord de consolider son royaume, hésita à suivre ses prédécesseurs sur la voie de la conquête. Louis XIV, quant à lui, ne tint pas à s'y engager. La paix des Pyrénées, signée le 7 novembre 1659, sembla mettre fin aux hostilités entre la France et l'Espagne ; elle constituait ce que l'on a pu considérer comme un pacte de famille de la part des Bourbons.

L'Autriche allait se substituer à ses rivales. Pendant près d'un siècle, les Habsbourg auront une mainmise croissante sur l'Italie.

Pendant ce temps, de nouvelles idées se sont élaborées en s'appuyant, notamment, sur les mouvements philosophiques et jacobins qui conduiront à la Révolution française. Un nouvel idéal de société s'affiche. Le despotisme éclairé est à la mode à travers l'Europe, du Portugal du marquis de Pombal à la Russie de Catherine II. À Turin, à Bologne, en Sardaigne, des soulèvements encore timides, mais qu'attisent les intellectuels, s'opèrent. Ils seront les lointains signes précurseurs de l'élan nationaliste du siècle suivant.

La domination française

Sous la conduite de Bonaparte, la France, à nouveau, s'installe en Italie. Les victoires de Lodi, le 10 mai 1796, sur les Autrichiens, puis d'Arcole et de Rivoli, gagnées dans la fougue par le jeune général, établissent la suprématie française. Si la République de Venise reste à l'Autriche, Bonaparte, en deux années, va réorganiser le pays dans son ensemble, le découpant de façon autoritaire, créant diverses républiques dont les noms sont évocateurs : Cisalpine, Ligurienne, Romaine et Parthénopéenne (Naples). La Toscane, quant à elle, deviendra le royaume d'Étrurie. Les troupes françaises se livrent à des exactions que les libéraux italiens ne peuvent admettre. Par la victoire de Marengo (1800), Napoléon met fin à ces velléités de soulèvement, entretenues par les Austro-Russes. L'Italie est alors érigée en royaume. Napoléon, en 1805, se coiffe à Milan de la couronne des rois lombards. Il distribue à sa famille duchés et provinces.

Mais l'effondrement de l'Empire entraîne également la disparition de l'hégémonie napoléonienne. Le congrès de Vienne de 1815 fait pratiquement de l'Autriche l'arbitre de l'Europe. Le chancelier prince de Metternich en est l'âme. Il définit l'Italie comme « une expression géographique », du moins lui prête-t-on ce mot. Assez brutalement, la voici dépecée : la Lombardie-Vénétie appartient à l'Autriche, le grand-duché de Toscane est remis à Ferdinand III d'Ara-gon, la Savoie se voit attribuée au royaume de Sardaigne, le duché de Parme-Plaisance est le cadeau offert à Marie-Louise, fille de François II et impératrice des Français par son mariage avec Napoléon en 1810. Le peuple italien supporte mal ces ingérences étrangères et cette désinvolture avec laquelle on le traite. Une soif de libéralisme est en train de changer les mentalités ; avec l'essor des techniques, l'économie redevient prospère. Les classes dirigeantes estiment désormais avoir un rôle à jouer ; les classes petites et moyennes souhaitent remettre leurs destinées et le fruit de leur travail à des compatriotes. Monarchistes et républicains s'unissent non sur un programme, mais avant tout sur un désir commun et partagé de secouer les jougs étrangers.

Naissance d'un sentiment national

Nées au sud dans une semi-clandestinité, les loges de la Charbonnerie, qui ont une grande influence sur les foyers insurrectionnels, remontent petit à petit vers le nord. Sous la répression policière qui écrase les révoltes de Naples et de Turin, le sentiment national s'exacerbe. Les « carbonari » en sont un des ferments. Tandis que l'influence de la révolution française de 1830 se fait nettement sentir dans plusieurs villes telles que Parme,

À GAUCHE : Caraque
vénitienne, bas-relief
du XVIᵉ s. de F. Segala.
Padoue, basilique
Saint-Antoine.

CI-CONTRE : Manuscrit
Capodilista du XVIᵉ s.
Padoue, musée civique.

À DROITE : Portrait de
Cavour par M. Gordigiani,
exposé au musée
du Risorgimento
de Turin.

savoisienne ». Les patriotes se regroupent sous son égide et répandent le slogan fameux : « Italia farà da sé ». Les manifestations se multiplient à l'encontre du pouvoir de l'occupant. Mais les Autrichiens, plus homogènes, rétablissent un ordre qui, malgré la poigne du maréchal Radetzki, se révèlera précaire. Le 9 février 1849, à la suite de l'assassinat du ministre Rossi, l'Assemblée constituante proclame la république ; Victor-Emmanuel II prête serment. Cette première étape, certes limitée au Piémont, sera cependant décisive.

En l'espace de trois années, Cavour, qui rêve d'assurer « la régénération de la patrie » et qui a structuré un Grand Ministère, a pu réorganiser l'armée et nouer des relations d'amitié avec Napoléon III.

L'attentat manqué d'Orsini, conspirateur fanatique, membre de la Jeune-Italie, contre la personne de Napoléon III poussera celui-ci à accueillir avec plus de bienveillance les propositions italiennes.

Modène et en Romagne, le patriotisme italien trouve en la personne de Giuseppe Mazzini un porte-parole, fondateur d'une société secrète, la « Jeune-Italie », ardent dans ses convictions et qui fut obligé de s'exiler après avoir mené une vie quelque peu errante. Chacun travaille à l'avènement d'un pays unifié. Seuls certains princes, malgré l'exemple généreux de Victor-Emmanuel Iᵉʳ, y demeurent hostiles et ne veulent pas réduire leurs droits et prérogatives, notamment François IV de Modène et Charles-Louis de Lucques.

Dans cette marche vers l'unité, le Piémont va, de manière inattendue, jouer un rôle de grande importance ; il sera le centre de ce mouvement unitaire et sa base de départ. La révolution de 1848, qui comprend en fait plusieurs points d'insurrection localisés à Naples, Milan, Venise et Parme, se révèle incohérente.

La répression, en dépit des succès autrichiens et de la capitulation de Milan, se fait lourde et entretient par voie de conséquence les tendances nationalistes. Le boycott du tabac est un exemple du consensus antiautrichien qui se manifeste dans le pays.

Le Risorgimento

La grande période qui couvre de manière globale cette marche vers l'unification et les mouvements idéologiques et politiques qui la favorisèrent s'appelle le Risorgimento, c'est-à-dire la Renaissance ; la racine du mot est encore plus indicative : *risorgere,* resurgir. Ce nom est le symbole et la synthèse de toutes les aspirations italiennes. Au départ, le journal précisément intitulé *Il Risorgimento,* fondé notamment par Cavour, annonce « l'heure suprême de la monarchie

CAVOUR

■ Né à Turin en 1810, Camillo Benso, comte de Cavour, appartenant à une noble famille italienne, se destinait d'abord à une carrière militaire. Se passionnant pour les problèmes politiques, il fut assez vite conquis par les idées que propagea le libéralisme français après la révolution de juillet 1830. Le protestantisme genevois ainsi que la philosophie du siècle des Lumières eurent également une grande influence sur lui. Il entretint une correspondance abondante avec les libéraux et voyagea dans plusieurs pays d'Europe. Il appliqua tant à la gestion de son patrimoine qu'à celle du Piémont des mesures modernes. Chef du centre droit au Parlement, ministre de l'Agriculture dans le premier gouvernement présidé par d'Azeglio sous le règne de Victor-Emmanuel, il se distingua par sa « haine » de l'Autriche. Il n'avait qu'un but : l'unité nationale. En 1847, il fonda le journal *Il Risorgimento,* préconisant, pour libérer la péninsule de l'envahisseur, le « Connubio », c'est-à-dire une alliance entre la droite et la gauche. Cavour représenta son pays au congrès de Paris de 1856, mêlant ainsi les autres puissances à la cause italienne, notamment Napoléon III (pacte de 1858).

Le 20 janvier 1860, Cavour était appelé à participer au gouvernement ; il assista à la naissance du premier Parlement d'une Italie pratiquement unifiée le 18 octobre 1861. Usé par des années d'un immense labeur, Cavour mourut brusquement la même année ; sa mort plongea les Italiens dans la consternation. Prudent, habile, épris de liberté, diplomate et gestionnaire réaliste, Cavour, adepte du « juste milieu », est une des figures dominantes de l'histoire de l'Italie. Il fut pratiquement l'artisan unique de l'unité nationale.

Les chemises rouges

Une entrevue entre lui et Cavour a lieu le 21 janvier 1858 à Plombières. Ils jettent ensemble les bases d'une alliance qui doit permettre de réaliser l'unité de la péninsule. Les deux batailles de Magenta et Solferino, en 1859, constituent les succès de cette campagne franco-piémontaise, même si, peu après, Napoléon III se retire (armistice de Villafranca). Les duchés et les royaumes de Modène, Toscane, Bologne et Parme réclament leur annexion au Piémont, tandis que, par plébiscite, Nice et la Savoie sont rattachées à la France (1860).

Populaire, désintéressé, aimé pour son courage, Giuseppe Garibaldi apparaît à son tour comme une figure déterminante dans ce processus d'unification. Très controversé pour ses revirements inattendus, il se jette dans cette aventure, aidé certainement en sous-main par Cavour. À la tête de mille volontaires vêtus d'une chemise rouge, il débarque à Marsala le 11 mai 1860, s'empare de Palerme et repart pour Naples. Avant qu'il n'arrive à Rome, Cavour, méfiant,

parvient à le neutraliser. Mais il a largement contribué, à sa manière, à unir par des liens profonds le Sud et le Nord. C'est ainsi que le royaume des Deux-Siciles est annexé à celui de Victor-Emmanuel. De plus en plus, Cavour se consacre, avec l'énergie qui le caractérise, à la réorganisation du pays. Le 27 janvier 1861, il préside les élections du premier Parlement italien. Le 14 mars, le royaume d'Italie, dont la capitale est Florence, est proclamé.

Il faut dire que le chemin de fer se révéla, parallèlement aux efforts politi-

À GAUCHE : *Barricade dans la rue San Brigida,* à Naples, le 15 mai 1848. Naples, musée San Martino.

À DROITE : Détail de l'*Embarquement de Garibaldi à Quarto* (le 5 mai 1860) par V. Azzola. Turin, musée du Risorgimento.

ques, un des facteurs les plus commodes de la réunification. En quarante ans, près de 15 000 km de voies ferrées ont été construits. Les régions, s'ignorant jusqu'alors, toujours attachées à leur autonomie, chercheront à rompre les barrières qui les divisaient et se découvriront complémentaires. Bourgs agricoles et centres urbanisés désormais vont communiquer entre eux ; un premier pas vers le capitalisme était effectué. Cependant, le campanilisme, hérité du Moyen Âge, ne pouvait disparaître d'un coup. L'armée, le clergé, une partie du monde rural soit ne s'habituent pas à l'unité, soit n'y croient pas et la refusent de ce fait. En outre, bien qu'ayant reçu un petit territoire, la papauté se retrouvait au cœur du problème et désirait, tout en voulant jouer un rôle, maintenir son indépendance.

L'Italie réunifiée

Dans ce tableau conflictuel, la Prusse de Bismarck apparaissait, fière de sa nouvelle puissance. Le 19 juin 1866, l'Italie a déclaré la guerre à l'Autriche ; c'est, pour elle, l'échec de La Marmora. Mais Vienne, à son tour, s'incline à Sadowa, le 3 juillet, devant l'artisan résolu de la confédération germanique. La France, quant à elle, prise soudain par la guerre de 1870, évacue Rome, où, avec l'aide

de ses partisans, s'installe Victor-Emmanuel II, premier roi de l'Italie réunifiée. Son fils, Humbert Ier, doit faire face à de nombreux problèmes : le déficit, l'émigration, les intrigues politiques, l'irrédentisme, c'est-à-dire la question des provinces encore sous domination autrichienne, le Trentin, Trieste et la Dalmatie, entre autres. Désireuse de s'associer au courant colonialiste mis en place par les autres puissances européennes, l'Italie se lance à cette époque dans son aventure africaine. Elle prend possession de Massaouah en 1885 et s'établit sur les bords de la mer Rouge, en Érythrée.

À son avènement, Victor-Emmanuel III trouve un royaume en pleine expansion ; les voies ferrées sont raccordées aux réseaux étrangers, les ports se sont modernisés, la monnaie est saine ; le pays comprend 32 millions d'habitants. Fiat est fondé à Turin en 1899. Le suffrage universel est établi le 3 juin 1912, époque de troubles qui éclatent à Trieste, sous l'impulsion du poète Gabriele D'Annunzio.

En 1915, l'Italie entre en guerre, d'abord contre l'Autriche rompant le traité d'alliance, appelé Triplice, conclu le 20 mai 1882 avec l'Allemagne et l'Autriche-Hongrie et qui visait à porter secours à l'Italie en cas d'attaque par la France et réciproquement. Le maréchal Cadorna lance deux offensives sur l'Isonzo,

mais, insuffisamment préparée, l'armée italienne est battue en octobre 1917 à Caporetto, aujourd'hui en Slovénie. Un

GABRIELE D'ANNUNZIO
1863-1938

■ Aristocrate anticonformiste, érudit passionné d'actions, esthète orgueilleux et ambigu, héros et dandy, idéaliste voluptueux mais exigeant, Gabriele D'Annunzio demeure un personnage hors du commun, controversé et admiré, à qui tous les qualificatifs peuvent tour à tour s'appliquer. Ses talents d'écrivain le rendirent très jeune célèbre en Italie. Partagé entre des élans de grandeur et de beauté lyrique et des goûts presque morbides pour le néant et la négation de la personne humaine, il rêva en quelque sorte sa vie ; il se lança dans des opérations aussi stupéfiantes que généreuses dans leur principe, mais coupées du réel. Son expédition de Fiume, port de la côte croate devenu Rijeka pour les Yougoslaves, fut une espèce de geste qui se solda par un échec. Celui que l'on appelait le « Commandante », s'il avait le courage du soldat, manquait de compétence économique. Compromis dans divers scandales, il se réfugia en France, où il se lia avec Barrès et Valéry. Il alliait en lui une culture de lettré raffiné et des idées extrémistes qui le poussèrent au mysticisme comme au gauchisme.

Nationaliste convaincu, il participa au mouvement alors naissant du fascisme, mais il s'en sépara par la suite. La mort le trouva à sa table de travail, achevant une œuvre abondante de poèmes et de pièces, écrites toutes dans un style marquant.

La Marche sur Rome, en octobre 1922.
Mussolini et les quadriumvirs.

En novembre 1944, des divisions italiennes réorganisées
défilent à Rome.

armistice est signé avec l'Autriche le 3 novembre 1918. Représentant son pays à la conférence de Versailles, le président Orlando ne négocie sans doute pas assez habilement, car les compensations attendues par l'Italie ne lui sont pas accordées. G. D'Annunzio appellera cela la « victoire mutilée ». Le traité de Rapallo du 12 novembre 1920 permet toutefois à l'Italie de conserver Zara.

La montée de Mussolini

La majorité se désunit, des grèves éclatent. En fondant à Milan les « Fasci italiani di combattimento », Mussolini, qui est élu au Parlement, constitue un parti qui va prendre peu à peu une place prépondérante. Le roi Victor-Emmanuel III reconnaît que la monarchie parlementaire n'est plus à même de diriger le pays. Entrant dans Rome, Mussolini prend le pouvoir et le gardera pendant une vingtaine d'années. Il prend le titre de duce le 24 décembre 1924. Autarcie, protectionnisme, bonification des terres, endoctrinement de la jeunesse, charte du travail, centralisation, dirigisme financier sont les grandes lignes qui orientent la politique du régime mussolinien. L'Italie adhère à la Société des Nations.

Autre fait important, la signature des accords de Latran (1929), entre Mussolini et le cardinal Gaspari, secrétaire d'État de Pie XI, après un affrontement millénaire, entérine en quelque sorte la réconciliation entre l'État italien et l'Église ; dans le climat politique d'alors, ces accords traduisent d'une certaine manière le soutien du catholicisme au régime fasciste. Le pape reçoit un État souverain, la Cité du Vatican. À partir de 1930, l'autoritarisme personnel du duce se renforce et l'État pratique un interventionnisme croissant ; de grandes entités économiques destinées à structurer l'industrie sont créées (A.G.I.P.-I.R.I.). À partir de 1937, le fascisme se germanise et le gendre de Mussolini, le comte Ciano, favorise le rapprochement de son pays avec l'Allemagne hitlérienne. L'axe Rome-Berlin est né ; avec le Japon, les deux pays signent un pacte antikomintern et accordent leur soutien au général Franco. Une seconde guerre mondiale, malgré le répit apparent suscité par les accords de Munich (29-30 septembre 1938), paraît inéluctable.

L'Italie déclare la guerre aux Alliés le 10 juin 1940 ; elle essuie assez rapidement des revers (en Méditerranée, en Russie, en Afrique orientale, où elle perd la Tripolitaine). La guerre fait rage partout. Les troupes alliées débarquent en Sicile et entreprennent leur remontée vers le nord. Une grande partie de la population italienne, assaillie à la fois par les pénuries de toutes sortes et les bombardements, rejette le fascisme et provoque les grèves de 1943. Mussolini est destitué, arrêté et remplacé à la tête de l'État par le maréchal Pietro Badoglio. Ce dernier négocie un armistice avec les Alliés. Cependant, grâce à une discrète intervention allemande, Mussolini parvient à se libérer et tente de former un contre-gouvernement à Salo. Pendant ce temps, les armées de libération progressent. Naples tombe le 1er octobre 1943 et la bataille acharnée du Mont-Cassin ouvre la voie de Rome. Les événements vont se précipiter et le pays se retrouve coupé en deux. Sous la pression intérieure, un comité de libération nationale se crée et organise la résistance. Le roi est accusé de collusion avec le fascisme. Son fils Humbert devient lieutenant général du royaume. Badoglio est remplacé le 9 juin 1944 par un cabinet de coalition. Mussolini est arrêté sur les bords du lac de Côme ; il est conduit à Milan, où il sera pendu. Le président du Conseil De Gasperi forme un gouvernement ; le roi abdique en faveur de son fils mais, par le référendum du 2 juin 1946, les Italiens se prononcent en faveur de la république, qui est alors proclamée.

Le secrétaire général du parti démocrate-chrétien, A. Fanfani, pendant la campagne électorale de 1975.

Le redressement de l'Italie

L'Italie était sortie exsangue de la guerre ; elle devait restituer beaucoup de ses possessions, accepter une rectification de ses propres frontières et voir, de plus, son armée limitée. Mais, grâce à une volonté de renouveau remarquable, mobilisant les énergies de tous, le pays allait opérer un redressement qui força l'admiration. Libre entreprise, dynamisme et créativité des hommes, coût modéré d'une main-d'œuvre très mobile, développement du tourisme, compétitivité des exportations, participation des grandes sociétés comme Montecatini, Olivetti, Fiat à l'effort général furent, avec l'aide du plan Marshall, les éléments fondamentaux de cette reprise. En dépit des crises politiques incessantes et des remaniements, les « rimpasti », l'Italie à partir de 1950 se reconstruisit dans tous les domaines et accéda en quelque dix années au rang des principales puissances européennes. Cette période fut appelée « il miracolo italiano ».

Un des secteurs les plus concernés par ce renouveau fut l'agriculture. Avec stupeur, les Italiens avaient constaté que le tiers environ de leur patrimoine agricole avait été détruit, surtout dans le Sud, souffrant de surcroît d'un niveau de vie nettement plus faible que dans le Nord. Cette distorsion, certes traditionnelle, devenait préoccupante. Le problème du « Mezzogiorno », pour lequel une caisse spéciale était constituée, allait se trouver au cœur de toute la politique économique et sociale d'alors.

On a pu compter 25 coalitions gouvernementales entre 1948 et 1976, avec des tendances privilégiant soit le centre droit (1949-1962), soit les socialistes de Pietro Nenni (1963-1976). Un régime démocratique de type moderne semble cependant s'instaurer et les institutions, même avec des à-coups, fonctionnent. Les élections de 1958 n'avaient guère modifié les rapports de force au sein du Parlement. La Démocratie chrétienne (la D.C.) prendra toutefois une importance croissante en alliant la bourgeoisie d'affaires à la hiérarchie catholique. Le parti communiste, quant à lui, fondé en 1921, se développe essentiellement dans le Nord, avant tout industriel. Les autres tendances politiques complètent un éventail d'opinions très large, mais de ce fait difficile à contenir et à rassembler sur les thèmes d'intérêt général : M.S.I.,

centre gauche et les Dorotei, qui réunissaient des personnalités comme A. Moro, Rumor et Colombo. La vie politique est entachée de scandales politico-financiers (Fanfani, Segni, Tromboni). Les violentes manifestations de 1960 ajoutent à la confusion et à l'instabilité.

Pendant les deux décennies qui vont suivre, les gouvernements se succèdent à un rythme tel que la population finit par ne plus y prêter attention. On a pu compter 48 gouvernements en 40 ans. La population travaille pour ainsi dire à l'écart des politiciens. On assiste en effet à des alternances et à des rapprochements parfois spectaculaires, comme ceux de la D.C. et du M.S.I., nommés par dérision les « convergences parallèles ». Le centre gauche subit quant à lui une poussée du P.C.I., qui va pourtant peu à peu décliner. Chacun pressent que le pays a besoin d'un renouvellement de sa classe dirigeante. En dépit de ses problèmes internes, l'Italie maintient ses alliances (C.E.E.-O.T.A.N.) tout en s'ouvrant à l'U.R.S.S. (développement du commerce bilatéral) ; elle demeure de ce fait une des grandes puissances mondiales.

D'une architecture à la fois grandiose et dépouillée, le Colisée fut commencé en 72 par l'empereur Vespasien.

L'architecture

La terre italienne est tellement harmonieuse que les architectes n'ont eu qu'à se mettre à l'unisson de la nature en recoupant avec la même grâce que le font collines, monts et vallées les lignes, surfaces et volumes de leurs monuments. L'architecture devint décor et, pendant longtemps, les proportions furent cohérence, symétrie, unité. Les hommes ont toujours semblé en accord avec le sol qui les porte. Siècle après siècle, ils l'ont orné de tant de poèmes de pierre que leur volonté n'avait qu'à se laisser guider par l'enthousiasme. L'architecture est l'écriture d'un peuple ; elle est le reflet tangible de son degré de civilisation. Pendant près de deux millénaires, l'Italie a été le berceau de tous les épanouissements.

Rome, ville des Césars

Ville impériale, Rome se devait d'avoir des édifices à la hauteur d'un destin qu'elle imaginait coïncider avec le monde connu. Le Forum, les théâtres, les basiliques Aemilia et Julia, les arcs comme celui de Titus, qui parsèment l'Urbs, sont les repères de cette grandeur.

Parent de l'ordre dorique, l'ordre toscan — du mot *tusco*, autre vocable désignant le peuple étrusque — sera repris et amélioré, avec moins de solennité peut-être, par tous les architectes de la Renaissance : la colonne adossée, les pilastres, les entablements, les coupoles resteront les éléments constitutifs les plus notables de l'art monumental. En dépit de sa taille colossale, le Colisée de Vespasien offre une harmonie identique à celle des villas, ouvertes par d'élégants péristyles sur de claires cours intérieures, témoins comme lui de l'orgueilleuse prospérité des Césars. Les plans retrouvés ultérieurement dans les vestiges de Pompéi, comme la maison des Vetii, prouvent l'excellence à laquelle étaient parvenus les Romains.

Le Moyen Âge chrétien

Avec une sorte de fidélité inconsciente, les bâtisseurs des siècles suivants reprendront cet héritage. Toute l'Italie chrétienne puisera dans ces sources en les adaptant aux nécessités du moment. Par l'entremise des Cisterciens, qui arrivent en 1187 à Fossanova, les maîtres d'œuvre du Moyen Âge découvrent la croisée d'ogives, qui leur permet d'élargir les nefs, de multiplier les arcades, d'alléger les piliers. Saint-Ambroise, à Milan, se situe à la charnière de ces recherches. La

bande lombarde, qui est une manière de contrefort, apporte une nouveauté décorative qui va vite se répandre hors de la province. En l'espace d'un siècle, toute la péninsule va se couvrir d'admirables églises, avec pour seules différences les apports d'une tradition locale : Saint-Michel de Pavie, cathédrales de Modène, de Bari, de Salerne, abbaye de Monreale, en Sicile, où se lisent, se mêlant les unes aux autres, les influences musulmane, byzantine et normande. Si les extérieurs demeurent encore assez austères, les intérieurs sont en revanche décorés à profusion : fresques, dallages de marbre, pâtes de verre et mosaïques, incrustations à la feuille d'or. À l'imitation de Ravenne, Saint-Jean-de-Latran, à Rome, est décorée par des artistes plus que par des maçons ou des tailleurs.

Les palais gothiques

Au long du XIIIe siècle, le gothique italien va s'exprimer de manière très originale. L'édifice civil va d'ailleurs prendre le pas sur le sanctuaire religieux. Garants de la fierté communale, représentant le droit et le pouvoir, ces palais publics, d'une nudité externe calculée, s'arrogent le privilège de dresser de hauts campaniles, des tours aussi hautes qu'étroites : palais du Podestat à Florence, attribué à Arnolfo di Cambio, palais dei Priori à

Espace et lumière pour l'intérieur de la basilique S. Apollinare in Classe, à Ravenne.

À GAUCHE :
La crypte du Dôme d'Aquileia, merveille de l'art roman.

Pérouse ; même chose à Volterra, à Sienne. Peu de fenêtres, ou alors géminées, un toit crénelé. Et la petite cité de San Gimignano élève, elle aussi, pour attester de son indépendance aristocratique, de fins donjons, à l'instar de Bologne. Réceptacle de la ferveur populaire, l'église se pare de couleurs ; rien n'est assez beau pour louer Dieu : niches remplies de statues, marbres polychromes, denticules, palmettes rompent la monotonie des façades. La cathédrale d'Orvieto a tous les raffinements d'une enluminure. Hérissé de gâbles, de clochetons, de dais, véritable forêt de pinacles, le Duomo de Milan défie les jugements. Jamais achevée, ouvrage cosmopolite et sans équivalent nulle part, cette église de marbre et de pierre écrase par sa masse et fascine par sa légèreté.

Brunelleschi et ses élèves

Étudiant sans doute en technicien les enseignements légués par les Anciens et dont Vitruve, l'ingénieur militaire favori de Jules César, parle dans ses *Dix Livres d'architecture,* Filippo Brunelleschi (1377-1446) conçut une merveille : la coupole de la cathédrale de Florence. Dans une logique assez harmonieuse pour que chaque pierre, s'effaçant pour soutenir la suivante, s'élève insensiblement, elle semble suspendue dans le ciel ; les nervures, telles de fines arêtes, délimitent chaque pan. Aérien, lancé comme une flèche qu'ajourent les ogives, le campanile de Giotto, à ses côtés, lui imprime toute sa sveltesse : au marbre blanc s'oppose la chaude toiture de tuile. Des jardins Boboli, on dirait un joyau posé sur la ville, délicat dans sa prépondérance. Commencée en 1419, la nef de San Lorenzo, dans cette même ville, rassemble la décoration antique que Brunelleschi avait restaurée : corniches, festons, rosaces, mais en maintenant leurs volumes dans la netteté, la limpidité des surfaces. Ses élèves, Michelozzo et surtout Alberti, mêleront habilement les ordres dorique et ionique (palais Rucellai). La chartreuse de Pavie, édifiée en 1428 par Giovanni Solari, continuée par Amadeo, annonce la Renaissance ; mais elle offre un rare exemple de transition de par la profusion de ses statues, ogives, arcatures mille fois répétées, frises sur trois étages, de ses cloîtres et déambulatoires. L'aisance et l'aménité sont telles que ces débordements s'oublient et apaisent plutôt le regard.

Venise, une ville à part

Jamais lassée de paraître la cité-reine, Venise, en ce XVIe siècle, accumulait les richesses. Les maisons des marchands prennent des allures de palais. Si Naples et la Sicile ont reçu le gothique de l'Espagne, Venise, trop fastueuse pour imiter quiconque, développe son propre style, adapté en priorité à son absence de sol ferme. À la forêt de pilotis sur lesquels elle repose répond un foisonnement de colonnes, d'arcades, de montants graciles soutenant les étages. La Ca d'Oro, la Dogana, le palais Mocenigo cisèlent leurs façades : balustres, guirlandes d'arceaux, de balcons, toute une véritable dentelle de pierre court le long des demeures, qui se reflètent en tremblant dans l'eau des canaux. Contraste inhabituel, les structures s'inversent : la partie la plus lourde repose sur la plus

nement temporel et éternel de la dynastie pontificale, Bramante ébauche un plan destiné à faire rayonner la colline vaticane : une coupole centrale hissée sur quatre berceaux et quatre coupoles secondaires. Il ne pourra bâtir que deux longues galeries à côté du Belvédère. Michel-Ange, déjà âgé, va poursuivre les travaux ; il donne à l'édifice son ampleur définitive, cette souveraineté élégante dans la démesure. Homme averti et entreprenant, exerçant sur l'art une espèce de régence, Bernin (1598-1680) achèvera la basilique par la colonnade qui enserre de ses deux ailes incurvées et convergentes la vaste place.

La baroque, un art des sens

Avec lui, déjà le mysticisme s'altérait ; en affirmant la primauté du mouvement sur le statique, il préfigurait le baroque. On a dit de l'art baroque qu'il était d'abord un état d'esprit et un art des sens. Sans aucun doute, à la fin du Seicento, les aspirations individuelles ou collectives se riaient de la candeur médiévale ; les sentiments ne se réprimaient plus, la réserve disparaissait. Enfant encore les effets du maniérisme, les décors s'exagèrent, se compliquent ; les artistes affectent un nouvel idéal, reposant sur l'illusion, les torsions, les allégories surchargées d'emblèmes qui alour-

fine, les murs pleins et aveugles sur un soubassement totalement ajouré. Jouant de ses roses et de ses blancs, le palais des Doges est une féerie de marbre, évoquant quelque château oriental. Ultime lien avec ces terres lointaines d'où ses navires rapportaient les épices, Saint-Marc est une enclave byzantine, toute d'or et de mosaïques, affirmation de la puissance vénitienne.

Rome, capitale de la chrétienté

Sous la houlette de plusieurs papes, Jules II, Léon X et Paul III, Rome, cœur de la chrétienté, se veut aussi foyer des arts. Donato Bramante (1444-1514) conçoit des projets grandioses, significatifs de sa vitalité, que Michel-Ange achève en les magnifiant (palais Farnèse). Pour Saint-Pierre, qui doit être le couron-

dissent l'architecture. L'église du Gesù ou celle de Saint-Ignace à Rome satisfont à ces critères : caprices des courbes, figures en stuc, peintures déformant les perspectives. À Turin, Guarini abuse de la contre-courbe, de l'arabesque, et Juvarra, son compatriote piémontais, mêle, à la Superga, dôme, péristyle, colonnes et campanile tourmenté. La lumière partout accroche d'extravagants détails. Andrea Pozzo parlera des « délires » du baroque.

Peut-être par réaction, longtemps modeste tailleur de pierre, Andrea Palladio renoncera au lyrisme et aux sinuosités trop étalés. Il va surtout s'attacher à respecter l'environnement. Sa Villa Rotonda à Vicence, la Villa Trissino à Meledo ou même Saint-Georges-le-Majeur semblent émerger du sol ou des collines avec une exactitude naturelle. Selon Goethe, Palladio fut le seul génie à avoir pu associer l'antique à la vie

moderne. Si la Toscane participe peu au mouvement baroque, Naples et la Sicile au contraire y trouveront la matière à de nouveaux élans. Santa Croce, à Lecce, est le plus bel exemple de composition baroque auquel les architectes méridionaux arrivèrent ; mais cette emphase a sa valeur, et cet étourdissement de pierre traduisait, au-delà d'un sens du grotesque estimé a priori, des intentions sincères.

Le retour au rationalisme

Après des siècles d'« absolutisme étroit de ses petits États », l'Italie passait au régime constitutionnel. Curieusement, par rapport à ses voisins, elle fera figure de retardataire, alors même qu'elle avait guidé l'art européen pendant huit siècles. Les mécènes avaient disparu, le rationalisme prévalait ; les artistes s'enfoncèrent dans l'académisme. À Rome, Giuseppe

Valadier restaure les monuments romains et aménage la piazza del Popolo ; mais les initiatives sont peu nombreuses. Il faut attendre les débuts du XXᵉ siècle pour voir fleurir une énergie nouvelle. Antonio Sant'Elia publie en 1914 un manifeste d'architecture « futuriste ». On assiste à la construction de grands ensembles, au vaste dégagement : gare centrale de Milan par Stacchini (1931), les brillants hangars en ciment armé de Nervi à Orbetello (1938), le stade de Rome (1960). La tendance est à la nudité et au magistral. Désormais, tous les moyens modernes sont utilisés avec talent : verre, acier, profilés. La verticalité est un dogme : les gratte-ciel de Milan (1970) le confirment. Depuis ces dernières années, un retour à plus de modération se fait jour. Les incurvations et le respect des sites imposent des conceptions plus humaines et plus traditionnelles.

Admirable croix peinte au XIIᵉ s.
par un artisan pisan. Pise,
Musée national de San Matteo.

L'*Annonciation,* de Simone Martini. Florence,
galerie des Offices.

La peinture

Née avec les premiers hommes qui, maladroitement, dans l'obscurité des cavernes, traçaient sur les murailles des courbes animales que les aspérités rocheuses rendaient plus effrayantes encore, elle a reçu avec les Étrusques, au cœur de la péninsule, ses réelles assises. Leurs tombes, nombreuses et bien élaborées, étaient décorées de fresques très colorées et aux mouvements expressifs. Si, à l'origine, les influences de l'Asie Mineure s'y lisent aisément, l'art étrusque, au cours des sept siècles que dura cette civilisation, parvint à un degré de réussite étonnant. L'art romain en fut directement fécondé. Cependant, c'est avec l'émergence du christianisme que la peinture italienne prendra son véritable essor.

Peinture et christianisme

Elle s'établit au départ dans une spiritualité dont François d'Assise est le dépositaire le plus célèbre pour se dégager peu à peu des symboles liturgiques et s'identifier à l'existence terrestre. Dès le Moyen Âge, les artistes avaient compris la nécessité de donner à l'espace une dimension plus profonde pour faire apprécier par les yeux profanes soit la densité des mystères chrétiens, soit plus simplement la réalité des émotions humaines. Notons que, selon les villes, les productions sont différentes. À Pise et à Lucques, on peint surtout des crucifix, alors qu'à Florence et à Sienne le goût local s'oriente vers les madones, au tracé minutieux, avec une dominante de rouge et de brun. Assez vite, les Italiens ont cherché à se démarquer de l'influence byzantine. Quelques écoles s'ouvrent en Toscane. Cenni di Pepi, dit Cimabue (1240-1302), est considéré comme l'initiateur de ce renouvellement salutaire.

À ses côtés, plusieurs peintres, également mosaïstes, tenteront avec lucidité de s'extraire des canons gréco-romains, notamment Cavallini et Torriti. Certains, dont les noms ont été oubliés, se spécialiseront dans la miniature, aux coloris vifs et stéréotypés ; Bologne, avec Franco, en sera le foyer le plus actif. Il faut attendre l'apparition de Giotto (1266-1337), également sculpteur et architecte, pour assister à l'émergence d'une véritable peinture nationale. Il déploya complètement le style figuratif en conservant aux figures une unité plastique très classique. Associant la couleur au dessin, sa composition, bien que stricte, devient « narrative ». L'ensemble de la chapelle Scrovegni, à Padoue, en est le meilleur exemple. À son tour, Duccio va approfondir ces tendances en raffinant les effets et la lumière (retable du Maestà). D'ailleurs, en cette fin de siècle, de nombreuses écoles sont nées et donnent d'illustres œuvres à l'art gothique : Gaddi, Cennini à Sienne, Giovanni di Milano en Lombardie, Altichiero à Padoue en sont les représentants les plus notables.

Le Quattrocento

Le Quattrocento est, par tradition, le siècle de la Renaissance, encore que beaucoup de nuances soient à apporter dans ce grand mouvement. Les évolutions ont été variables selon les régions, où les particularismes étaient très ancrés et jalousement défendus. Masaccio (1401-1428) se déclare hostile « aux gentillesses » et aux agréments de l'art gothique. Il insiste avant tout sur le modèle et sur la plénitude nécessaire des

La célèbre *Naissance de Vénus,* de Botticelli, Florence, galerie des Offices.

volumes. Pour la première fois, il choisit un point de fuite qui va donner à la scène une étendue et un éclairage éloquents. En quelques années, les plus grands noms vont apparaître : Fra Angelico, manifestant son attrait pour les brocarts, les couleurs dorées ; Domenico Veneziano, adepte du clair-obscur ; Filippo Lippi, plus fougueux, variant sa palette *(l'Adoration de l'Enfant)* ; Uccello, ornementatiste et graveur, aux dessins géométriques, et enfin Piero della Francesca, longtemps oublié et dont le XXᵉ siècle redécouvrira les admirables perspectives. Son portrait de Frederico de Montefeltro, au profil aquilin, est un étonnant mélange de rouges, au drapé appliqué ; on l'appelait le « monarque de la peinture ».

Dès lors, à Florence, à Rome puis à Venise, les intellectuels et les princes, réfutant les valeurs du passé, vont s'engouer pour toutes les beautés de la vie ; une sorte d'ivresse s'empare des esprits. On va étudier l'homme et ses passions. Un langage du bonheur de peindre s'établit : effets de lumière, mise en place savante, ombres et mystères des lointains. Doué d'une puissance graphique peu commune, praticien de la gravure, Andrea Mantegna (1431-1506) consomme la rupture et affirme sa propre force ; son Christ mort, d'un saisissant effet, dégage, par la perspective étonnante, une tension à la fois cohérente et révélatrice d'un certain goût pour le trompe-l'œil.

Le XVIᵉ siècle de l'homo universalis

Les talents sont si nombreux et si divers que toute synthèse serait hasardeuse et forcément limitative. Que l'on songe seulement à ces maîtres que furent Domenico Ghirlandaio, Sandro Botticelli, dont l'extrême sensibilité a été immortalisée par sa *Naissance de Vénus,* Pietro Vannucci, dit le Pérugin, dont les traits ont un calme souriant. Tour à tour ou en même temps, peintres, architectes, sculpteurs, graveurs, vraiment savants au sens propre, c'est-à-dire ayant des « lumières » de tout, ces grands maîtres illustrent parfaitement l'« homo universalis », si en honneur pendant la Renaissance. N'est-ce pas à pareille époque que

Pic de La Mirandole, qui passait pour tout savoir, avait voulu prouver la convergence de tous les systèmes tant philosophiques que théologiques et artistiques ?

Un astre se levait, jeune, brillant, soucieux d'apprendre et étranger à l'envie comme à la suffisance. On le disait « divin » ; il excella dans le portrait, reliant à un équilibre jamais en défaut une suavité sûre. Sa *Madone au chardonneret* est une fusion de toutes les formes de beauté ; il s'en dégage une sérénité, une richesse de sentiments qui réconciliaient l'humanité avec son destin. Pour lui aussi, l'histoire a surtout retenu le prénom : Raphaël.

Car, pour la Renaissance, la grande question était l'accomplissement du destin. Michel-Ange, plus que tout autre, mesura combien pesaient sur la terre cette sublimation et cette déchéance, l'une et l'autre mêlées. Coloriste éminent, il put rendre les volumes par un modelé des teintes graduellement exprimé. Son nom reste attaché à la décoration de la chapelle Sixtine, à Rome. Une sorte de sève fécondante circule dans ses corps ; le plafond est un vivant cosmos centré autour d'un paradis où un dieu tutélaire crée dans la liberté un infini d'hommes et de femmes. Michel-Ange irradiait l'intelligence, lui aussi, mais il était en plus tourmenté, comme s'il avait à calmer des tempêtes intérieures. Il introduisit dans chacune de ses œuvres un dynamisme qui, même dans le repos, trahissait la tension interne de ses personnages. En parlant de lui, Lamartine écrivit : « On commence par

L'Adoration des Mages, de Léonard de Vinci. Florence, galerie des Offices.

le trouble, on arrive à l'enthousiasme, on finit par l'anéantissement. Michel-Ange a dépassé l'homme. »

LÉONARD DE VINCI

■ Autodidacte, anatomiste, urbaniste, botaniste, mathématicien, Léonard de Vinci cumule à lui seul tous les premiers prix dans toutes les disciplines. Il fut vraiment « cet ouvrier de l'intelligence » que le monde entier s'est plu à reconnaître. Il est la synthèse absolue de son siècle, mais son imagination visionnaire le fait appartenir à notre présent. Notant ses pensées, même en promenade, sur un petit carnet accroché à la ceinture, il remplit au cours de sa longue vie des milliers de pages et laissa courir son crayon sur plus de 7 000 feuilles. Lui le pacifiste, il s'intéressa aux machines de guerre ; homme de peinture, il conçut des palais et des églises ; vivant à la campagne ou dans les châteaux, il chercha les solutions les mieux appropriées au drainage des terres tout en inventant des costumes pour les réceptions princières. L'art, sous toutes ses formes, le passionna. Vieillard paisible et toujours ponctuel, recevant les hommages de François Ier, il s'émerveillait de la beauté de la création, dont la lumière le fascinait. Mais, pour lui, la seule fin était l'homme, l'être humain saisi dans son essence originelle. Ses tableaux sont sans frontières. Sur un fond en « sfumato » dont il ne donna pas le secret, sa *Joconde* nous sourit par-delà le temps.

Percera-t-on jamais cet homme inclassable, désireux lui-même de ne pas lever les voiles de l'énigme qu'il proposa à ses contemporains ? Beaucoup de ses manuscrits, en écriture spéculaire, c'est-à-dire de droite à gauche, restent à exploiter. Inaccessible par son génie, il est si proche de nous qu'on peut s'autoriser à l'appeler Léonard ! Son symbole : le polyèdre, une figure simple et complexe, ouverte à tous les possibles. « Les mouvements des hommes sont aussi variés que la multitude des événements qui parcourent leurs âmes », dit-il un jour. Quand il mourut, le 2 mai 1519, ses amis surent que, désormais, il devenait immortel.

Venise au Cinquecento

Tout autant que Rome et Florence, Venise au Cinquecento vivait une révolution. Ici, dans cet espace où les limites se diluent, les pleins et les vides étaient des valeurs tonales. L'éclat des choses avait une saveur particulière. Giorgione (1477-1510) y eut une carrière courte mais fulgurante. Son *Orage* se déploie, s'éclaire et gronde dans le désordre de la nature. C'est lui qui oriente un certain Tiziano Vecellio, dit Titien, vers ce métier de peintre. Il sera l'ami des couleurs fortes, des formes abondantes qui séduisent l'œil ; si Giorgione voyait « tout le spectacle du monde comme un lointain visible mais parfaitement intangible », Titien, avec sa sûreté de main et l'aplomb de son dessin, donna à ses tableaux « ce bel émail impeccable ». Son portrait du doge Gritti condense, à travers ce dignitaire, et l'ambition de la République du lion et l'autorité pathétique de son auteur. Vers le milieu du

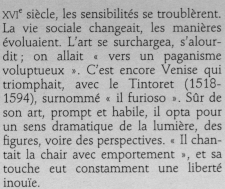

CI-CONTRE : *Éléonore de Tolède et son fils,* de Bronzino. Florence, galerie des Offices.

À DROITE : *Le Pont du Rialto,* à Venise, de Canaletto. Paris, musée du Louvre.

XVIᵉ siècle, les sensibilités se troublèrent. La vie sociale changeait, les manières évoluaient. L'art se surchargea, s'alourdit ; on allait « vers un paganisme voluptueux ». C'est encore Venise qui triomphait, avec le Tintoret (1518-1594), surnommé « il furioso ». Sûr de son art, prompt et habile, il opta pour un sens dramatique de la lumière, des figures, voire des perspectives. « Il chantait la chair avec emportement », et sa touche eut constamment une liberté inouïe.

Son ami et rival, Véronèse (1528-1588), avait une facture résolument différente, presque opposée. Un espace plus froid, des lignes plus tranchées, un retour à l'académisme furent peut-être ses caractéristiques. Mais il eut un étourdissant zèle pour les décors fastueux, comme en témoignent les *Noces de Cana.* Il intégra dans son œuvre les allégories mythologiques, qui donnaient aux scènes une aisance consommée. Véronèse est sans doute le meilleur lien entre classicisme et romantisme.

Les « *vedute* » et Venise au XVIIIᵉ siècle

C'est encore à Venise, illuminée par les feux de ses fastes, que s'alimente la beauté picturale du siècle suivant. Les « vedute » nous renseignent mieux qu'un livre ; elles sont des guides dans lesquels l'histoire s'apprend avec émerveillement. Finesse du dessin, vibration des couleurs : leurs auteurs sont Canaletto et Guardi ; avec l'un, le Rialto est bruissant, enfiévré ; avec l'autre, le Bucentaure avance sur les flots, à la cadence des rameurs. Dans un autre registre, ce sont des caprices, des envolées étourdissantes, une magie des teintes : « virtuoso », Tiepolo peint aux plafonds des palais et des églises de vastes trouées de lumière, légères et fantaisistes. Son fils Gian Domenico, « ce bavard du dessin », laissera courir sa verve. En 107 tableaux qui sont autant de planches au lavis brun, rehaussé de pierre noire, il raconte la vie de Polichinelle, héros malchanceux et sympathique à qui le sort joue la comédie !

De Piranèse à De Chirico

En dehors de Piranèse, graveur et architecte de surcroît, l'Italie va connaître une espèce de démoralisation au XIXᵉ siècle. Curieusement, comme si elle avait donné pendant si longtemps le meilleur d'elle-même, la peinture va faiblir, se laisser dépasser par les écoles néoclassique, romantique et impressionniste de la France et du nord de l'Europe. En revanche, son soleil, cette lumière liquide dont parle Goethe, attire les artistes ; on vient à Rome comme en pèlerinage, et Corot, par exemple, peint Florence avec délectation.

De l'époque moderne, on peut retenir quelques noms comme celui de Modigliani, soucieux de donner à ses femmes des formes fines et elliptiques, avec des tons sourds, ocrés, mais dont l'existence, se déroulant en partie en France, s'acheva tragiquement ; de Giorgio De Chirico, italien de cœur et européen par obligation, construisant son mythe personnel avec des couleurs dures, un dessin anguleux, un espace certes apprivoisé mais tendu d'angoisse. Quels que soient les chemins où s'aventureront les nouveaux venus dont les noms doivent encore se faire une place, à chacun le spectateur pourra dire cette phrase : « La peinture est une poésie qui se voit. » Elle n'a rien de surréaliste ; elle est de... Léonard de Vinci.

La sculpture

Au IIIᵉ millénaire, en Sicile et en Sardaigne, apparaissent des tombes certes rudimentaires mais où se lisent déjà des tentatives de décoration. Le bronze et le fer permettent la fabrication d'objets mobiliers sur lesquels les artisans tracent des motifs simples directement inspirés de la nature environnante. Profitant du legs des colonies grecques, les Étrusques développèrent une ornementation originale (*Chimère* d'Arezzo). Positifs avant tout, les Romains semblent moins doués que les Grecs, qu'ils copient volontiers. Leur cachet se manifeste plutôt dans le buste (portrait très vivant de Lucius Jucundus) ou dans les bas-reliefs (colonne Trajane, Iᵉʳ s. apr. J.-C.).

Alors que Byzance connaît surtout l'œuvre plane, l'Italie manifeste un goût prononcé pour le relief et la ronde-bosse, qui étonnent les Barbares lorsque, descendant des Alpes, ils débouchent dans les plaines péninsulaires.

Naissance de la forme

Il faut attendre le Xᵉ siècle pour noter un réveil notable de la sculpture. La figure sculptée se détache, se découpe de plus en plus parmi une floraison d'animaux fabuleux, d'arabesques, d'entrelacs. Le chapiteau autorise ces tâtonnements, qui aboutiront à cette expressivité médiévale dont le rôle est aussi d'enseigner, marquant la fusion entre sacré et profane. L'Émilie-Romagne, avec deux centres, Parme et Modène, domine nettement. Il faudra attendre pratiquement le XIIIᵉ siècle pour voir éclore une véritable saillie des formes. S'inspirant des sarcophages dont Ravenne avait révélé les splendeurs, Nicola Pisano (1220-1278) confère à ses statues une densité inédite. Son *Adoration des Mages,* bas-relief de la chaire du baptistère de Pise, est une vraie broderie : le drapé est fluide, minutieux, fidèle au corps. Son fils, Giovanni Pisano, reprenant l'enseignement paternel, sera appelé à Sienne et à Pérouse ; ses disciples vont encore renforcer l'épaisseur des volumes pour aboutir à un « naturalisme » précurseur de la Renaissance. Se libérant des contraintes techniques et mentales, les sculpteurs vont adopter des canons inusités jusqu'alors. À la pierre,

ils appliquent un infini de médaillons et de rinceaux ; au bronze et au marbre, ils insufflent une énergie qui rend vibrant ce support inerte. La Toscane s'affirme comme le creuset où toutes les initiatives ont libre cours. Jacopo della Quercia et Lorenzo Ghiberti ont définitivement abandonné l'esprit gothique. Le procédé en vogue est le schiacciato, le modelé écrasé, qui rend avec davantage de profondeur la complexité des mouvements.

Un nouveau vocabulaire, Donatello et Michel-Ange

De par son génie inlassable et exigeant, Donatello allait rénover le vocabulaire des gestes et des conventions. Les drames des sentiments, la fureur stoïque, les quêtes de l'âme affleurent dans chacune de ses œuvres (*David* ou *Gattamelata,* cavalier vainqueur mais sans colère, dont la statue équestre se dresse à Padoue) : ces êtres s'animent de l'intérieur. Sans doute, c'est auprès de lui que Michel-Ange se forme.

Malgré la présence de ce géant, d'autres figures méritent louanges : Andrea Riccio, bronzier établi à Padoue, vivant à Florence et frôlant déjà le maniérisme, Bandinelli et Della Porta, Jean de Bologne, d'origine flamande (penché vers

Le *David,* en bronze, de Donatello. Florence, musée du Bargello.

MICHEL-ANGE

■ Avec Michel-Ange, la sculpture atteint l'idéal, la suprême excellence ; il sait que l'homme est un titan, mais il constate de dérisoire faiblesse face à l'omnipotence divine ; sa lutte est vaine et quand même sublime. Alors Buonarroti (1475-1564) va être le conciliateur des forces humaines, de leur raison de vivre. Si son *Moïse,* au profil tranchant, peut encore dialoguer avec le *Créateur,* ses *Esclaves* sont des héros noblement résignés. Entre ces deux attitudes, *David,* colossal et nerveux, vit de son orgueilleuse jeunesse qui lui donne, face au destin, sa suprématie. Jamais les formes n'ont été aussi éloquentes, polies avec tant de ferveur ; la matière est comme domptée, recevant de l'artiste son souffle même. Michel-Ange disait à ses élèves : « La statue est dans le marbre, il suffit de la dégager. » Aucune ambiguïté dans les contours ; d'où qu'on les regarde, ils délimitent l'œuvre sans l'assujettir. Son ultime travail, la *Pietà* dite « Rondanini », est l'achèvement secret de sa carrière, comme si Michel-Ange avait voulu porter au dernier degré de la beauté pure ce duo d'amour vénérable, frémissant de douleur et de paix. Vieillard indifférent à la célébrité que lui décernait tout son pays, il estimait avoir « à retourner à l'école ».

l'onde, son *Apennin,* dieu-fleuve chenu et encore robuste, surgit de la verdure des jardins du Pratolino).

Verrochio et Cellini

Deux artistes ont beaucoup apporté à l'art de la Renaissance. Le premier, Andrea di Cione, dit Verrochio (1435-1488), est amateur de grandes compositions (le *Christ et saint Thomas*) très contrastées, mais son style convaincant se remarque davantage dans ses statues (*David*). Par contre, son dernier ouvrage, *Bartolomeo Colleoni,* couronne sa vie. Orgueil de Venise, ce capitaine général se dresse sur son cheval ; il foudroie des yeux autant ses ennemis que leur lâcheté.

Le second est Benvenuto Cellini (1500-1571), artiste d'envergure aimant

L'admirable *Pietà* sculptée par Michel-Ange alors qu'il n'avait que 24 ans. Basilique Saint-Pierre de Rome.

À Venise, la statue équestre de Colleoni, commencée en 1481 par Verrochio.

vrais tableaux, aux lignes sinueuses, presque désordonnées, à la limite du rococo.

Le retour à l'antique

À la suite de cette décomposition croissante se dessine un retour à plus de sobriété. Vénitien d'origine, Canova (1757-1821) prône le retour à l'antique ; son *Napoléon tenant la victoire* (palais Brera à Milan) a la rigueur des maîtres de jadis et devient le modèle de ce néoclassicisme sobre mais sensuel.

Le renouveau de l'après-guerre

En dépit de quelques réussites, la sculpture italienne est défaillante tout au long du XIXᵉ siècle. Le romantisme n'est qu'une anecdote chez elle ; beaucoup de créateurs se sont exilés, les commandes officielles ont tué l'innovation. Il faut attendre l'après-guerre pour surprendre dans la jeune génération quelques talents. Marino Marini (né en 1901) atteint, avec des motifs volontairement limités, traités en bronze, « à une étrangeté riche d'ironie ». Il reprenait à sa manière les idées de Boccioni (1882-1916), désireux de n'exprimer que des « lignes-forces ». La sculpture, selon lui, doit être « dynamique ». Avec son *Cardinal,* Giacomo Manzù en donna une saisissante illustration.

aussi l'aventure ; avide de culture, il visite les ateliers pisans, florentins et romains, où sa manière âpre et fougueuse rebute ou séduit. Sa hautaine habileté, en particulier sous l'angle anatomique, se manifeste dans *Persée,* portant à bout de bras la tête tranchée de Méduse.

Bernin et le baroque

À l'aube du Seicento, une certaine modernité s'établit dans les habitudes de vie, et les mentalités évoluent vers un épanouissement des émotions et des voluptés. Les règles et les codes sont remis en question ; l'improvisation explose partout et l'espace concret se double d'imaginaire. Gian Lorenzo Bernini, dit Bernin, est l'initiateur de ce

courant droit ouvert sur le baroque. Il veut un rendu aussi véridique que possible, jusqu'à en exagérer la nature essentielle : le marbre se plie, ondule, les corps se convulsent (baldaquin de Saint-Pierre, à Rome, *Extase de sainte Thérèse, Bienheureuse Albertoni*). Comme se torsadent les colonnes, les statues ondoient, se prêtent aux jeux de lumière, s'incorporent à l'architecture avec jubilation. En plein air, ce sont des fontaines, des tritons, des vasques qui animent les jardins ; on introduit des images insolites, comme des Maures (Pietro Tacca à Livourne). En Sicile, Serpotta modèle des figurines délicates dans des stucs polychromes. Naples se spécialise dans les crèches, aux innombrables santons de toutes couleurs, dont Sammartino est l'expert. Les bas-reliefs deviennent de

CI-DESSUS : Exécutée par Della Bitta
et Zappalà en 1878,
la fontaine de Neptune
sur la Piazza Navona, à Rome.

À GAUCHE :
Détail de la fontaine,
devant l'une des façades
hautes en couleur
de la Piazza Navona.

À DROITE :
Tandis que Neptune lutte
contre un monstre marin,
une Néréide ondulante...

Cette miniature du XIVe s. illustre « l'Enfer » de *la Divine Comédie,* de Dante. Imola, bibliothèque communale.

La littérature

Tout comme les autres langues romanes, l'italien est né du latin, qui, en lui donnant ses assises, en fit cette langue « illustre, courtoise et royale » dont parlait Dante. Le style, souvent déclamatoire, des auteurs modernes évoque aisément les belles phrases des orateurs latins.

L'héritage romain

Cicéron, avocat et homme politique intransigeant, « le prince de la rhétorique », inspira les écrivains de la Renaissance, qui manièrent avec un bonheur de plume rarement retrouvé depuis ce qui devenait peu à peu l'idiome officiel de tout le pays, le toscan. À l'excellence de l'écriture latine, d'autres noms demeurent attachés ; façonnant les intelligences de générations d'écoliers, les philosophes et les historiens y puisèrent surtout des règles devenues presque proverbiales. Virgile, avec les *Bucoliques* ou les *Géorgiques,* Suétone et son *De viris illustribus,* Tacite le proconsul au style nerveux et concis, Tite-Live, l'ardent patriote épris de grandeur morale, ou encore Marc-Aurèle, le stoïcien, nous charment toujours. Quant à César, son *Commentaire de la guerre des Gaules* se lit comme un roman en dépit de sa minceur.

Retour à la syntaxe

Alors qu'au Moyen Âge les règles de la syntaxe étaient maltraitées, les auteurs de la Renaissance prônèrent un retour à la « lingua culta », c'est-à-dire la langue de la culture, dans laquelle, selon un dicton romain, on s'adresse seulement aux dames et aux dieux. Les laudes franciscaines, qui s'étaient répandues en même temps que la liturgie, ne furent pas étrangères à cette régénération. L'imprimerie, relayant les copistes, diffusa la tradition jusqu'alors orale, et les contes, les « novelline », marquèrent cette nouvelle littérature, origine de la fameuse « commedia ».

En quelques décennies vont éclore les académies, dont toute l'Europe du XVIIIe siècle imitera les principes de rigueur, de distinction gracieuse et d'éclectisme (la Crusca, fondée en 1582 à Florence, épurant l'ancien toscan).

Les maîtres de la littérature

L'intensité et la justesse de leurs méditations, la pénétration de leurs analyses, cette philosophie éminemment humaniste qui les caractérise firent de leurs textes à la fois des modèles et des repères pour toute la littérature italienne et européenne.

Connu sous le nom de Dante, Durante Alighieri (1265-1321) composa une longue épopée de cent chants, *la Divine Comédie,* synthèse de l'aventure humaine partagée entre la grandeur et la fragilité. A ses côtés, de mère française, juriste, Boccace (1313-1375) déploya ses talents dans les *Rime,* poésies mélancoliques qui contrebalancèrent ses contes, allègres et satiriques, réunis sous le nom de *Décameron.* Lui aussi poète et humaniste, exilé tout jeune en France, voya-

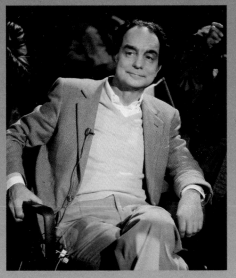

Une inspiration fantastique mêlée de réalisme, l'écrivain Dino Buzzati.

L'écrivain Italo Calvino en 1981, quatre ans avant sa mort.

geur solitaire, Pétrarque (1304-1374), écrivant beaucoup en latin, s'adonna à l'étude des sentiments amoureux. Comme Dante, il s'intéressa à la politique. À l'opposé, Savonarole, prédicateur enflammé que ses virulentes exhortations imposèrent un temps comme chef politique, acheva sa vie tragiquement : son rigorisme et ses prophéties invérifiables le conduisirent à l'excommunication, puis à la pendaison et enfin au bûcher avec deux de ses partisans.

Torquato Tasso, dit le Tasse (1544-1595), dont la plume imagée devait si fort séduire les romantiques, connut également une existence douloureuse. Une querelle, qui occupa toute l'Italie d'alors, dressa ses admirateurs contre ceux de l'Arioste, heureux auteur du *Orlando furioso* (1502), ce Roland furieux, chantre souriant de l'aventure chevaleresque. Avec lui, les mœurs entraient dans les belles-lettres ; il fut à ce titre considéré comme le père du théâtre italien. Retenant lui aussi la société comme thème favori, Pietro Bacci, plus connu sous le nom de l'Aretin, en fustigea l'hypocrisie et la licence. Sa cible était Venise, qui verrait, mais plus tard, un autre auteur l'observer sans pitié. Goldoni (1707-1793), que beaucoup baptisèrent « le Molière italien », écrivit d'abord en vénitien, ce qui souligne

l'absence d'unité nationale. Cependant, sachant se dégager du cadre simpliste de la commedia dell'arte, il donna au théâtre tout son lustre.

Un élan nouveau : le nationalisme

Si Vicenzo Monti (1754-1828) ne put réellement s'affranchir d'un néoclassicisme de circonstance, Alessandro Manzoni préconisa le retour à la démocratie. Chantant dans des poèmes à l'écriture raffinée son mal de vivre, nationaliste fervent, Giacomo Leopardi (1798-1837) évoqua avec densité et pudeur ses douleurs. Plus intellectuel, critique hors pair, à la fois humaniste et anticatholique, Carducci adopta dans ses nombreux écrits des accents polémiques et lyriques qui recueillirent l'adhésion de la majorité de ses compatriotes. Il reçut en 1906, un an avant sa mort, le prix Nobel. Mais l'époque était dure : la patrie, pour se faire, avait besoin de symboles. Elle les trouva en Silvio Pellico, encyclopédiste libéral, directeur du *Conciliatore,* à Milan. Emprisonné par les Autrichiens, il composa ses admirables Mémoires.

Aristocrate anticonformiste, esthète, se trouvant placé à une période charnière de son pays, Gabriele D'Annunzio élabora quant à lui une œuvre abondante, où sa plume se répandit tour à tour en un héroïsme exalté et une sensualité

funèbre. Mais nombre de ses pages demeurent comme l'archétype de la belle langue italienne.

Les particularismes régionaux

Entre les deux guerres mondiales, on peut retenir les pages intimistes et pénétrantes d'Italo Svevo (1861-1928). Renouvelant leurs sources d'inspiration à travers la province et ses particularismes encore tenaces, quelques écrivains, par la variété de leurs talents, enrichirent la littérature contemporaine. Torturé par une angoisse de vivre qui le poussa au suicide, Cesare Pavese bâtit une œuvre austère, réaliste, servie par une langue riche et précise, souvent agressive. Italo Calvino (1923-1985), mêlant lui aussi ses souvenirs de guerre et d'enfance, inclinait pour un ton acerbe. Alberto Moravia, figure très en vue, distingué reporter dans plusieurs pays, critique reconnu, poursuivit une œuvre romanesque *(le Mépris, l'Ennui)* dont le style dépouillé est sous-tendu de pessimisme. Tard venu à l'écriture, apôtre de la Sicile, dont il peignit, « sous le soleil violent et impudent de l'île », les mœurs archaïques, Giuseppe Tomasi di Lampedusa *(le Guépard)* se distingua comme un conteur original.

L'après-guerre

Dans la génération de l'après-guerre, certaines œuvres, bien que d'écrivains moins connus, dépassèrent l'audience purement italienne. Mûrissant à la suite de son exil un ouvrage solide et réaliste, *Le Christ s'est arrêté à Eboli,* Carlo Levi s'engagea politiquement et publia plusieurs essais remarqués, de même que Dino Buzzati *(le Désert des Tartares),* mort en 1972, écrivain de l'étrange, ami des métaphores et de l'allégorie.

Après les années contestataires de la néo-avant-garde, dont le Groupe 63 fut le ferment majeur, on assista à une sorte de restauration culturelle. La nouvelle littérature contemporaine italienne possède plusieurs noms remarquables, dont Umberto Eco, avec *le Nom de la rose,* est l'élément le plus notable. Signalons un jeune auteur, Daniele del Giudice, remarqué pour son *Stade de Wimbledon,* et un jeune poète, Roberto Mussapi. Parmi les femmes écrivains, parlant des problèmes de la famille et traitant de la solitude au féminin, retenons Elsa Morante et Oriana Fallaci.

La musique

« Muses de Sicile, chantons » note Virgile dans les *Bucoliques* ! En fait Euterpe, la Muse qui préside à la musique, a béni toutes les générations d'un peuple fondamentalement épris de cet art.

Le pays du grégorien et des « ballate »

Dès l'Antiquité, les Anciens avaient composé des chants simples, à la fois folkloriques et religieux. Au théâtre, une partie de la pièce était chantée (cantica) et la tibia, la flûte, sous-tendait ces mélopées. Au IVe siècle, saint Ambroise, l'évêque de Milan, héritant des traditions païennes, les améliora et fit de sa ville un des berceaux de la liturgie chantée. Grégoire Ier le Grand, pape romain, favorisa à son tour le chant sacré et codifia par un ordo le déroulement des messes. Le grégorien allait devenir un des éléments les plus importants du monachisme occidental. Gui d'Arezzo (995-1050), bénédictin et professeur, reprenant une invention anonyme, mit au point une méthode de notation qui consistait à inscrire chaque note sur une ligne distincte : la portée musicale était née. Sordello de Mantoue (1200-1270), alliant l'amour à la mystique, inventa les premières « ballate », chansons à danser. Les Toscans, une fois encore, donnèrent le ton. Découvrant l'agrément du chant à plusieurs voix, ils définirent les principes de l'ars nova, qui fut à l'origine de la musique italienne.

Naissance de la musique italienne

Débordant d'imagination, créateur de la polyphonie, Pierluigi da Palestrina (1525-1594) allait être le premier grand fondateur de cette musique. Remarqué par les Médicis, Francesco Landini, pourtant aveugle dès l'enfance, se révéla organiste virtuose et admirable compositeur. Dans les châteaux et les villages, la « caccia » et la « frottala », plus populaire, souvent accompagnées de ballets, sont les préliminaires de l'opéra. La musique s'engage vers le profane. Le nombre des instruments s'accroît, préfiguration directe du grand orchestre symphonique. Parallèlement, l'imprimerie favorise la diffusion des tablatures ; ainsi

Quelle mélancolie dans ce portrait de Vivaldi, du XVIIIe s. ! Bologne, lycée musical.

surgissent d'autres formes de composition qui, à côté des « canzone », vont diversifier les rythmes et les timbres : la sonata, chanson sonnée, et la toccata, la pièce touchée. Adeptes fervents d'un nouvel instrument, le clavecin, les Gabrieli vont donner un essor rapide à ces morceaux.

Claudio Monteverdi

Toute l'époque reste dominée par Claudio Monteverdi ; né à Crémone en 1567, entré au service des Gonzague, il va bouleverser les conceptions en vigueur en introduisant l'élément humain. Alors que lui-même est frappé par le destin, il compose le premier drame lyrique où théâtre et musique sont associés, *Orfeo*. Ce chef-d'œuvre fut tellement admiré et joué que Monteverdi reçut le titre de « divino compositore ». On assiste alors à une explosion de la créativité musicale. Venise pratique les motets à plusieurs chœurs, et, en Lombardie, le « a capella » a les faveurs des princes. Frescobaldi, avec son recueil des *Fiori musicali* (1608), lance la mode de la musique « inspirée », reposant sur les cantates et les oratorios, sortes de drames religieux où la représen-

L'Ange musicien de *la Vierge des liniers*, de Fra Angelico. Florence, musée de San Mar

tation scénique est réduite, voire absente. Giacomo Carissimi (1605-1674) en est un illustrateur éminent.

Allegro et crescendo : un grand nombre de compositeurs

À partir du milieu du XVIIᵉ siècle, et tout au long du XVIIIᵉ siècle, l'Italie va connaître une extraordinaire éclosion de compositeurs, dont Antonio Vivaldi. La société va vivre un festival permanent, avec ses fêtes et des « divertimenti » variés. Une terminologie révélatrice s'instaure : allegro, andante, presto, vivace, sostenuto, crescendo ! En quelques décennies, le répertoire s'enrichit des meilleurs artistes : Sammartini, Boccherini et ses menuets, Albinoni et son célèbre adagio, enfin Sacarlatti, le « jeune aigle dont les plumes ont grandi ». L'école instrumentale est représentée par deux « maestri », Torelli, éminent joueur de violon, et Corelli, réputé pour ses concerti grossi : c'est-à-dire exécutés avec un orchestre complet.

La passion de l'opéra

L'opéra, dans la seconde moitié du XVIIIᵉ siècle, va devenir une folie. En 1737, à Naples, est inauguré le théâtre San Carlo, le plus vaste d'Europe à l'époque. Il s'affirme vite comme le centre de références, car le public, dans une confusion bon enfant ou tonitruante, très méridionale, commente, conteste ou applaudit avec transport. Dans ce haut lieu s'affrontent les tenants de l'« opera buffa » et ceux de l'« opera seria ». Méconnu pendant longtemps, Jean-Baptiste Pergolèse obtient cependant en 1738 un triomphe avec *La Serva Padrona*, intermezzo à deux voix, archétype de l'opéra bouffe qui déclenchera à Paris la querelle des bouffons... Domenico Cimarosa (1749-1801) posera les jalons de ces grandes pièces qui constituent tout le fond du drame lyrique.

Les Italiens possèdent les trois ou quatre plus fameux compositeurs d'opéras du siècle.

Giuseppe Verdi dirigeant la répétition d'une messe, à l'Opéra-Comique.

Spontané, charmeur, expédiant en quelques jours ses plus belles pièces, Gioacchino Rossini est, lui, un météore. Il est ce Figaro frondeur et astucieux, déconcertant de facilité, où se cachent une vive sensibilité et beaucoup de métier. *Le Barbier de Séville* (1816), *la Pie voleuse* (1817) et son *Stabat Mater* (1833) ont mérité la gloire. Très fêté dans l'Europe cultivée du XIXᵉ siècle, Gaetano Donizetti est l'auteur d'un opéra lui aussi louangé, *Lucia di Lammermoor* (1835). Puccini (1858-1924) est peut-être le plus subtil ; trois de ses œuvres connurent une popularité sans précédent : la *Tosca* (1896), la *Bohème* (1900) et *Madame Butterfly* (1904).

Étonnant virtuose du violon, recherchant des sonorités à la limite du possible, Niccolo Paganini créa des concerti vraiment fantastiques, que seuls les plus grands interprètes peuvent enlever. Impressionniste, la musique d'Ottorino Respighi (1879-1936) a des sonorités évocatrices.

Parmi les musiciens modernes, retenons : Luigi Dallapiccola, qui tenta d'unir la polyphonie renaissante à la technique sérielle ; Bucchi, classique ; Maderna, plus hardi ; Castiglioni, d'avant-garde.

ANTONIO VIVALDI

■ « Prete rosso », le prêtre roux ainsi que l'appelle le Tout-Venise, Antonio Vivaldi (1678-1741) a composé : 40 opéras, 20 symphonies, 500 concertos, sans compter les serenate, oratorios, pièces religieuses ; mais cela signifie-t-il quelque chose ? Dans cette cité, espiègle, assoiffée de plaisirs et d'art, il est le maître vénéré, au génie étincelant. Sa musique est un feu d'artifice, la traduction parfaite des bonheurs et des émotions de tous et de chacun. Avec lui, les archets sur les cordes acquièrent une légèreté et une gravité inconnues jusqu'alors. Haendel lui vouera une admiration sans bornes ; le comble est qu'il meurt à Vienne pauvre, seul, oublié. Il est le symbole de cette joie de vivre, de cette exultation italienne, dont *La Stravaganza* est le sommet.

GIUSEPPE VERDI

■ Jeune paysan inculte, formé par de modestes musiciens, Verdi est refoulé du conservatoire de Milan. Obstiné, élève prodigieux, il écrit à 25 ans un premier opéra que la Scala agrée. Son avenir est tracé ; exaltant sa patrie, charpentant chaque scène d'une musicalité tour à tour emphatique et retenue, allègre et poignante, il vole de succès en succès, que le monde entier salue : *Nabucco* (1842), *Rigoletto* (1851), *La Traviata* (1853), *Don Carlos* (1867), *Aida* (1871), *Otello* (1887). Intercalant avec une fortune consommée les soli et les chœurs, il ménage à ses auditeurs des effets grandioses, pathétiques et triomphateurs. Toujours élégant, il est ce beau vieillard romantique et humaniste que la statuaire a immortalisé.

CI-CONTRE : La belle Silvana Mangano dans une scène de *Riz amer,* de G. De Santis (1948).

CI-DESSOUS À GAUCHE : G. Ferzetti et Monica Vitti dans *l'Avventura* de M. Antonioni (1960).

CI-DESSOUS : Une scène du *Guépard,* de L. Visconti, avec Burt Lancaster (1963).

Le cinéma

Paru en 1896, le premier catalogue d'Auguste et Louis Lumière comprenait déjà près d'une trentaine de vues « italiennes ». Ces deux frères, inventeurs du cinématographe en 1895, avaient noté la luminosité propre à l'Italie. Sous son ciel, les contours des êtres et des choses prennent plus d'acuité ; l'art de la photographie, encore balbutiant, pouvait s'exprimer avec ampleur.

Les débuts : des fresques vivantes

Une petite firme se monta en Italie au début du siècle : « Primo stabilimento italiano di Manifattura cinematografica Alberini e Santoni ». En 1905, elle avait produit un premier long métrage : *La Presa di Roma* (« la conquête de Rome ») : 250 m ! Créée en 1908, la société Itala — ex-société Carlo Rossi — éditait un programme hebdomadaire de trois ou quatre films possibles. Rome, enfin,

ouvrait via Appia un « théâtre de poses », ancêtre cocasse des studios que nous connaissons maintenant.

Durant une vingtaine d'années, le cinéma italien se consacre presque entièrement à évoquer l'histoire de la nation, dont le côté épique et parfois grandiloquent est volontairement souligné. Sous forme de fresques vivantes, les événements majeurs du passé défilent sur des toiles de lin blanc devant les yeux des spectateurs ébahis.

Jusqu'à la guerre, la plupart des films servent la propagande du régime de Mussolini, exaltant les vertus de la nation et sa supériorité, mais une indifférence croissante les accueille. La guerre est une période de mûrissement, d'impatience ; l'échec de Francesco de Robertis est révélateur. Pourtant, en s'attachant à visiter leurs provinces, les cinéastes découvrent derrière l'objectif une chaleur humaine insoupçonnée, nourrie d'aspirations, de gaieté et de mélancolie.

Pionnier des reconstitutions historiques — son *Quo Vadis ?* battit tous les records de recettes —, Enrico Guazzoni eut un sens inné de la composition large,

appuyée par des décors justes. Il entama en 1909 une longue carrière qui s'acheva en 1942 avec *La Fornarina.* Passant d'un registre à l'autre, aussi à l'aise dans le western que dans le fantastique, Riccardo Freda s'imposa d'abord comme cinéaste populaire, traitant des sujets

LUCHINO VISCONTI

■ Au sortir de la guerre, qui laissait le pays exsangue, le désir unanime de la nation était d'oublier ce cauchemar. Avec *Ossessione* (1942), drame populiste, Luchino Visconti va créer un événement décisif ; son film a valeur de manifeste. Avec lui, la vie quotidienne entre au cinéma. Reliant le plus souvent son thème à un sujet littéraire ou historique, ce talentueux metteur en scène travaillait avec sa caméra comme un peintre avec son pinceau : scènes en clair-obscur, champ visuel approfondi, cadrage parfait. Sa production est une des composantes majeures du cinéma international. « On m'a traité de décadent ; j'ai de la décadence une opinion très favorable » disait-il. (*Senso*, 1954 ; *Rocco et ses frères,* 1960 ; le *Guépard,* 1963 ; *Mort à Venise,* 1970). L'œuvre de Visconti est assurément une des exceptionnelles richesses, dont l'esthétisme a souligné la valeur.

Satyricon,
l'un des films
les plus
caractéristiques
de F. Fellini
(1969).

rang social où elle dépare souvent. Ces actrices deviendront choyées, adulées comme les divas de l'opéra, et la qualité de leur jeu leur vaudra une renommée internationale (Sophia Loren, Gina Lollobrigida). Dans le même temps, tout aussi charmeurs, les acteurs italiens s'identifieront à ce Latin au physique de beau ténébreux ou d'astucieux intrigant, partagé entre ses charges professionnelles, sa famille et ses désirs de conquêtes (Marcello Mastroianni ; Vittorio Gassman).

« Les Italiens rient de la vie avec plus de vérité, de mépris et de froideur que n'importe quelle autre nation. » Dino Risi illustre parfaitement cette phrase : ses films sont autant de comédies où la musique et la lumière masquent l'amertume (*Beaux mais pauvres,* 1956 ; *les Monstres,* 1963 ; *Rapt à l'italienne,* 1973 ; *Parfum de femme,* 1974 ; *le Fou de guerre,* 1985).

Personnalité assurément très forte, à la limite du scandale, Pier Paolo Pasolini est déroutant. Il brosse des tableaux violents, parfois insoutenables, de la vie italienne *(Una Vita violenta, Mamma Roma, Porcherie).* À l'inverse, fils de Roberto Leone, qui fut l'un des fondateurs du cinéma muet, Sergio Leone se veut concret ; il reste le créateur de ce qu'on a appelé par dérision le « western spaghetti », violent et étayé par une excellente musique, mais à budget réduit (*Pour une poignée de dollars,* 1964 ; *le Bon, la Brute et le Truand,* 1966). Scénariste puis réalisateur, se voulant témoin, Ettore Scola possède une maîtrise incontestable de certains domaines dont la trame, comme il le souligne lui-même, revient sans cesse à l'identique.

Face à la concurrence croissante de la télévision et à l'invasion des productions américaines, le cinéma italien a perdu quelque temps sa prééminence. Deux auteurs lui ont récemment redonné une des premières places mondiales. Franco Zeffirelli, jadis collaborateur de Visconti, dont il hérita le goût des décors somptueux et des plans méticuleusement construits, s'est fait connaître comme un metteur en scène d'opéras réputé (*Roméo et Juliette,* 1968, *La Traviata,* 1982, et *Otello,* 1986). Bernardo Bertolucci, en second lieu, marqué par le romantisme et en quête de vérité, longtemps provocateur (*le Dernier Tango à Paris,* 1972 ; *1900,* 1975), s'est très récemment vu attribuer toutes les louanges des cinéphiles pour sa remarquable fresque du *Dernier Empereur.*

historiques pour le grand public. Très prisé, réalisateur de documentaires, Vancini, dans les années 40, aborda avec résolution les sujets politiques et sociaux.

Le renouveau après la guerre

Le cinéma, dès 1950, prend un essor sans précédent. Il est l'observateur privilégié de la société.

Roberto Rossellini, passionné, estime néanmoins que le néoréalisme « n'est pas une doctrine, mais un fait intérieur » : ne pas transmettre de message, laisser le spectateur libre de son jugement *(Europa,* 1951 ; *le Général Della Rovere,* 1959 ; *les Évadés de la nuit).*

Acteur prodigieux et désinvolte, séducteur élégant, Vittorio De Sica réalisa un grand nombre de films, dont quelques-uns restent gravés dans toutes les mémoires : *Sciuscia, Umberto D, les Sequestrés d'Altona, le Voleur de bicyclette* et *le Jardin des Finzi Contini,* que la critique saluera pour sa délicatesse en dépit d'un sujet périlleux.

Lui aussi formé par les préceptes d'un maître sourcilleux, Marcel Carné, Antonioni est souvent délaissé par le public et les critiques. Hanté par la mort, constamment à la recherche de voies nouvelles qu'il explorait d'une caméra fébrile, il réalisa quelques chefs-d'œuvre

FEDERICO FELLINI

■ Assistant de Rossellini, Fedrico Fellini apparaît comme le poète visionnaire d'un vaste monde où s'affrontent beauté, difformité, vertu et vice, raison et folie. Véritable conteur, sa caméra devient le miroir de ses propres songes. Le noir et blanc confère une intensité déchirante à certaines images de *La Strada* (1954), *Il Bidone* (1955), *les Nuits de Cabiria* (1957) : le monde des forains, les escrocs minables, l'angoisse de vivre. Avec *Huit et demi* puis *La Dolce Vita* et *Amarcord,* Fellini atteint le grand succès tout en bousculant les schémas les mieux établis. Jugé peut-être à tort trop intellectuel, il poursuit avec brio sa carrière entre tous les récifs que ses espoirs et ses obsessions ne cessent de lui ménager. *Intervista* (1987) est un hymne à cet univers formidable et funambulesque que fut Cinecitta, le vaste complexe de 60 hectares construit près de Rome en 1935 et qui rassemblait tout ce que le cinéma italien comptait comme acteurs, producteurs, décorateurs, costumiers, etc.

comme *le Cri* (1957), *l'Avventura* (1960), *l'Éclipse* (1962), *Blow-up* (1967), *Profession : reporter* (1975).

Des vamps et de beaux ténébreux

Dans les années 50, l'Italie avait lancé la mode de la vamp, séductrice facile, travailleuse hissée pour ses charmes à un

La vie nationale

Du compromis cultivé comme l'un des beaux-arts

À l'image de sa célèbre tour de Pise, l'Italie — a-t-on dit — est un pays qui paraît être suspendu dans le vide sans jamais vraiment tomber.

En effet, la multitude des pôles de pouvoirs, et notamment l'intervention des partis politiques à tous les niveaux de la vie du pays, donne, à première vue, l'impression d'un pays chaotique et ingouvernable. La vie politique italienne apparaît, vue de l'extérieur, comme dominée par les conflits idéologiques et les intérêts des groupes politiques et financiers. Depuis toujours, elle a été ponctuée par de fréquentes crises gouvernementales et par des scandales qui ont ébranlé la classe dirigeante. On ne peut pas nier, d'ailleurs, que le contre-pouvoir de la Mafia, quoique fermement combattu par des magistrats courageux, soit encore présent en profondeur dans le tissu social d'une partie du pays.

Et pourtant, si, par exemple, un problème aussi grave que celui des terrorismes, de droite et de gauche, qui pendant les années 70 — les « années de plomb » — ont ensanglanté l'Italie a pu être résolu, c'est qu'en réalité la démocratie italienne est beaucoup plus stable et plus solide qu'elle ne paraît.

Paradoxalement, ce qui fonde cette stabilité et fait la vitalité du pays, c'est justement la pluralité des forces en jeu : forces institutionnelles, mais aussi associations spontanées de citoyens (les comités de quartier ou les mères qui s'organisent pour lutter contre la drogue en sont un exemple).

Ce « pluralisme » comporte bien sûr des risques, mais il en résulte en fait un équilibre qui constitue la spécificité du « cas italien » et qui est dû, il faut bien le dire, à cette capacité, si particulière au tempérament italien, de toujours rechercher les voies du compromis en tant qu'instrument essentiel de la médiation. Ce « pragmatisme » étonnant, dont témoignent leurs grands hommes d'État, de Machiavel à Moro, est l'une des qualités les plus singulières du peuple italien et probablement un de ses atouts majeurs.

Le rôle des médias

La presse joue un rôle important dans les débats qui animent la vie politique et sociale en Italie. De la loi sur les « terroristes repentis » au cachet d'une vedette de la télévision, de la construction des centrales nucléaires à l'état de santé de la chanson italienne, tout devient objet d'un débat public et parfois virulent, où se manifeste le plaisir tout italien de la polémique.

Certains journalistes sont des « opinion makers » très influents et écoutés par la classe politique elle-même : Eugenio Scalfari, directeur de *La Republica,* le quotidien lu par la plupart des Italiens,

---

LA PRESSE ÉCRITE

■ Aujourd'hui, les Italiens lisent les journaux beaucoup plus qu'il y a quelques années. Parmi les quotidiens qui enregistrent les tirages les plus forts, outre les deux déjà évoqués, les plus importants sont le *Corriere della Sera* et *Il Giorno,* publiés à Milan, *La Stampa* de Turin, *Il Messaggero* et *Il Tempo* de Rome, *Il Mattino* de Naples. Tous les partis politiques ont leur quotidien : *Il Popolo* est l'organe officiel de la Démocratie chrétienne, *L'Unita* celui du parti communiste, *Avanti !* celui du parti socialiste, etc. Les hebdomadaires d'actualité, *Panorama* et *L'Espresso* parmi les plus diffusés, ont tendance à occuper, dans le débat sur les thèmes sociaux, la place qui était jadis celle des périodiques politiques (*Rinascita, Mondo Operaio* notamment).

CI-DESSUS : Les langues vont bon train devant une permanence du P. C. I., à Palerme.

ayant « le cœur à gauche » bien que n'adhérant à aucun parti, et Indro Montanelli, directeur du *Giornale Nuovo,* son homologue de droite, en sont des exemples éloquents.

Entre la presse écrite et la télévision, les interactions sont complexes et étroites, ayant entraîné de part et d'autre la recherche de formes et de formules nouvelles. Il est incontestable, toutefois, que la présence de la télévision est écrasante et que, très souvent, on a l'impression que les journaux sont, vis-à-vis de celle-ci, en position de « dépendance », une sorte de caisse de résonance de l'événement télévisé.

Car le poste de télévision est en effet « présent » dans tous les foyers, où il reste allumé pendant des heures, surtout depuis que la loi de 1975 a autorisé les émissions de télévisions privées.

Une langue commune aujourd'hui

Malgré une opinion répandue qui juge négative l'influence de la télévision, il faut reconnaître qu'elle a joué en Italie un rôle déterminant dans le processus d'unification commencé un siècle aupa-

ravant. Et notamment sur le plan, essentiel, de l'unification linguistique.

En 1860, la langue italienne pouvait être utilisée et comprise, en dehors de Rome et de la Toscane, par moins de 1 p. 100 de la population et restait l'apanage des littéraires. Dans la vie quotidienne (y compris les salons et la cour), on parlait l'un des innombrables dialectes.

En 1954, l'année des premières émissions télévisées, à peu près 15 Italiens sur 100 parlaient et comprenaient couramment l'italien, 58 p. 100 ne parlaient pratiquement que leur dialecte, les autres parlaient l'italien comme on met les habits du dimanche, à savoir dans les situations « officielles », et se servaient du dialecte en famille.

Aujourd'hui, grâce surtout à l'impact de la télévision, la situation est inversée par rapport à celle de 1860 : l'immense majorité de la population parle une langue commune avec un accent régional, « colorée » de mots et d'expressions empruntés aux dialectes. C'est d'ailleurs cette multiplicité même d'apports et de variétés régionales qui fait la richesse de la langue italienne.

LES INSTITUTIONS

■ L'institution fondamentale de la République italienne est le Parlement, composé de deux assemblées : la Chambre des députés, comprenant 630 membres élus au suffrage direct par tous les citoyens ayant 18 ans révolus, et le Sénat, dont les membres sont élus sur une base régionale, à partir d'un minimum de 7 par région, par tous les électeurs de plus de 25 ans. Le mandat des députés et des sénateurs dure cinq ans.

Le président de la République est le chef de l'État, élu par le Parlement pour une période de sept ans. Son rôle, à la différence de ce qui se passe dans les républiques présidentielles telles que la France ou les États-Unis, est essentiellement de « représenter l'unité nationale ». Il nomme le président du Conseil, qui est chargé de former le gouvernement. Celui-ci, une fois constitué, doit obtenir la confiance des deux Chambres. Le président du Conseil dirige la politique générale du gouvernement et il en est responsable.

La Constitution attribue le pouvoir judiciaire à la magistrature, qui y est définie comme « un corps autonome et indépendant de tout autre pouvoir ».

Les 15 juges de la Cour constitutionnelle — 5 nommés par le Parlement, 5 par le président de la République et 5 par les suprêmes autorités juridictionnelles pour une période de neuf ans — veillent au respect des principes de la Constitution.

Les 20 régions, à leur tour articulées en provinces et communes, assurent une ample décentralisation administrative dans le contexte d'un « État uni et indivisible ».

À GAUCHE :
Amoureusement
sculptées et peintes,
les charrettes
siciliennes
expriment un sens
artistique très
développé.

À DROITE :
Le « Palio » du
15 août, à Sienne.
L'origine de cette fête
remonte à
la naissance
des contrées
siennoises.

La vie quotidienne

De la créativité au « système D »

La créativité italienne se décline aussi au présent. À côté des interprètes très célèbres du bel canto, Luciano Pavarotti, Mirella Freni, Ruggero Raimondi, et des maestros de renommée internationale, Riccardo Muti ou Claudio Abbado, les protagonistes du renouveau de la chanson italienne, Paolo Conte, Pino Daniele, Lucio Dalla et bien d'autres, commencent à « exporter » leur musique au-delà des frontières de l'Italie.

La littérature italienne n'a jamais été aussi largement traduite à l'étranger, et notamment en France, où des écrivains comme Umberto Eco, Italo Calvino, Leonardo Sciascia ou encore ceux de la nouvelle génération comme Daniele Del Giudice ou Antonio Tabucchi sont aujourd'hui très populaires.

Il suffit, d'autre part, de se rappeler les noms des réalisateurs qui ont fait les beaux jours du cinéma italien dans les années mythiques de Cinecittà : Fellini, Visconti, Antonioni. Les « paparazzi » couraient alors après les stars dans les night-clubs de via Veneto, et les films de Pasolini et de Bertolucci faisaient scandale. Et on ne peut pas oublier la présence sur les scènes de théâtre les plus prestigieuses de metteurs en scène tels que Giorgio Strehler, Luca Ronconi, Carmelo Bene.

Leur sens de la beauté et leur capacité de le traduire concrètement en lignes, en formes et en couleurs font que les architectes, les designers et les stylistes italiens sont reconnus et appréciés par le public le plus raffiné tels Renzo Piano, qui a conçu le Centre Pompidou à Paris, et Giorgio Armani, créateur d'un style qui a marqué un tournant dans la mode.

Les Italiens ont été contraints pendant longtemps de chercher du travail loin de leur patrie. L'émigration italienne aux États-Unis, en Amérique latine ou en France était sans doute la conséquence de la difficile situation économique du pays. Mais les immigrés italiens, loin de constituer, dans les pays d'accueil, des groupes marginalisés, ont su s'y intégrer en apportant leur savoir-faire, leur âpreté au travail, leur fantaisie et leur adaptabilité.

Ces mêmes qualités ont permis au pays de se reconstruire rapidement après les dévastations de la dernière guerre et de devenir en quelques décennies une puissance économique. Aujourd'hui, les « condottieri » — les patrons des groupes industriels et financiers les plus importants — interviennent avec autorité sur les marchés étrangers.

Tout se passe comme si en Italie, aussi bien au niveau des individus qu'à celui de la nation tout entière, on avait perfectionné un gigantesque « système D ». La qualité de la vie ne cesse d'augmenter. Cela ne peut s'expliquer que par le talent qu'ont les Italiens à répondre aux situations les plus compliquées avec souplesse, inventivité, capacité d'improvisation. Si bien que le pragmatisme qu'on assimile trop facilement à la « combine » s'est révélé être l'instrument le plus approprié pour élaborer des solutions toujours nouvelles dans les contextes les plus divers.

L'« allegria » à l'italienne

« La santé d'un peuple se mesure, dit-on, à sa capacité de faire la fête. »

Les Italiens adorent faire la fête. Quelquefois, on a l'impression que le simple fait de se retrouver à six dans un compartiment de train est prétexte à la

Une tradition vivace, le carnaval de Venise, en février. Gaieté et couleurs...

À DROITE : Une sorte de spécialité italienne...
La resquille pour un match, à Rome.

fête. Tout le monde y est convié ; il suffit d'accepter les règles du jeu : ne pas avoir peur de franchir les frontières de la discrétion (chacun parle de soi-même et demande à l'autre d'en faire autant) ; avoir envie de « se mouiller » dans une discussion (les Italiens se passionnent pour la politique et n'hésitent pas à prendre position à haute voix et à soutenir leurs idées avec acharnement, sans que cela les empêche, toutefois, de garder à l'autre la même amitié) ; renoncer à la rigidité habituelle des distances sociales (on quitte très facilement le vouvoiement pour passer à la familiarité du « tu ») ; jouer, enfin, le jeu de l'extroversion et de la théâtralité (que les Italiens s'expriment avec leur corps, leurs mains et leurs yeux n'est pas qu'un lieu commun !).

« Allons prendre un café ! » Cette phrase, répétée mille fois par minute en Italie, peut marquer le début d'une interminable « chiacchierata » (prononcer kiakkiérata). Même si on va dans un « bar » (un café), celui-ci est un lieu ouvert (il est amusant de remarquer que très rarement les portes en sont fermées), où on ne restera que le temps de boire son café, debout au comptoir.

La place est surtout le décor idéal des fêtes populaires. C'est pourquoi la plupart ont lieu pendant l'été. Elles peuvent être religieuses, avec accompagnement de procession, fanfare et feux d'artifice ; ou encore promues par un parti politique, avec, à côté des saucisses et du vin rouge, les stands de livres et les débats ; ou organisées par l'administration de la ville offrant aux citoyens bals de carnaval ou rétrospectives de films sur écran géant. Mais le match de football du dimanche (la « partita di calcio ») est aussi une occasion de fête, et, si la « squadra » (l'équipe) de la ville a gagné le championnat, la joie éclatera dans les rues pour célébrer l'événement. Et même certaines manifestations politiques — celles des mouvements féministes, écologistes ou homosexuels – se transforment en fêtes-spectacles remplissant de couleurs et de sons les rues des villes.

Les plus grandioses et les plus connues restent les fêtes qui, à travers les siècles, renouvellent les traditions historiques. Le « Palio », qui a lieu à Sienne le 2 juillet et le 15 août, est célèbre dans le monde entier, ainsi que la fabuleuse « Regata storica » de Venise, à l'occasion de laquelle on peut admirer un cortège d'embarcations anciennes somptueusement parées.

Toute fête est prétexte aux plaisirs du palais. Certaines sont même exclusivement des fêtes culinaires : appelées « sagre », elles rendent hommage aux produits locaux. Il faut, pour en comprendre le côté pantagruélique, avoir vu les poêles gigantesques où l'on fait frire d'immenses quantités de poissons à l'occasion de la « Sagra del pesce » à Camogli, près de Gênes.

LA « PASSEGGIATA »

■ Les Italiens, dit-on, aiment se promener, « passeggiare ». La « passeggiata » est, surtout dans les petites villes mais tout autant dans les grandes, un rituel social établi. Les lieux consacrés à la promenade, qui en favorisent la lenteur et presque la solennité, varient selon le climat et la position géographique : avenues qui longent la mer à Rimini, « portici » (les arcades) à Bologne, « Galleria » à Milan, « corso » à Rome et, partout, « piazza » et rues piétonnes, tous forment une sorte de décor de théâtre pour une représentation où chacun va jouer consciencieusement son rôle. Non seulement on se promène, mais la rue est aussi le lieu de rendez-vous : il est fréquent de voir des bandes de jeunes autour de leurs motos sur une place de Naples. Il arrive aussi qu'on découvre encore avec un certain étonnement les hommes réunis devant le seul café dans un petit village du Sud, pendant que les femmes bavardent assises devant leur maison.

Un trait commun à tous les « promeneurs » : le plaisir du regard. Les hommes aussi bien que les femmes regardent les vitrines, surtout des magasins d'habillement (les Italiens sont très coquets !) ; les hommes regardent les femmes, il faut bien le dire ; et, d'une façon générale, tout le monde est là pour regarder les autres et se faire regarder.

À GAUCHE : La promenade
en gondole des
jeunes mariés
sur le Grand Canal
à Venise,
une coutume à respecter !

À DROITE : Procession du
vendredi saint.
La religion tout
extérieure
des Italiens
n'exclut pas la faveur.

CI-CONTRE :
Il fait
trop chaud... Farniente
en Campanie, sur
la côte Amalfitaine.

Tradition et modernité

Grandes villes, petites villes

Le stéréotype voudrait qu'il y ait une différence marquée entre un Nord riche et industrialisé et un Sud pauvre et arriéré, entre un mode de vie ouvert aux influences extérieures et un autre renfermé sur la tradition. En fait, les découpages se font autrement.

Quand les communautés se sont regroupées autour des « borghi » (les bourgs du Moyen Âge), ceux-ci ont constitué les premiers noyaux des « città » (les villes). Les villes, grandes ou petites, donnent à l'habitat de l'Italie sa physionomie spécifique.

Chaque ville s'est en effet développée autour d'un « centre historique », qu'il soit médiéval ou baroque, cœur de la vie économique, administrative et culturelle. Après la dernière guerre, et notamment dans les années 60, le « miracle économique » a entraîné une nette croissance démographique et un double mouvement de migration interne (du Sud vers le Nord, de la campagne vers la ville) qui a modifié en profondeur le paysage urbain. Face à une énorme demande insatisfaite d'habitations, et en l'absence, souvent, d'un plan d'urbanisme, la spéculation immobilière a fini par déformer le caractère ancien des centres historiques et par créer, à la périphérie des villes, ces monstrueux « quartiers-dortoirs » sans espaces verts ni services collectifs, ni endroits favorisant là vie associative.

Croissance des périphéries urbaines

Certaines villes, du Nord comme du Sud, telles que Milan, Rome, Naples, Gênes, Palerme, Bari, tout en n'ayant pas la taille d'une métropole, en présentent maintenant la structure. La croissance désordonnée des périphéries urbaines a, depuis quelques années, réévalué le noyau historique de la ville, objet de restaurations et de restructurations : il est à la fois le centre des affaires et un « salon » où l'on vient se promener, faire du shopping dans les magasins de luxe et aller aux spectacles. Ces quartiers sont aujourd'hui les plus convoités, et les appartements y atteignent des prix prohibitifs. D'autre part, cette « concentration » s'est traduite par une saturation progressive de la circulation et par une pollution presque à la limite du supportable. Un mouvement contraire s'est alors amorcé, qui pousse les habitants des grandes villes vers des quartiers satellites où, cette fois, la qualité de l'environnement est prioritaire. De plus en plus, tous ceux qui peuvent se le permettent achètent aussi une seconde « casa », à la mer ou à la montagne. Malheureusement, ce désir d'évasion et de beauté s'est trop souvent réalisé aux dépens du patrimoine naturel, qui a subi la violence de promoteurs immobiliers sans scrupules. Les côtes, les îles, les forêts italiennes sont, toutefois, courageusement défendues par des organisations — dont la plus active est « Italia Nostra » — qui se battent pour le respect de l'environnement.

Les villes moyennes

Le rythme de vie le plus « italien » — et cela dans le Nord comme dans le Sud — est celui des villes « de taille moyenne ». À Venise ou à Catane, à Florence ou à Pérouse, c'est comme si le temps lui-même coulait plus lentement : on y est moins stressé, plus disponible aux bavardages, on a aussi plus d'espace autour de soi, les habitations sont plus grandes et plus confortables (quoique aussi chères que dans les grandes villes !) — en somme on y goûte vraiment la douceur de vivre à l'italienne. On sort dans la rue, on dit bonjour à tout le monde, on n'est, pour ainsi dire, jamais seul : les frontières entre la sphère

du public et celle du privé sont moins nettement perçues et les rapports entre les individus se tissent encore comme à l'intérieur d'une grande famille.

La famille

Il est toujours vrai de dire que l'Italien est très attaché à sa famille, mais celle-ci a connu une formidable mutation : à travers l'évolution de la famille, on peut retracer l'évolution de la société italienne tout entière de la fin de la guerre à nos jours.

Le « boom » économique des années 60 a été le moteur d'une transformation radicale du panorama social. L'Italie passe, alors, très rapidement, d'une dimension précapitaliste à ce que l'on a appelé la « société de consommation ». Les appareils électroménagers changent le quotidien des femmes. Fiat sort les premières « utilitaires », et l'achat d'une voiture n'est plus réservé à quelques privilégiés : les Italiens, qui travaillent moins et gagnent davantage, découvrent les plaisirs du temps libre, des voyages et le rituel du week-end. Et, surtout, la télévision, en apportant un flux de nouvelles et d'images provenant de réalités très lointaines, propose des modèles de vie totalement différents de ceux d'un pays qui était encore fondamentalement patriarcal et catholique.

La place de la femme

C'est la femme qui a subi et vécu de la façon la plus évidente les effets de ces changements. Si l'on rencontre encore, dans certains villages du Sud, les « femmes aux châles noirs », figées dans l'immobilité des traditions et dans une morale qui en fait les gardiennes farouches de l'ordre familial, les femmes des villes, dans le Nord comme dans le Sud, et bien avant l'existence d'un mouvement de libération de la femme proprement dit, s'émancipent des contraintes sociales qui les avaient enfermées dans le rôle à la fois mythique et étroit de la « mamma ». Garçons et filles vont dans les mêmes écoles, partagent la même éducation, ont les mêmes chances, du moins en théorie, sur le marché du travail. Les mœurs évoluent vers une plus grande liberté : les femmes peuvent vivre leur sexualité malgré la survivance de tabous ancestraux et, en particulier, planifier leurs maternités grâce à la contraception, même si ce choix peut entrer en conflit avec les consignes de l'Église catholique.

Les comportements changent. Le spectacle d'un jeune père derrière une poussette ou aux fourneaux n'est plus une chose tellement rare, aussi bien que celui d'un groupe de femmes en vacances ou au restaurant sans compagnie masculine. De plus en plus souvent, les jeunes femmes n'attendent pas le mariage pour quitter la famille et choisissent de vivre seules.

Aujourd'hui, au seuil des années 90, la famille italienne tend, selon les statistiques, à s'approcher du modèle « père, mère, un fils et demi ». La femme est entrée de plein droit, bien qu'elle y reste minoritaire, dans les citadelles du pouvoir économique et politique. Les « cols roses » (les « carriere women ») ont fait le pari de conjuguer vie professionnelle et féminité pleinement vécue.

Toutefois, les changements de ces dernières années ont été vécus avec des

LES ANNÉES 70

■ Au cours des années 70, le processus de modernisation se confirme : à la suite aussi de mouvements populaires dans lesquels les femmes ont joué un rôle essentiel, le Parlement vote des lois qui sanctionnent définitivement des modifications déjà présentes à tous les niveaux de la société italienne. 1970 : loi introduisant le divorce ; 1975 : loi sur le nouveau droit de famille, qui reconnaît l'égalité de l'homme et de la femme à l'intérieur du noyau familial ; 1977 : loi de « parité sur le travail », qui interdit toute discrimination à l'égard des femmes dans le travail ; 1978 : loi sur l'interruption volontaire de grossesse, approuvée malgré la condamnation très dure des évêques et du pape.

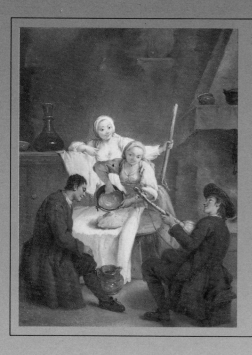

À GAUCHE :
Fabrication de la polenta, Pietro Longhi. Venise, Palazzo Rezzonico.

À DROITE :
La pizza, universellement connue, est née à Naples. C'est la nourriture de base d'une région pauvre.

implications variables aux différents niveaux de la société. De plus, la crise économique et le « reflux » généralisé qui ont fait suite au grand mouvement d'ouverture des années 60 ont entraîné un retour partiel aux modèles traditionnels. S'il est vrai que les « nouveaux comportements » sont désormais ancrés dans le mode de vie des couches sociales économiquement et culturellement plus élevées, des sondages récents montrent que la famille reste au centre du système social : une majorité de femmes préfèrent encore se consacrer totalement à leur foyer. C'est la femme qui se charge de l'éducation des enfants et de la plupart des tâches ménagères, en cela assez peu souvent aidée par le mari, à qui revient la responsabilité d'assurer le revenu familial.

Influence de l'Église et sentiment religieux

Ce modèle traditionnel a depuis toujours trouvé son fondement dans la religion catholique. Pour comprendre l'attitude si particulière des Italiens à l'égard de la religion, il faut ne pas oublier la présence du Saint-Siège à l'intérieur du territoire de la République. Le Vatican a en effet le statut d'un État souverain et l'État italien a toujours entretenu avec celui-ci des rapports aussi étroits que complexes.

Pendant longtemps, les Italiens ont vécu selon une morale qui coïncidait parfaitement avec les préceptes émanant de l'autorité religieuse. La « révolution » des années 60 a signifié, notamment, la fin de cette adhésion : la morale catholique n'était plus en mesure de fournir un code de comportement répondant de façon satisfaisante aux nouvelles conditions de vie d'une société moderne.

À partir de ce moment, l'Église de Rome voit son influence s'affaiblir, et le sentiment religieux tend à devenir de plus en plus simple rituel collectif : la messe du dimanche à midi est une occasion privilégiée de la vie sociale des petites villes, tout comme les processions en l'honneur de la Vierge ou du saint protecteur local sont les moments forts de la vie communautaire des villages et des quartiers populaires. C'est justement au sein des couches populaires que les gestes quotidiens sont imprégnés d'une religiosité le plus souvent pétrie de superstition. À Naples, par exemple, on attend tous les ans que saint Janvier accomplisse le miracle de liquéfier son sang, conservé depuis presque deux mille ans dans une ampoule ; si le miracle tarde à se produire, le peuple réuni en prière dans la cathédrale insulte lourdement le saint, duquel d'ailleurs il fait dépendre directement toutes les bonnes et les mauvaises choses de sa vie.

La gastronomie

Jusqu'à la moitié de ce siècle, il n'existait pas une gastronomie que l'on pût qualifier d'italienne, mais uniquement des cuisines régionales avec très peu de points communs. Il y avait, pour ainsi dire, une division transversale entre une Italie du beurre, du riz et du maïs, celle du Nord, et une Italie de l'huile d'olive, du blé et des agrumes, celle du Sud. La « polenta » de la Vénétie (galette de maïs accompagnée de sauces plus ou moins riches en viande) et la « pizza » napolitaine (qui à l'origine n'est qu'une pâte de farine de blé et d'eau assaisonnée de quelques gouttes d'huile) constituaient la base de la nourriture des couches populaires. Désormais, les échanges de produits ont donné naissance à une cuisine nationale avec certains dénominateurs communs.

Un déjeuner plus léger

Les habitudes aussi sont en train de changer. Celle, par exemple, qui voyait la famille réunie autour de la table pour consommer un déjeuner assez copieux, où il ne manquait jamais un bon plat de pâtes, suivi généralement d'un « secondo

58

À GAUCHE :
À Piazza Armerina,
en Sicile, le soleil
permet le séchage
des tomates destinées
à devenir du concentré.

À DROITE :
Dans les Alpes,
les fermiers récupèrent
la crème du lait
pour faire du beurre.

piatto » (viande ou poisson) accompagné d'un « contorno » de légumes verts, crus ou cuits ; une corbeille de fruits de saison concluait traditionnellement le repas.

Cela commence à disparaître, même dans le sud de l'Italie, où la « siesta » qui suivait le repas de midi était, jusqu'à des années récentes, un rituel sacré : aujourd'hui, surtout dans les villes, les gens qui travaillent, hommes ou femmes, préfèrent un déjeuner plus léger, et cela dans le sud aussi bien que dans le nord de la péninsule.

Une cuisine régionale

C'est à l'occasion des fêtes familiales ou religieuses que les traditions reprennent le dessus. Chaque région, chaque ville possède ses recettes.

Le Piémont est fier de ses fromages et de ses vins, et c'est ici que l'on trouve les exquises truffes blanches. Le « risotto » (riz blanc cuit dans du beurre avec des oignons et enrichi, selon la fantaisie du cuisinier, de champignons ou d'asperges, de courge ou même de fraises) est le plat milanais par excel-

lence. Mais la Lombardie est aussi la région où l'on produit quelques-uns des meilleurs fromages italiens, le gorgonzola, le taleggio, le mascarpone.

L'art de préparer les pâtes est aujourd'hui cultivé partout en Italie, mais elles restent la grande spécialité du Sud. Il y en a de toute sorte (à base d'eau et de farine, d'œufs, d'épinards, de pommes de terre, de viande, etc.) et de mille formes possibles : leur nature et leur forme décideront de la sauce (viande, poisson, fromages, légumes, tout est permis, cela dépend de l'imagination et des préférences de chacun).

Le long des côtes, on mangera partout du poisson, mais celui-ci sera apprêté de façon singulière dans chaque région : « zuppa di pesce » des Abruzzes, « caciucco » livournais, « baccalà alla vicentina », morue à la façon de Vicenza.

Prosecco et chianti

Mais l'Italie est aussi un pays producteur de vins. On y boit du vin, de l'apéritif jusqu'au dessert ! En se promenant dans

Venise, il faut entrer dans les « bacari » (les bistros typiques) et demander un « prosecco », vin blanc que l'on boit en apéritif, tout comme, à Rome, le « vino dei Castelli ». On accompagnera les plats de viande avec des vins plus corsés, le barbera et le barbaresco du Piémont, ou les chianti de la Toscane ; les poissons, en revanche, avec un pinot blanc de la Vénétie ou un « corvo di salaparuta » sicilien. Au dessert, on goûtera des vins doux, comme le « vino santo » toscan ou le marsala de la Sicile.

Car un repas de fête ne sera pas vraiment tel sans un dessert. Celui-ci sera différent selon les occasions et les endroits : à l'occasion du carnaval, par exemple, vous pourrez encore trouver, à Naples, l'étonnant « sanguinaccio » (préparé avec du lait et du cacao, mais aussi avec 1/10 de sang de porc, ce qui lui donne sa consistance toute particulière !) ; à Sienne, on goûtera au « panforte », gâteau typique à base d'amandes, de noisettes, de fruits confits et d'épices. En revanche, à Noël, le « panettone », d'origine milanaise, trône désormais sur toutes les tables italiennes.

Et, en n'importe quelle saison, à n'importe quel moment de la journée, si vous vous trouvez en Sicile, prenez le temps de vous asseoir à la table d'un café et d'y goûter une glace ou une « granita di caffè » : c'est un régal !

VILLES
ET
RÉGIONS

ROME
AU FIL DU TEMPS

La cité des Césars et des papes.

En 753 av. J.-C., quand Romulus, fondateur mythique de la ville, choisit d'en tracer les limites sur le mont Palatin, qui domine le Tibre, il choisit un emplacement privilégié, certes, mais qui ne suffit pas à expliquer son avenir exceptionnel. C'est à l'avènement de la république, en 509 av. J.-C., que la petite cité palatine part à la conquête du monde. Les légions romaines avanceront ses frontières jusqu'à l'Asie Mineure, la Syrie, la Palestine et la Gaule, en 51 av. J.-C. L'empire, instauré en 27 par Octave, va étendre encore la puissance romaine, et la plupart des empereurs auront à cœur de montrer leur faste et leur pouvoir en embellissant l'Urbs, comme en témoignent encore les plus remarquables monuments de Rome.

Du haut du Palatin, la vue s'étend toujours sur les forums romains et impériaux ainsi que sur le Colisée. Non loin, le Panthéon, reconstruit au IIe siècle par Hadrien, a été transformé en église et abrite désormais les tombeaux de Raphaël et des rois d'Italie. Automobiles et scooters vombrissent sur la via Appia Antiqua, ouverte en 312 av. J.-C., et la muraille d'Aurélien (IIIe s.), qui englobait la Rome impériale, est encore visible sur presque toute sa longueur.

Au Ve siècle, l'Empire s'effondre sous les assauts répétés des Barbares. « Roma caput Mundi » perd son pouvoir politique mais va développer désormais son rayonnement spirituel. C'est sous l'empereur Constantin que le christianisme, persécuté puis toléré, devient religion d'État par l'édit de Milan, en 313. Il donne au pape la basilique Saint-Jean-de-Latran, qui est la plus ancienne église de la ville, et l'évêque de Rome, successeur de saint Pierre, voit rapidement son autorité s'accroître dans un empire bouleversé et divisé.

Au XVIe siècle, les papes feront de la Ville éternelle un des hauts lieux de la Renaissance. C'est Jules II qui entreprend l'immense chantier de la nouvelle basilique Saint-Pierre et charge Bramante d'en établir les plans. Il confie à Michel-Ange la décoration peinte de la chapelle Sixtine et choisit son rival Raphaël pour le décor des fameuses « stanze » voisines. Michel-Ange architecte dote Rome de nouveaux chefs-d'œuvre : il dessine les plans de la place du Capitole, le modèle de la coupole de Saint-Pierre et donne son visage actuel au palais Farnèse, qui abrite aujourd'hui l'ambassade de France.

Après le sac de Rome, en 1527, l'Église catholique militante de la Contre-Réforme affirme sa vitalité par l'érection de nombreux monuments et églises baroques. Avec les colonnades de la place Saint-Pierre, qui paraissent accueillir et embrasser les innombrables fidèles massés devant l'église, Bernin réalise un chef-d'œuvre d'urbanisme architectural. En 1870, Rome, pour la troisième fois capitale, devient le centre politique du jeune État italien. Pie IX et ses successeurs se considèrent prisonniers dans le palais du Vatican et ce n'est qu'en 1929 que Pie XI obtient l'indépendance territoriale de la cité du Vatican.

CI-DESSUS : *La place Saint-Pierre de Rome, vue du haut de la basilique. Au fond, le château Saint-Ange.*

CI-DESSOUS : *Le Forum romain avec, au centre, l'arc de Septime Sévère. En arrière-plan, le monument à Victor-Emmanuel II.*

Rome.

À DROITE : *Le palais sénatorial,*
place du Capitole,
dessiné par Michel-Ange, abrite
aujourd'hui l'hôtel de ville.

ROME AUJOURD'HUI

Des problèmes d'urbanisation.

Rome antique, renaissante, baroque... La mémoire des périodes glorieuses de la ville est partout présente au cœur de la cité. Décor théâtral qui fascina depuis toujours peintres et écrivains, Rome a inspiré aussi de nombreux cinéastes. Dans la *Dolce Vita,* Fellini porte comme dans *Roma* un regard émerveillé et moqueur sur sa cité. Il crée l'inoubliable image de la blonde Anita Ekberg, pieds nus dans la fontaine de Trevi, et le mythe d'une génération oisive et désorientée traînant son ennui dans les palais romains. Rome conduit tout naturellement à Cinecitta, Hollywood à l'italienne qui revit, après une période de crise, grâce aux séries télévisées.

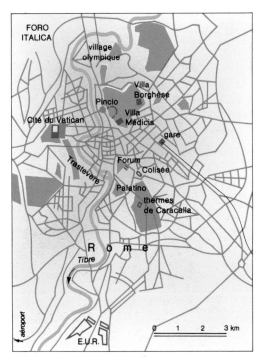

Rome.

La Rome moderne connaît un essor démographique exceptionnel qui pose de pressants problèmes d'urbanisation. La population, qui avait atteint 1,5 million d'âmes au IIe siècle pour retomber à 30 000 habitants au XIVe, s'est accrue de façon spectaculaire au XXe siècle : 400 000 habitants en 1900 ; 3 millions aujourd'hui. Les Romains vivent surtout du secteur tertiaire et l'industrie n'emploie que 15 p. 100 des actifs. L'extension géographique de la cité moderne montre le goût persistant des Romains pour une architecture monumentale. Les réalisations mussoliniennes du Foro Italico sont saisissantes par leur luxe et la pureté de leurs lignes. Au sud de la ville, le quartier EUR 42 fut créé pour abriter l'Exposition universelle de Rome prévue pour 1942 et continue à se développer. En fin de journée, quand les ombres s'allongent sur le sol, l'EUR ressemble en certains endroits aux places hallucinantes des villes imaginaires de De Chirico.

Les élégantes boutiques de mode de la via Condotti et de la via Frattina invitent à la flânerie et amènent tout naturellement le promeneur à la superbe perspective de la Piazza di Spagna. Non loin, le charmant marché du Campo dei Fiori propose ses étals fleuris et gourmands. Il reste moins touristique que le quartier populaire du Trastévère, où se tient tous les dimanches matin le marché aux puces de Porta Portese. Savourer des gelati au nombreuses terrasses des cafés romains est une des plus agréables façons d'observer l'animation des rues. Les cafés de la via Veneto, haut lieu de la dolce vita, sont à présent délaissés au profit de Rosati, de la Casina Valadier ou du Bar Navona, sur la somptueuse place baroque du même nom.

Rome propose enfin au promeneur ses merveilleux jardins : Villa Borghèse ; Villa Médicis, où séjournent toujours les heureux lauréats du prix de Rome et qui cache ses statues antiques parmi les pins parasols et les buis taillés ; le jardin du Pincio et son belvédère, qui offre une des plus belles vues sur Rome, dont Stendhal disait : « Il est impossible qu'une de ces choses-là ne vous plaise infiniment. »

CI-DESSUS : *Le marché en plein air du Campo dei Fiori. Couleurs et animation tout italienne. Lieu, jadis, des exécutions capitales.*

CI-CONTRE : *Le lido d'Ostie, station balnéaire à la mode, permet aux Romains de se détendre sur l'immense plage de sable gris.*

À DROITE : *La via Condotti, bordée par les magasins les plus élégants de Rome. Au n° 85, le célèbre café Greco, lieu de rendez-vous des artistes au XVIIIe s.*

TURIN
ET LE PIÉMONT

« Au pied des monts. »

L'histoire et le développement du Piémont ont été conditionnés par sa situation géographique exceptionnelle. Comme son nom l'indique, la région est limitée par les hauts massifs alpins et elle contrôle de ce fait les passages stratégiques du mont Cenis et du Montgenèvre. C'est ainsi que, de tout temps, le Piémont fut une terre de passage pour ceux qui désiraient conquérir Rome et l'Italie. Le plus célèbre de ses conquérants fut Hannibal qui franchit avec ses éléphants le col du Montgenèvre au IIIe siècle av. J.-C. Les Apennins au sud, la vaste plaine du Pô et la région des lacs donnent au paysage piémontais un visage varié et attrayant.

À partir du XVe siècle, l'histoire du Piémont est liée à celle de la maison de Savoie. Convoité par la France, l'Espagne et l'Autriche, intégré à l'Empire napoléonien, il devient au XIXe siècle le foyer principal du *Risorgimento :* Victor-Emmanuel II de Savoie et Cavour réalisent avec Garibaldi l'unité italienne.

Premier à s'industrialiser à la fin du XIXe siècle, le Piémont reste une des régions les plus dynamiques d'Italie : Fiat à Turin, Olivetti à Ivrea sont les exemples les plus connus d'une industrie prospère, alimentée en énergie par les centrales hydroélectriques alpines. Au sud de Turin, les vignes couvrent les douces collines de la région de Montferrat et des Langhe et produisent les délicieux barbera, barbaresco, barolo et asti. Au printemps, la germination du riz donne aux rizières de la région de Vercelli et de Novarre un aspect très particulier avec ses nombreuses silhouettes de paysans pliés en deux et coiffés d'un chapeau noir et plat. Enfin, par l'ouverture des tunnels du Mont-Blanc (11,5 km) vers la France et du Grand-Saint-Bernard vers la Suisse,

le Piémont a développé sa situation de carrefour, favorable à la circulation des hommes et des biens.

De l'ancienne Taurinorum bâtie par les Romains sur les ruines de la Taurasia celte ravagée par Hannibal, Turin a gardé son tracé sévère et rectiligne. Son rayonnement intellectuel n'a pas faibli depuis la création en 1404 de sa célèbre université, où Érasme obtint ses diplômes en 1506. La ville reste le siège de grandes maisons d'édition comme Einaudi, et *La Stampa* est un des quotidiens les plus lus d'Italie.

L'histoire mouvementée de Turin est liée à celle de la maison de Savoie depuis 1280 jusqu'à la fin de la seconde Guerre mondiale. Cette dynastie va transformer le visage de Turin, essentiellement à partir du XVIIe siècle, où elle fera fleurir dans le réseau strict de ses rues de nombreux monuments baroques. Le palais royal est érigé en 1646-1660 ; sa façade classique contraste avec la richesse exubérante de son décor intérieur. Mais le baroque piémontais trouve sa plus belle expression dans les œuvres de Guarini, qui élève notamment le palais Carignan et l'église San Lorenzo, ancienne chapelle royale à la structure mouvementée et complexe, célèbre pour sa coupole et la richesse de ses marbres. Il crée également dans l'ancien Duomo San Giovanni la cha-

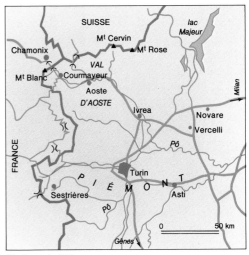

Turin et le Piémont.

pelle du Saint-Suaire, où le linceul présumé du Christ est précieusement conservé. Le corps torturé y est inscrit comme en négatif sur la fine toile par un phénomène encore inexpliqué. Les études scientifiques récentes ont prouvé que ce tissu aurait été rapporté par un croisé au XIIIe siècle.

Filippo Juvarra devient à la mort de Guarini, en 1683, l'architecte d'élection de la maison de Savoie, et Turin lui doit plusieurs palais et églises, en particulier l'élégante façade du palais Madame.

Dès les premières années du *Risorgimento*, Turin va jouer un rôle essentiel dans la réalisation politique et militaire de l'unité italienne. En 1861 se tient au palais Carignan la première réunion du Parlement italien, qui reconnaît Victor-Emmanuel II de Savoie roi d'Italie, et Turin sera pour quelques brèves années (1863-64) la première capitale du jeune royaume. À la fin du siècle, Giovanni Agnelli crée la Fiat et fait de Turin la capitale européenne de l'industrie automobile. La ville compte d'ailleurs un intéressant musée de l'Automobile où l'on peut admirer, entre autres, de superbes carrosseries des premières Bugatti.

C'est encore une œuvre de Guarini, le palais de l'Académie des sciences, qui abrite le célèbre Musée égyptien, lequel rivalise d'intérêt avec les collections de peinture flamande, hollandaise et italienne de la galerie Sabauda.

Turin, avec ses façades régulières et ses nobles rues à arcades, ne manque pas de charme. L'élégante et moderne via Roma, qui abrite sous ses galeries les boutiques les plus luxueuses, aboutit à la Piazza San Carlo. Au centre de cette vaste place, bordée elle aussi de portiques à colonnes, trône un monument équestre dont on retrouve l'écho dans les toiles de De Chirico. Elle abrite un des cafés les plus anciens et les plus animés de la ville, le Caffé Torino, où vous pourrez commander un des célèbres vermouths turinois : Martini, Campari ou Cinzano. À moins que vous ne préfériez les somptueux salons XVIIIe des cafés Baratti et Mulassano de la Piazza Castello toute proche. Le Turinois, actif et courtois, est

aussi un gourmet et vous pourrez goûter les trifoli, précieuses truffes blanches et parfumées du Piémont, au restaurant Il Cambio. Les spécialités piémontaises sont nombreuses, et, parmi celles-ci, les « gianduiotti », chocolats pralinés, sont particulièrement appréciés. Les environs immédiats de Turin proposent encore au visiteur quelques trésors baroques comme la basilique de la Superga, chef-d'œuvre de Juvarra, terminée en 1731 et panthéon des rois de Sardaigne. Depuis l'esplanade de la basilique, une vue admirable s'étend sur Turin, la plaine du Pô et les Alpes. Autre chef-d'œuvre de Juvarra, Stupinigi, une des plus belles demeures du XVIIIe siècle européen, est un ancien rendez-vous de chasse construit par la maison de Savoie en 1733. Son plan en forme d'étoile, dont le cœur est une grande salle centrale en ellipse, s'ouvre sur le parc et les bois environnants. La richesse exceptionnelle de son décor et de son mobilier en fait un séduisant musée d'art décoratif. L'ancien château de Rivoli vient quant à lui d'être transformé en musée d'art contemporain.

La région du Val d'Aoste, autonome depuis 1947, offre de multiples possibilités de séjours et de loisirs aux Turinois attirés par la fraîcheur et la pureté de ses sites. En remontant le cours de la Doire Baltée, le visiteur est surpris par le nombre de châteaux en nids d'aigle perchés sur les pics rocheux. Aoste a gardé son caractère romain, et les maisons des anciens villages des vals adjacents conservent leurs toits de dalles plates appelées lauzes. Le paysan valdotain parle toujours le français, et le paysage alpestre, si varié avec ses torrents et ses prairies, a conservé tout son charme à l'écart du grand tourisme. Le parc national du Gran Paradiso, créé en 1922 sur les 60 000 hectares de l'ancienne réserve royale de chasse, accueille les derniers bouquetins. Enfin, les skieurs et alpinistes connaissent bien les nombreuses stations de sports d'hiver du Val d'Aoste, en particulier Courmayeur et Breuil-Cervinia, qui rivalisent avec celles du Val di Susa, dont Sestrières est la plus connue.

CI-DESSUS : *Le ravissant cloître de l'abbaye cistercienne S. Andrea, à Vercelli. Entre roman et gothique...*

CI-DESSOUS : *Le temps n'a pas épargné ce chapiteau historié du XIIe s., du cloître Saint-Ours d'Aoste.*

À DROITE : **Orta San Giulio** *s'épanouit dans un site délicieux. Les ruelles aux belles maisons anciennes dégringolent jusqu'au lac.*

MILAN ET LA LOMBARDIE

La plus riche région d'Italie.

Depuis longtemps considérée comme le grenier de l'Italie, la fertile plaine lombarde qui s'étend au pied des Alpes a connu de nombreuses populations successives. Après les Ligures et les Étrusques, les Gaulois, battus par les Romains, gardent un statut particulier dans la Gaule Cisalpine. Celle-ci envahie par Attila puis par les Goths, les Logombards lui laissent finalement son nom au VIᵉ siècle. Les communes nées au XIᵉ siècle s'unifient aux XVᵉ et XVIᵉ sous la tutelle des Visconti, puis des Sforza, Mantoue restant aux mains des Gonzagues. Au XVIᵉ siècle, Charles Quint et François Iᵉʳ se disputent le Milanais ; le second, vaincu à Pavie en 1525, écrira à sa mère le célèbre « Tout est perdu fors l'honneur ». Les Espagnols cèdent la place aux Autrichiens, qui doivent à leur tour s'écarter devant les troupes de Bonaparte avant de revenir après le congrès de Vienne et d'être définitivement chassés en 1859.

Très irriguée, la patrie de Virgile a été de tout temps une terre de culture et d'élevage. Son agriculture est aujourd'hui des plus modernes. Outre les céréales et les rizières de la plaine, les vins de la Valteline et de l'Oltrepo Pavese, la Lombardie pratique l'élevage des bovins. Cette région ne serait pas la plus riche d'Italie (1/4 du revenu national pour 17 p. 100 de la population) sans son industrie dynamique. Entraînée par la banlieue industrialisée de Milan, où, à côté des géants Montedison et Pirelli, de nombreuses P.M.E. recouvrent divers secteurs de l'industrie, la Lombardie offre 38 p. 100 des emplois industriels d'Italie.

L'histoire mouvementée de Milan, traditionnellement rebelle à l'autorité depuis les Romains jusqu'à Mussolini, est liée à celle de la Lombardie. La ville fut la capitale de l'Empire romain d'Occident au IVᵉ siècle et celle du royaume napoléonien d'Italie. Incarnation du « miracle italien » dans les années 50, où elle accueille le premier gratte-ciel européen, la tour Pirelli, elle est aujourd'hui la capitale économique incontestée du pays.

Métropole active et moderne, Milan n'est pas une ville-musée comme certaines de ses sœurs italiennes. Mais, si sa séduction est moins immédiate, elle n'en est pas moins profonde. Très vivante, Milan reste particulièrement créative. Ses couturiers Valentino, Armani, Versace, Missoni, etc., rivalisent avec les maisons parisiennes. Elle reste aussi la capitale du design européen et a vu naître tout récemment encore le groupe Memphis, qui, dans une euphorie formelle et colorée, vient rompre avec une tradition fonctionnaliste et épurée.

Il ne faut pas oublier que Milan est une des villes d'Italie où l'on mange le mieux, célèbre, notamment, pour son osso-buco, son rizotto, le gorgonzola et le panettone.

Milan est enfin une des villes d'art les

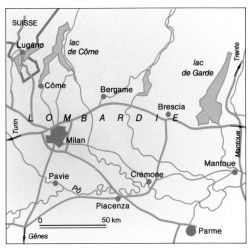

Milan et la Lombardie.

plus riches d'Ialie. Au centre de son tracé concentrique se trouve le célèbre dôme. Cet extravagant délire de pierre commencé à la fin du XIVe siècle et à peine terminé est marqué par les influences allemande et française, mais garde des proportions italiennes.

Le peinture futuriste Carra a évoqué dans une saisissante vue télescopée l'immuable Caffé Biffi et l'immense coupole de la galerie Victor-Emmanuel, qui conduit à la place de la Scala. Stenthal considérait la Scala, élevée à la fin du XVIIIe siècle, comme le plus beau théâtre du monde. Elle fut le cadre des premières représentations des opéras de Rossini, Verdi, Puccini, et la saison lyrique y est toujours brillantissime. Les spectacles du Piccolo Teatro, où Giorgio Strehler renouvelle l'art de la mise en scène, jouissent eux aussi d'une renommée internationale.

Non loin, le musée Poldi Pezzoli a gardé tout le charme de la demeure privée milanaise. La visite de la pinacothèque Brera comble l'amateur de peinture le plus exigeant, auquel il propose une impressionnante série de chefs-d'œuvre : la beauté silencieuse du retable des Montefeltre par Piero della Francesca ; le *Mariage de la Vierge,* chef-d'œuvre d'intelligence et de grâce par Raphaël, parmi tant d'autres... L'impressionnant château des Sforza, élevé en 1450, conserve quant à lui la Pietà Rondanini, de Michel-Ange.

Les églises de Milan recèlent elles aussi de trésors variés : citons Sant Ambroglio, dont l'architecture romano-lombarde est caractéristique de la région, et San Eustorgio. À côté de Sainte-Marie-des-Grâces, superbement remaniée par Bramante en 1492, se trouve le Cenacolo Vinciano, où l'on peut admirer la très fameuse *Cène* de Léonard de Vinci. Parmi les innombrables ressources artistiques de Milan, il faut encore citer la Pinacoteca Ambrosiana et le récent musée d'Art moderne.

Caractérisée par sa couleur rouge brique, Pavie, ancienne capitale de la Lombardie, doit son animation à son université, fondée au XIVe siècle et qui accueillit Pétrarque et Christophe Colomb. Riche en monuments, Pavie est surtout célèbre pour sa chartreuse, chef-d'œuvre de la Renaissance lombarde dû aux architectes Amadeo et Lombardi. Elle abrite les gisants de Ludovic le More et d'Isabelle d'Este ainsi que de remarquables stalles en marqueterie.

Patrie de Stradivarius, Crémone possède une école internationale de luthiers. Sa place communale est une des plus belles d'Italie. Dans le dôme, les peintures du Pordenone, le principal rival de Titien, ont gardé une présence insistante. Son campanile de la fin du XIIIe siècle, il Torrazzo, est le plus élevé d'Italie et offre une vue magnifique sur Crémone et la plaine du Pô.

Mantoue, ville des Gonzagues depuis 1328, dont Isabelle d'Este fit une cour raffinée et cultivée, fut très abîmée pendant la dernière guerre. Le palais ducal, énorme et composite, abrite dans le Castello di San Giorgio un chef-d'œuvre de Mantegna, la « Chambre des époux », peinte en trompe-l'œil. Le palais du Té, villa maniériste bâtie et décorée par Giulio Romano de 1525 à 1535, est un véritable palais de l'illusion où jardins, architecture et décoration peinte sont conçus en trompe-l'œil. La salle des Géants est particulièrement étonnante : allusion politique évidente où Giulio Romano peintre met en scène la destruction d'une architecture semblable à la sienne avec une « terribilità » michelangélesque et parodique.

Enfin, Bergame, qui aurait vu naître la commedia dell'arte au XVIe siècle, est la patrie d'Arlequin. On y trouve la chapelle Colleoni, due à Amadeo en 1476 et dont la façade de marbre polychrome rappelle celle de Pavie. À l'intérieur, on peut admirer de remarquables sculptures, fresques et marqueteries ainsi que les tombeaux du condottiere et de sa fille Medea. L'Accademia Carrara conserve une superbe collection d'œuvres de portraitistes bergamasques (Moroni au XVIe s. ; Fra Galgario au XVIIIe) et un bel ensemble de tableaux vénitiens (Lotto séjourna longtemps à Bergame).

GÊNES ET LA LIGURIE

La Riviera italienne.

La Ligurie se limite à l'étroite bande côtière du golfe de Gênes. Protégée par les contreforts des Alpes et les Apennins, elle jouit d'un climat privilégié qui en fait la province la plus touristique d'Italie.

Si la Riviera di Ponente à l'ouest de Gênes est connue pour ses plages en pente douce, comme celles de Bordighera ou de San Remo, la côte rocheuse plus abrupte de la Riviera di Levante à l'est est favorable à la pêche sous-marine. Le promontoire de Portofino est célèbre pour son charmant port de plaisance, mais on y trouve aussi des plages comme celles de Santa Margerita, Rapallo, etc. Outre la culture des fleurs, l'économie ligurienne, entraînée par l'intense activité génoise, est essentiellement industrielle et commerciale.

L'histoire de la Ligurie est, elle aussi, liée à celle de Gênes et à son activité portuaire depuis l'origine. Avec sa victoire sur Pise en 1284, Gênes impose sa suprématie en Méditerranée. Au XIVᵉ siècle, la République génoise est à son apogée, la densité de sa population semble avoir été la plus forte d'Europe ; elle possède alors la Corse, la Sardaigne et de nombreux comptoirs. Ses affaires florissantes sont gérées par la puissante banque de Saint-Georges. Au XVIᵉ siècle, l'amiral Andrea Doria se range auprès de Charles Quint, et la patrie de Christophe Colomb voit s'ouvrir à elle d'immenses marchés en Europe et en Amérique. Mais son déclin commence bientôt. En 1805, la République Ligurienne, créée par Bonaparte, est annexée à l'Empire et sera rendue en 1815 à la Sardaigne avant de faire partie du jeune royaume d'Italie. Si le plus ancien phare de Gênes, la « Lanterna » (1543), subsiste toujours, le port est actuellement un des plus importants et des plus modernes de Méditerranée. Il comporte 380 ha de plans d'eau, plus de 200 ha d'installations terrestres et voit ses 24 km de quais parcourus par 132 km de voies ferrées.

La ville s'ouvre comme un éventail depuis la mer jusqu'aux collines et se prolonge par une interminable banlieue. Elle offre des visages multiples, de l'animation populaire des rues du vieux port aux élégantes avenues du quartier des affaires où se trouvent les banques et les résidences des armateurs. Les palais de la via Garibaldi témoignent de l'intense activité artistique qu'elle connut aux XVIᵉ et XVIIᵉ siècles. Au Palazzo Bianco, parmi les belles collections de peinture flamande, l'œuvre de Rubens *Vénus et Mars* rappelle son séjour dans la cité des Doria. Son art marqua en particulier l'œuvre de Bernardo Strozzi, où l'on retrouve des traces du réalisme populaire flamand. Non loin, au palais Rosso, on peut admirer, outre les collections italiennes, un ensemble remarquable d'œuvres de Van Dyck, qui réalisa de nombreux portraits de l'aristocratie génoise. Enfin, les amateurs de peinture ne manqueront pas de visiter les collections du palais Spinola, bel exemple de demeure patricienne dont l'ameublement et la décoration n'ont pas bougé depuis trois siècles.

Gênes possède encore de nombreux trésors artistiques, parmi lesquels il ne faut oublier la médiévale Piazza San Matteo, où se trouvent les anciennes maisons des Doria ainsi que la cathédrale Saint-Laurent.

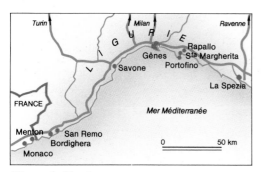

Gênes et la Ligurie.

CI-DESSUS : *Immeubles anciens de Gênes. Ils furent percés de loggias au XVIIIᵉ s.*

CI-CONTRE : *L'église Saint-Pierre de Portovenere veille sur les maisons aux pittoresques façades.*

CI-DESSOUS : *La fraîcheur des motifs d'un costume de la province de Gênes.*

TRENTE
ET LES DOLOMITES

Des paysages saisissants.

Région la plus septentrionale d'Italie, le Trentin-Haut-Adige est limité par la Lombardie et la Suisse à l'ouest, la Vénétie à l'est et l'Autriche au nord. Cette belle région montagneuse vit du tourisme et de l'agriculture. Ses vins réputés (sankt magdalener, lagrein, merlot, traminer...), l'exploitation des bois et des vergers sont, avec la production hydro-électrique, ses principales ressources.

Sous l'autorité des princes-évêques du XIIᵉ siècle à 1803, elle connut celle, moins clémente, de Napoléon puis des Autrichiens jusqu'en 1918. En 1948, elle acquiert son autonomie. Trente, célèbre pour le concile qui s'y tint de 1545 à 1563 et qui marque le début de la Contre-Réforme, se situe sur l'Adige et la route du Brenner, dans un cirque de rochers. À la fois ville et lieu de séjour pour les amateurs de montagne, elle est connue pour la qualité de ses produits : poissons des torrents, fromages de qua-

Trente et les Dolomites.

lité et surtout ses fruits, pommes, poires et pêches, qui sont considérés comme les meilleurs d'Italie. On y trouve de beaux monuments comme Sainte-Marie-Majeure ou le dôme, de style roman-lombard. L'ancienne résidence des princes-évêques, le château de Buonconsiglio, a été transformée en musée.

Au nord-est de Trente s'élèvent les Dolomites ; elles tiennent leur nom du géologue Gratet de Dolomieu, qui fut le premier à les étudier, au XVIIIᵉ siècle. Une érosion puissante a donné à ces roches calcaires des formes spectaculaires : rochers à pic, découpés en forme de tours, au pied desquels les alpages accueillent une faune et une flore particulièrement variées.

Bolzano est restée bilingue et la vieille ville a gardé un caractère germanique. La Piazza delle Erbe avec son marché aux fruits, la via dei Portici et ses anciennes maisons ne font pas oublier que Bolzano jouit d'une industrie prospère : électricité, papeterie et aciéries.

La célèbre route des Dolomites, qui s'étend de Bolzano à Cortina, offre une suite de panoramas saisissants. Le village de Nova Levante, le minuscule lac de Carezza, perdu dans les sombres forêts de conifères, l'impressionnant col du Pordoï se succèdent avant l'arrivée à Cortina d'Ampezzo. Cette élégante station où se sont tenus les jeux Olympiques d'hiver en 1956 est riche de ressources hôtelières et sportives.

Les sites du Val Gardena, du Passo di Sella, du massif de la Marmolada (le plus haut des Dolomites) et du ravissant lac de Braies sont eux aussi inoubliables.

Sur la route de Brenner, Bressanone (ou Brixen) conserve d'intéressants monuments : le dôme, reconstruit au XVIIIᵉ siècle, et son joli cloître, dont les fresques datent du XIVᵉ au XVIᵉ siècle, ainsi que le palais des princes-évêques avec sa cour à portiques décorée de 24 statues en terre cuite représentant les membres de la famille des Habsbourg (1599). Les anciennes maisons de la via dei Portici Maggiori ont gardé un caractère germanique qui rappelle la double appartenance culturelle de cette région.

CI-DESSUS :
L'une des deux maisons Rella, à Trente, couvertes de fresques allégoriques du XVIᵉ s.

EN HAUT, À DROITE :
Les trois cimes sévères du Lavaredo et les pentes boisées du lac de Misurina.

CI-CONTRE : *Bolzano est fière de ses maisons anciennes. Cette façade de la via dei Portici offre des motifs bien champêtres.*

LA RÉGION DES LACS

Au pays des poètes.

Propices à l'émotion artistique et amoureuse, les sites de cette romantique région s'étendent du Piémont à la Vénétie et à la Suisse. Chacun peut comprendre qu'ils abritèrent les amours de D'Annunzio et la Duse. Dans une lumière éclatante, les eaux des lacs reflètent les sommets alpins et le bleu intense du ciel. La douceur du climat méditerranéen favorise l'épanouissement d'une végétation luxuriante ; palmiers et orangers, magnolias et lauriers roses, azalées et citronniers mêlent leurs couleurs et leurs parfums dans d'édéniques jardins où se nichent des villas baroques ou néoclassiques, qui sont autant de points de vue saisissant sur les lacs, et qui ont parfois été transformées en luxueux hôtels. Le lac d'Orta est un des plus petits. Non loin des ruelles silencieuses d'Orta San Giulio, un sentier mène au Sacro Monte et à ses 20 chapelles des XVIIe et XVIIIe siècles dédiées à saint François, décorées de fresques et de statues en terre cuite polychrome.

Le lac Majeur est célèbre pour ses eaux vertes au nord, bleues au sud, et sa flore exotique est particulièrement variée. Les îles Borromées, qui appartiennent depuis le XIIe siècle aux princes du même nom, sont universellement connues. L'Isola Bella, ainsi nommée par Carlo Borromée en hommage à son épouse Isabella, est la plus fréquentée. Dans le palais du XVIe siècle, les décors et le mobilier rivalisent de richesse avec une belle collection de tableaux. Le reste de l'île est occupé par les jardins en terrasses où statues et végétation créent un inoubliable décor.

L'Isola Madre était la préférée de Flaubert pour son palais du XVIIIe siècle et ses jardins exubérants. Quant à l'île dei Pescatori, elle offre, comme son nom l'indique, un visage tout différent au promeneur, qui appréciera le charme de ses ruelles. Les rives du lac Majeur sont elles aussi pleines d'attraits, et Stresa, évoqué dans *l'Adieu aux armes* par Hemingway, est la capitale touristique du lac. Le sommet du Mottarone, tout proche, offre une des vues les plus étendues qui soient sur le mont Rose, les Alpes, les lacs et la plaine du Pô. À Pallanza, les jardins de la Villa Taranto (XIXe s.) comptent parmi les plus beaux d'Europe : 40 ha de terrasses, fontaines, cascades.

Célèbre pour ses villas, le lac de Côme fut la résidence des Pline. À Cennobio, la très fameuse Villa d'Este a été transformée en hôtel depuis 1873 et, à Tremezzo, la Villa Carlotta (XVIIIe s.) est devenue un ravissant musée qui abrite des collections de marbres néoclassiques.

Parmi toutes ces villégiatures fin de siècle, Côme est restée une ville animée qui vit de l'industrie de la soie et bien sûr du tourisme, qui est la principale source de revenus de la région.

Le lac de Garde, qui inspira Virgile, Catulle et Goethe, est le plus grand de tous. D'Annunzio y vécut dans son domaine, le « Vittoriale ». « Elle doit devenir un aspect de mon âme », souhaitait le poète en transformant sa villa, du XVIIIe siècle. Rien n'a changé depuis.

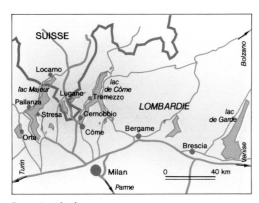

La région des lacs.

CI-DESSUS :
Les restaurants de Sirmione attirent une clientèle nombreuse. Station thermale et village de pêcheurs, Sirmione borde le lac de Garde.

À DROITE : *Les jardins de la Villa Carlotta, à Tremezzo, plongent dans le lac de Côme. Leur végétation tropicale est réputée.*

CI-CONTRE : *Si vaste qu'on dirait une mer... Beauté du lac de Garde, à Salo, sur la rive ouest.*

LA VÉNÉTIE

Des villes brillantes, des villas somptueuses.

C'est au printemps, quand les vergers sont en fleurs, que la plaine vénète, irriguée par le Pô et l'Adige, est la plus belle. La zone montagneuse des Préalpes, au pied de laquelle les vignes produisent valpolicella, barolo et soave, complète avec bonheur le paysage de la Vénétie. Moins riche que dans les autres régions d'Italie du Nord, l'industrie se concentre essentiellement autour de Padoue et de Marghera-Mestre.

Vérone, ville de Roméo et Juliette, a le charme des nombreuses petites cités de province qui gardent les traces multiples d'un passé plus glorieux. Les Scaliger, qui dominèrent la cité avant que les Visconti puis Venise n'y exercent leur autorité, ont donné au centre historique de Vérone ses principaux monuments : les tombeaux gothiques de la Piazza dei Signori et le Castelvecchio.

L'église Saint-Zénon est elle aussi remarquable tant pour son architecture romano-lombarde que pour le triptyque

de Mantegna qu'elle abrite. Enfin, la ville a su tirer parti de l'acoustique parfaite de ses arènes en y organisant des spectacles lyriques dans le cadre imposant de cet amphithéâtre romain qui peut accueillir 25 000 spectateurs.

Padoue a, elle aussi, bénéficié d'un brillant passé intellectuel et artistique. Son université, créée en 1222 et qui compta parmi ses élèves les plus grands poètes de la Renaissance italienne, Dante, Pétrarque et le Tasse, a fait sa célébrité. Patrie de Mantegna, elle fut surtout marquée par le passage de Giotto, qui y laissa la série des fresques de la chapelle Scrovegni, chef-d'œuvre saisissant d'expression dramatique. Le sculpteur Donatello la dota lui aussi de monuments remarquables : le Gattamelata de bronze et les bas-reliefs du maître-autel de la basilique Il Santo abritent le tombeau de saint Antoine. Piazza Cavour, l'étonnant Caffè Pedrocchi, bâti au début du XIXe siècle, mêle miroirs, fresques, colonnes et meubles pompéiens en une scénographie préhollywoodienne.

Si l'un des plus célèbres Padouans, l'architecte Palladio, laissa peu de traces dans sa cité natale, il couvrit généreusement Vicence et les collines environnantes d'éclatants témoignages de son talent. Vicence lui doit la façade de sa basilique et surtout le Teatro Olympico, prototype du théâtre à l'italienne. Non loin, la Villa Rotonda, qui servit de cadre au *Don Giovanni* du cinéaste Losey, est la plus célèbre des villas palladiennes : ouverte sur la nature, toute de simplicité et de géométrie, l'harmonie parfaite de ses proportions lui donne une noblesse incontestée dont on retrouve les lointains échos dans l'architecture anglaise du XVIIe siècle. La Villa Cornaro à Piombino Dese, la Villa Barbaro à Maser, somptueusement décorée de fresques par Véronèse, sont parmi tant d'autres de somptueux exemples du génie palladien.

Quant aux fresques des Tiepolo à la Villa Valmarana ou la pala de Giorgione au dôme de Castelfranco, elles évoquent différentes facettes de la brillantissime peinture vénitienne.

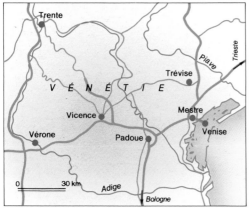

La Vénétie.

CI-DESSUS : *Le Prato della Valle,
à Padoue. Bassins et statues d'hommes illustres
ornent ce jardin du XVIIᵉ s.*

À GAUCHE : *Les célèbres maisons peintes
de Burano, sur l'île du même nom,
au large de Venise.*

CI-DESSOUS : *Une des statues du toit
de la Villa Rotonda, à Vicence,
chef-d'œuvre de Palladio.*

VENISE

Grandeur et déclin de la Sérénissime.

La petite cité fondée en 811 sur une île de la lagune par les habitants de Malamocco en fuite devant les Lombards était promise à un éblouissant avenir. Grâce à l'esprit d'entreprise et au sens du commerce des marchands vénitiens, la jeune république étend rapidement son empire. Elle est gouvernée par un doge, et l'un d'entre eux, à la tête des croisés, fera tomber Constantinople en 1204. De nombreux comptoirs s'ouvrent donc en Orient et, quand Marco Polo fera le récit de ses étonnants souvenirs, son livre apparaîtra comme une encyclopédie géographique de l'Asie orientale.

Au XVᵉ siècle, la Sérénissime est à l'apogée de sa puissance et domine désormais l'Adriatique jusqu'à Corfou. L'ordre de la cité est fermement maintenu par le Conseil des Dix, notamment grâce à la « Bocca della Verità », où les citoyens anonymes pouvaient déposer leurs dénonciations, et surtout grâce à un célèbre réseau d'espions. Sans appel, les sentences du Conseil des Dix sont immédiatement exécutées et les condamnés quittent le palais des Doges par le pont des Soupirs, qui les conduit à la sinistre prison des « piombi », dont Casanova réussit à s'évader au XVIIIᵉ siècle.

La prise de Constantinople par les Turcs en 1453 et la découverte de l'Amérique, qui va transformer les circuits commerciaux, sont à l'origine du déclin de la Sérénissime. Mais elle connaît parallèlement un développement artistique extraordinaire qui brillera de ses derniers feux au XVIIIᵉ siècle. Depuis le XVIIIᵉ siècle, où Guardi et Canaletto proposaient leurs merveilleuses « vedute » en guise de souvenir aux voyageurs, le tourisme a pris des proportions inquiétantes. Si la cité, qui s'enfonce de 25 mm par an, pose d'urgents problèmes de sauvegarde, l'identité vénitienne elle-même semble compromise. La moitié des Vénitiens actifs vivent directement ou indirectement du tourisme et, si les soixante-quinze ateliers de masques regroupent 200 artisans, il n'y a presque plus de cordonniers à Venise et seulement huit plombiers. En outre, sur les 80 000 résidents, un sur neuf seulement est de souche vénitienne. Les résidences secondaires à Venise se multiplient en effet et deviennent un « must » pour les industriels du nord de l'Italie. En trente ans, Venise a perdu la moitié de ses habitants, qui, face à la difficulté de trouver un logement abordable et salubre, viennent grossir le nombre des « pendulaires » qui habitent la banlieue industrielle de Mestre. Depuis peu, on tente d'implanter des complexes d'habitations modernes à Burano et au Lido, mais cette solution paraît impossible à étendre aux quartiers historiques de la ville, où l'on voit de moins en moins d'enfants jouer.

Si Venise devient une ville-musée, elle reste sûrement le plus beau musée du monde et il est encore possible, à l'écart des grands points de concentration touristique que sont la place Saint-Marc et le pont du Rialto, d'errer tranquillement dans le labyrinthe des « calle » (rues) et des « campi » (places).

Le goût de la fête subsiste à Venise comme en témoignent le carnaval, ré-

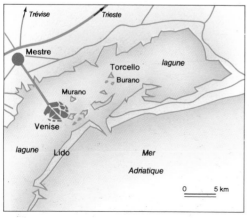

Venise.

CI-DESSUS : *Le rêve et le vécu, un jour de carnaval, à Venise. Chaque année, la Sérénissime retrouve ses heures de gloire.*

EN HAUT, À DROITE : *La masse imposante de la Salute, vue du campanile de S. Giorgio, œuvre de Longhena au XVIIᵉ s.*

CI-CONTRE : *Fascinante Venise, entre ciel et eau, avec les Alpes en toile de fond. Au premier plan, le palais des Doges.*

AUCHE : *Symbole de la gloire
e la puissance vénitienne,
alais des Doges.
ail de sa façade ouvragée
nt de la Renaissance.*

ONTRE : *Les fameuses gondoles
s'achèvent en volutes
urbées. Les sept rainures
bolisent les sept quartiers
Venise.*

ESSOUS : *Au XVIIIe s., Venise
sédait 10 000 gondoles.
n reste 400,
tes pour le tourisme...*

cemment remis à l'honneur, mais aussi les fêtes traditionnelles du Rédempteur ou les régates sur le Grand Canal. La cité des doges reste également le théâtre de manifestations artistiques de portée internationale, comme la célèbre Biennale ou le festival de cinéma.

Une visite de la ville commence presque nécessairement par la saisissante découverte de la place Saint-Marc, où dans un envol de pigeons apparaissent la splendeur orientale de la basilique et les marbres roses et blancs du palais des Doges. Celui-ci construit au XIIe siècle, puis remanié aux XIVe et XVe siècles, devait symboliser par son éclat l'importance des Doges qui y résidaient et la puissance vénitienne. Après Musset, George Sand, Wagner et tant d'autres, le visiteur ne se lasse pas de contempler cet immense théâtre de marbre au son de l'orchestre du café Florian. Non loin, le Harry's Bar est devenu tout aussi mythique depuis qu'Hemingway en fit son lieu d'élection. Autre lieu de passage obligé, le Grand Canal reflète les façades de marbre des églises et des palais élevés par les riches familles vénitiennes du XVe au XVIIIe siècle.

Les ressources artistiques de la ville, qui regorge de monuments, pour la plupart chefs-d'œuvre d'architecture et musées à la fois, semblent inépuisables. Non loin de l'église Sainte-Marie-des-Grâces et du Colleone, éclatante image de ce que furent les condottieri, San Giovanni e Paolo, dite « Zanipolo », abrite un retable de Giovanni Bellini. Un tableau de Titien aux Santi Apostoli, un chef-d'œuvre de Véronèse à San Sebastiano, des Tintoret à la Salute et à Saint-Georges-Majeur... La liste est infinie et les « scuole » rivalisent de richesse avec les églises. Pas moins de 56 œuvres de Tintoret à la Scuola San Rocco, de merveilleux Carpaccio à la Scuola di San Giorgio degli Schiavoni, d'éblouissants Tiepolo à la Scuola dei Carmini ainsi qu'au palais Labia. De nombreux palais sont devenus des musées. La Cà d'Oro, « la maison dorée », ainsi nommée autrefois en raison de sa couleur, ren-

ferme un bel ensemble de peintures. Le palais Rezzonico conserve quant à lui une collection de pièces d'art décoratif ainsi que des tableaux de l'École vénitienne. D'autres abritent des manifestations culturelles temporaires, comme le palais Fortuny, qui, dans son cadre fin de siècle, accueille les plus grandes expositions de photographie. Les futuristes, qui détestaient la romantique Venise, ont néanmoins été l'objet de la première exposition du palais Grassi, récemment rénové par Gae Aulenti grâce au mécénat de Fiat.

Le musée de l'Académie conserve un nombre impressionnant de chefs-d'œuvre : citons arbitrairement *la Tempête* de Giorgione et *la Légende de sainte Ursule* de Carpaccio. Non loin, à la fondation Peggy-Guggenheim, vous pourrez admirer la superbe collection de peinture du début du siècle réunie par celle que les Vénitiens appelaient « l'ultima dogaressa ». Venise est par excellence la ville du promeneur, et chaque quartier a ses charmes : les restaurants des environs de la Fenice, les terrasses aérées des « Zattere » ou l'austérité silencieuse du ghetto, où le Vénitien Hugo Pratt aime à faire errer son énigmatique héros Corto Maltese. Le Lido de Venise offre un visage tout différent, celui d'une élégante station balnéaire, célèbre pour son casino et ses grands hôtels où l'on cherche en vain l'atmosphère viscontienne de *Mort à Venise*.

Les vaporetti vous emmènent dans un paysage de mer et de ciel visiter les îles de la lagune : San Michele, qui est le cimetière de Venise, Murano, célèbre pour ses verreries, Burano, pour ses dentelles, Torcello enfin, qui fut une ville importante avant de décliner devant l'expansion de sa jeune rivale.

En bateau toujours, la promenade du canal de la Brenta, bordé par les villas d'été des riches Vénitiens, est des plus charmantes. La « Malcontenta » de Palladio, la Villa Foscarini et la remarquable Villa Nazionale, du XVIIIe siècle, décorée par Tiepolo, donnent au visiteur une certaine idée du bonheur en « terra ferma ».

85

LA RÉGION DE TRIESTE

Une région variée et préservée.

Région la plus orientale d'Italie, le Frioul-Vénétie Julienne est situé sur une zone de fracture de l'écorce terrestre et connaît des séismes fréquents, dont celui de 1976 est resté tristement célèbre.

Favorisée par un climat très doux, l'agriculture y est à l'origine d'une industrie agroalimentaire florissante. Le jambon de San Daniele et la fameuse grappa sont des productions locales. Cette région offre des plages superbes comme Grado et Lignano Sabbiadoro ainsi que des villes d'art ayant préservé leur beauté à l'écart du tourisme de masse.

Udine, qui s'élève sur un tertre qu'Attila aurait fait édifier pour contempler l'incendie de l'ancienne cité romaine d'Aquilée, est riche de nombreuses œuvres de Gianbattista Tiepolo. Les fresques du palais archiépiscopal et de l'Oratorio della Purità (où son fils Giandomenico travailla également), ainsi que les tableaux du célèbre dôme, témoignent de son génie inventif et de sa fantaisie colorée. De la Piazza della Liberta, on passe par l'arco Bollani, œuvre de Palladio, vers le château qui abrite la pinacothèque. Le traité de Campo Formio fut signé en 1797 non loin d'Udine, dans la superbe Villa Nanin, de style palladien, élevée au XVIIIe siècle.

À l'est d'Udine, Cividale a gardé un aspect médiéval et l'Épiphanie y est toujours célébrée selon les rites anciens. La malheureuse Aquilée, fondée au IIe siècle avant J.-C., a gardé de nombreux vestiges romains : le forum, récemment remis au jour, de belles mosaïques, des statues et des tombes. Ses habitants, terrorisés par les hordes d'Attila, abandonnèrent la ville et se réfugièrent sur l'île de Grado, dont ils firent un port qui reste charmant.

Si Trieste n'est peut-être plus le premier port de l'Adriatique, elle reste cependant une des voies privilégiées pour le commerce avec l'Autriche et la Yougoslavie. Elle fut un des plus importants ports d'Europe quand elle appartenait à l'Empire austro-hongrois, favorisée par Charles de Habsbourg, qui en fit un port franc en 1719. Les troupes italiennes entrèrent dans la ville en 1918 et Trieste, que se disputaient l'Italie et la Yougoslavie, fut administrée de 1944 à 1954 par l'O.N.U. Elle devint italienne en 1954 à la suite d'un plébiscite et bénéficie depuis 1963 d'un statut spécial d'autonomie. La ville est célèbre pour ses larges voies aérées, ses monuments romains, le dôme San Giusto, la Piazza Unità d'Italia et les nombreux témoignages d'éclectisme architectural fin de siècle qu'on y trouve. Le musée, qui, outre ses collections archéologiques, conserve 274 dessins de Gianbattista Tiepolo, jouxte le jardin lapidaire, où s'élève le cénotaphe de Winckelman, archéologue célèbre assassiné à Trieste par un voyou.

Le château de Miramar, non loin de Trieste, fut construit en 1860 pour l'archiduc Maximilien d'Autriche et reste un bel exemple de demeure princière fin de siècle. Un peu plus loin encore, n'oubliez pas le saisissant site de Grotta Gigante, immense caverne naturelle de 136 mètres de haut.

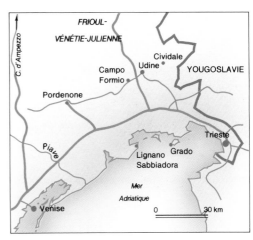

La région de Trieste.

BOLOGNE

Traditions culturelles et gastronomie.

La capitale de l'Émilie-Romagne est célèbre pour ses kilomètres de rues à arcades, les idées traditionnellement avancées de ses habitants et son université, qui, fondée en 425, serait la plus ancienne d'Europe. Son enseignement, dans un premier temps réservé au droit romain, s'orienta vers la médecine et, dès le XIVe siècle, on pratiqua la dissection aux cours d'anatomie. Les femmes y auraient été traditionnellement admises comme professeurs et l'on raconte que la très belle Novella d'Andrea se cachait derrière un rideau pour ne pas troubler ses studieux auditeurs... ce qui prouve que le libéralisme avait malgré tout ses limites !

Érigée en république au Moyen Âge, la guelfe Bologne était réputée pour ses 200 tours, et la hauteur de ces donjons était alors à la mesure du prestige des nobles familles qui les faisaient élever. Seules deux de ces tours subsistent aujourd'hui et, du haut des 98 mètres de la Torre degli Asinelli, la vue sur Bologne et ses environs est saisissante.

Dominée par la basilique San Petronio — dont les bas-reliefs du portail ont été réalisés par Jacopo della Quercia —, la Piazza Maggiore est le centre historique de la cité. Tout aussi fameuse, la fontaine de Neptune a été réalisée au XVIe siècle par Jean de Bologne (dont il n'est pas inutile de rappeler qu'il naquit à Douai).

Les églises bolonaises sont nombreuses à se disputer l'attention du promeneur : le bel ensemble d'édifices de San Stefano ; San Francesco et San Domenico, célèbres pour les tombeaux qu'elles abritent ; Santa Maria della Vita, où l'on peut admirer la *Déploration du Christ*, groupe en terre cuite réalisé par Niccolo dell'Arco.

Derrière la cathédrale, les ruelles à portique ont gardé leur caractère médiéval, et, via Galliera, les palais se succèdent avec élégance. Mais une situation géographique favorable ainsi que le dynamisme de ses habitants ont fait de Bologne une ville moderne où le passé et le présent s'équilibrent harmonieusement.

Outre la *Sainte Cécile* de Raphaël, la pinacothèque conserve une importante collection d'œuvres des Carrache, de Guido Reni et du Dominiquin, peintres de l'école bolognaise qui témoignent d'une riche tradition artistique. Quant au musée d'Art moderne, par son dynamisme et par la valeur de ses collections (œuvres du Bolonais Giorgio Morandi, entre autres), il montre que Bologne reste un centre culturel très vivant.

L'avant-garde artistique est, elle aussi, particulièrement stimulée par des galeries audacieuses comme No Wall ou par des lieux consacrés à la recherche théâtrale comme la Soffiata. Sensuelle et gourmande, Bologne est réputée pour ses restaurants, comme le Cordon bleu ou plus simplement I Cesari, sans oublier la célèbre pâtisserie Calderoni. Les cafés y sont particulièrement animés (Caffé del Museo, où se retrouvent les étudiants de l'Académie) ainsi que les nombreuses tavernes qui accueillent les noctambules.

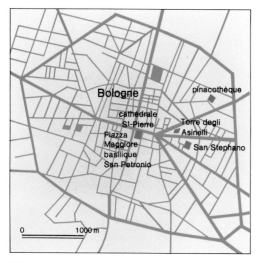

Bologne.

L'ÉMILIE-ROMAGNE

La première région gastronomique.

Vaste triangle qui s'étend depuis la côte adriatique, limité au nord par le cours du Pô et au sud par les Apennins, la plaine d'Émilie-Romagne a su développer une agriculture prospère. L'industrie, souvent liée à l'agroalimentaire, y recouvre des domaines variés, et Modène est le siège des célèbres firmes automobiles Ferrari et Mazerati. Les plages qui attirent des foules de vacanciers sur la côte sont à l'origine d'un tourisme balnéaire florissant auquel les nombreuses villes d'art de la région ajoutent un attrait culturel.

L'Émilie-Romagne se flatte à juste titre d'être la première région gastronomique d'Italie. Le jambon de Parme, les lasagnes, tortellini et tagliatelle « a la bolognese » ainsi que le parmesan ont fait la réputation de la cuisine italienne, et les vins régionaux (lambrusco, trebbiano, malvasias...) les accompagnent dignement.

Le port de Rimini est devenu le troisième de l'Adriatique et la ville, un centre industriel important. Si les vagues ne murmurent plus le nom de Malatesta en venant mourir sur les plages, le temple érigé par Sigismond Ier en l'honneur de sa quatrième femme Isotta

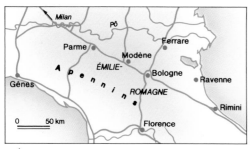

L'Émilie-Romagne.

conserve néanmoins le souvenir de cette puissante famille.

Ravenne fut capitale de l'Empire romain en 402 avant d'être le siège des rois Goths Odoacre et Théodoric qui embellirent la ville. Elle fut conquise ensuite par les empereurs de Byzance en 540. C'est aujourd'hui le plus grand complexe pétrochimique italien. Ravenne conserve un exceptionnel ensemble de mosaïques. Celles du tombeau de Galla Placidia, de San Vitale et de Saint-Apollinaire-le-Neuf évoquent encore toute la splendeur et la solennité byzantines, tout comme les décors symboliques et mystiques de S. Apollinaire in Classe, qui ruissellent de lumière et de couleurs dans la pénombre de l'église.

À proximité du Pô, auquel elle doit sa gloire et les revers de sa fortune, Ferrare, la ville des princes d'Este, se souvient avec orgueil d'avoir été au XVIe siècle le siège d'une cour brillante et raffinée où les arts s'épanouirent avec bonheur. Comme son célèbre palais des Diamants, Ferrare est pleine d'arêtes et d'angles vifs. L'austérité du Castello Estense et l'étrange dureté des peintures de Cosimo Tura conservées à la cathédrale contrastent avec la Ferrare moderne, active et industrialisée.

Rose et indolente, Parme séduit au contraire par sa douceur, qui plaît traditionnellement aux Français. Après les Farnèse, les Bourbons en firent un centre artistique important au XVIIIe siècle et l'ex-impératrice Marie-Louise y régna à partir de 1815. Avec le Corrège et le Parmesan, une brillante école de peinture s'y épanouit, caractérisée par un maniérisme sensuel qu'on trouve même dans les scènes religieuses. Les monuments de Parme (le dôme, San Giovanni Evangelista, Steccata), tout comme la pinacothèque, abritent d'importants témoignages de cet art si séduisant.

Si Parme reste chère au cœur des gastronomes, la patrie de Verdi et Toscanini est aussi réputée pour son exigence musicale, et le passage au Teatro Regio est une épreuve redoutée des musiciens.

À GAUCHE :
... ant S. Apollinaire in Classe,
... de Ravenne,
... tatue de César Auguste.

... DESSOUS, À GAUCHE :
... puissants chevaux sculptés
... ne fontaine de Rimini.

... DROITE :
... venirs des princes d'Este
... errare, les palais abondent.
... la Casa Romei, du XVᵉ s.

... DESSOUS, À DROITE :
... plage de Rimini
... petit matin.
... beau sable fin
... ait sa renommée.

91

UCHE : *Ocre des toits,*
heur du Duomo auprès duquel
l'étrange campanile roman.
e est un bijou de la Toscane.

SSOUS, À GAUCHE :
iazza del Campo, à Sienne.
avage en éventail
écoupé en neuf bandes,
uant les neuf consuls
ouvernaient la république
rendante au Moyen Âge.

SSOUS : *Un capitaine*
contrade » (quartier)
de la fête du Palio,
enne.

LA TOSCANE

La patrie de Michel-Ange, Dante et Pétrarque.

Les douces collines plantées de cyprès qui ont fait la célébrité du paysage toscan se prêtent à une agriculture qui reste souvent familiale et traditionnelle, fondée essentiellement sur le blé, l'olivier et la vigne. La « route du chianti » entre Florence et Sienne est très typique, bordée de vignobles, d'oliveraies et d'innombrables fermes.

Si la plaine de l'Arno connaît depuis peu une expansion industrielle prometteuse, la région côtière a développé depuis le début du siècle un tourisme balnéaire florissant. Ses nombreuses criques, ses îles ainsi que les dunes plantées de pinèdes lui donnent un charme particulier qui a fait le succès du rivage toscan et de stations privilégiées comme celles du promontoire du Monte Argentario. L'île d'Elbe est la plus célèbre de l'archipel toscan. En moins d'un an, Napoléon marqua son passage en faisant tracer des routes et élever des maisons... Les habitants de l'île restent fidèles à sa mémoire.

Le tourisme est une des principales ressources de la région, qui, outre ses villes d'art célèbres (Florence est la troisième ville touristique d'Italie), offre encore au visiteur curieux de nombreuses petites cités préservées du temps et dispersées dans les collines : Pienza, « ville idéale » dessinée par Bernardo Rossellino sous l'impulsion de Pie II ; Montepulciano, où Sangallo le Vieux a laissé nombre de monuments ; San Gimignano, connue pour ses tours médiévales.

Les Étrusques (« tusci ») ont laissé leur nom à la Toscane et, si la plupart des sites qu'ils ont habités ont été recouverts par les occupations romaines et médiévales, on trouve à Volterra, Chiusi et Cortone d'intéressantes traces de leur civilisation si mal connue.

L'histoire de la Toscane médiévale est marquée par les luttes acharnées des cités rivales ; luttes si âpres que Dante les a décrites dans « l'Enfer ». Sienne, Arezzo et Pise devront successivement s'incliner devant Florence, qui domine dès lors la région. Ancienne capitale étrusque, Arezzo n'a pas conservé de traces de cette période primitive de son histoire et la fameuse « Chimère d'Arezzo » se trouve à Florence. Au cœur d'une ville moderne, active et industrialisée, la cité ancienne s'organise autour de la Piazza Grande. L'église de San Francesco conserve un exceptionnel ensemble de fresques de Piero della Francesca illustrant la *Légende de la Sainte Croix,* dont l'action se déroule dans une Jérusalem qui a pris les traits d'Arezzo.

La vocation commerciale et bancaire de Sienne en fit la rivale désignée de Florence et, aujourd'hui encore, elle vit essentiellement du secteur tertiaire : banque, commerce et tourisme. Sa place principale, le Campo, ressemble à une vaste coquille qui s'ouvre comme un théâtre, avec le Palais communal en toile de fond. Les 2 juillet et 16 août s'y déroule le fameux « Palio », une des plus

La Toscane.

93

surprenantes courses équestres d'Italie, où les quartiers siennois sont représentés par leurs « contrade » (équipes). Tous les coups sont permis pour faire chuter l'adversaire dans cette compétition où, comme dans la vie, le gagnant doit sa victoire à son courage, mais aussi à la ruse et au hasard. Le roman de Fruttero et Lucentini *Place de Sienne côté ombre* décrit à merveille les rouages et ressorts de cette course spectaculaire qui reste au cœur de la vie sociale siennoise.

Non loin du Campo, au détour des ruelles ocres, surgit la façade en marbre noir et blanc du dôme, proche du baptistère et de la pinacothèque, où l'on peut admirer les chefs-d'œuvre de l'école siennoise.

Bien qu'elle s'industrialise rapidement, Pise reste aujourd'hui une petite ville calme, célèbre surtout pour sa tour penchée. Ce monument, en réalité le campanile du dôme, forme avec le baptistère un bel ensemble d'architecture gothique. Les sculptures funéraires du Campo Santo voisin rappellent au visiteur que Pise fut un centre de la sculpture européenne aux XIIᵉ et XIVᵉ siècles. D'Annunzio désignait Pise comme « la cité du silence ». En effet, la mer s'est retirée de l'ancienne ville portuaire qui osa un temps défier Gênes et combattit Florence avec rage avant de devoir s'incliner en 1405.

Le déclin de Pise profita à Livourne, qui est aujourd'hui la deuxième ville de Toscane et dont 40 p. 100 de la population vit de l'industrie. Livourne n'était qu'un gros bourg quand elle tomba sous l'autorité de Florence, en 1421, et elle doit sa fortune à Cosme Iᵉʳ, qui entreprit la construction du port en 1571. La population de 865 habitants en 1560 s'accrut alors à une vitesse étonnante : 8 200 habitants en 1609 et 20 000 à la fin du XVIIᵉ siècle, époque où Livourne, cosmopolite et ouverte, devint port franc. Patrie de Modigliani, Livourne a été récemment le théâtre d'une plaisanterie spectaculaire digne de la légendaire ironie toscane. La municipalité, ayant décidé de draguer le Fosso Reale — canal où l'artiste, un jour de

découragement, aurait jeté ses sculptures —, eut l'heureuse surprise de retrouver trois têtes sculptées que les plus grands experts internationaux s'empressèrent de considérer comme authentiques. Peu après, trois étudiants révélèrent qu'ils étaient les auteurs des sculptures et firent une démonstration télévisée de leur talent.

Si l'industrielle Livourne donne l'image d'une ville moderne et active, le temps paraît s'être arrêté à Lucques. Ses remparts, des XVIᵉ et XVIIᵉ siècles, l'ont protégée des visées florentines et sa très lente expansion au XIXᵉ siècle a préservé sa beauté des atteintes du progrès. Patrie de Boccherini et Puccini, elle accueille des manifestations musicales de qualité et vit aujourd'hui des activités toscanes traditionnelles : tissus, production agricole, artisanat (Carrare n'est pas loin...), et naturellement du tourisme.

La place du Marché a gardé la forme d'un amphithéâtre romain, et ses façades médiévales forment un ensemble particulièrement séduisant. Non loin, le dôme abrite le tombeau d'Ilaria Dell Caretto, chef-d'œuvre de Jacopo della Quercia, dont on trouve aussi un retable sculpté à San Frediano.

Les collines environnantes sont parsemées de petites églises romanes et de villas baroques, dont certaines sont ouvertes au public (villas Garzoni, Torrignani, Mansi). Comme celles de la région de Florence, mais peut-être avec encore plus d'éclat, elles font partie de cet art de vivre à l'italienne, la « villegiatura ».

La Toscane fascine toujours les artistes. Citons l'exemple de Niki de Saint Phalle qui depuis sept ans élabore un mystérieux *Jardin des Tarots* entre Rome et Florence où se dressent des géants de béton couverts d'écailles de céramique et de verre de Murano.

Enfin, la cuisine toscane, simple et raffinée, doit sa réputation à l'excellente qualité des produits du terroir : gibier, poissons, cêpes, huile d'olive. Rappelons que Catherine de Médicis, devenue reine de France, emmena à Paris ses cuisiniers florentins et qu'ils sont à l'origine de la cuisine française...

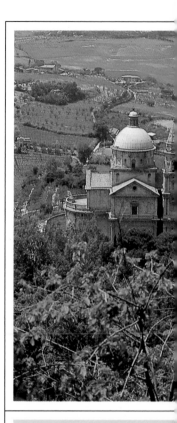

CI-DESSUS : *L'église S. Biago, à Montepulciano, œuvre de Sangallo le Vieux, du XVIᵉ s.*

CI-DESSUS, À DROITE : *Le ravissant jardin du palais Controni-Pfanner, du XVIIᵉ s., à Lucques.*

CI-CONTRE : *Édifié au Moyen Âge, le Duomo de Pise fut encadré, un siècle plus tard, du baptistère et de la fameuse tour.*

FLORENCE

La ville des Médicis.

L'image type de Florence, nichée au creux des collines toscanes et offrant au visiteur le spectacle de ses toits ocres d'où émergent coupole et campanile, correspond à la vue qui s'offre du haut de la colline de Fiesole, où se trouvait l'ancienne cité étrusque. La colline elle-même, avec ses cyprès et ses somptueuses villas toscanes, dont certaines, comme la Villa San Michele, ont été transformées en hôtels, donne l'illusion d'une ville où le temps se serait arrêté. Mais, au cœur de la cité active et saturée de voitures, le visiteur comprend que la capitale toscane est loin d'être une ville-musée.

Si la traditionnelle activité textile de Florence s'est déplacée à Prato, la ville s'est tournée vers la métallurgie, la production d'outils de précision et de machines-outils. Les grandes familles florentines sont toujours actives dans des domaines traditionnellement florentins : les Antinori, Frescobaldi et Ricasoli produisent du vin, les Ginori de la céramique et Emilio Pucci a brillamment repris la tradition de la soierie florentine.

La mode reste à Florence un artisanat de qualité, comme en témoignent la maison Ferragamo au palais Ferroni et les nombreuses boutiques de haute couture, de chemiserie et de lingerie des environs de la via Tornabuoni. La biennale des antiquaires au palais Strozzi ou l'installation de la maison Sotheby's au palais Capponi sont le signe d'une vocation marchande toujours vivace. Florence reste le théâtre de manifestations culturelles importantes comme le Mai musical, la saison lyrique et les expositions du palais Pitti. Elle est aussi le siège de l'Institut universitaire européen et d'une excellente école de restauration d'œuvres d'art. Le tourisme y est naturellement florissant et sa population de 500 000 habitants double en haute saison.

Cet heureux mélange d'activités artistiques et commerciales s'inscrit dans la tradition florentine, qui a toujours allié vocation marchande et mécénat.

De son passé romain, Florence n'a gardé que le tracé quadrillé des quartiers du centre, mais c'est surtout au Moyen Âge que la cité va prendre de l'importance. Déchirée alors par les factions guelfe et gibeline, elle affronte les cités rivales que sont devenues Pise, Arezzo et Sienne. Parallèlement, l'activité marchande se développe : le traitement et le commerce de la laine occupent bientôt le tiers de la population, tandis que l'industrie de la soie, apparue au XIIIᵉ siècle, connaîtra un brillant développement au XVᵉ. Symbole de cette puissance nouvelle, le florin, créé en 1252, devient rapidement une monnaie d'échange internationale. Les activités commerciale et bancaire enrichissent les grandes familles florentines, parmi lesquelles les Médicis se distinguent bientôt. Au XVᵉ siècle, ils possèdent la moitié des affaires de la ville et règnent en particulier sur le réseau bancaire.

Florence.

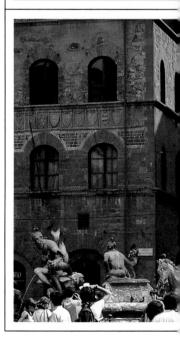

96

Cosme l'Ancien (1389-1464) et son petit-fils Laurent le Magnifique s'imposent à Florence par leur habileté diplomatique et par un mécénat actif. Concrète et réaliste, la pensée politique florentine est théorisée par Machiavel dans *le Prince* et, dans les différents domaines de la création, l'homme devient la mesure de l'univers. L'audacieuse coupole du dôme, l'hôpital des Innocents et la chapelle des Pazzi... autant d'œuvres de Brunelleschi qui témoignent d'une nouvelle conception rationnelle de l'espace, dont on retrouve un écho dans la diffusion rapide de la perspective albertienne en peinture. D'emblée, les Médicis exploitent cette laïcisation de l'art et de la pensée et les œuvres de la Renaissance florentine apparaissent souvent comme un chant à leur gloire : les Rois mages prennent leurs traits sous le pinceau de Bennozzo Gozzoli, et Michel-Ange identifie Laurent et Julien à l'Action et à la Pensée à la sacristie de San Lorenzo.

À la Piazza del Duomo, centre spirituel de la ville avec la cathédrale et son baptistère, répond la Piazza della Signoria, centre politique de la cité, où l'on trouve le fameux *David* de Michel-Ange, symbole de Florence dont l'original est au musée de l'Académie, et surtout le *Persée* de Benvenuto Cellini, chef-d'œuvre de l'artiste, dont l'autobiographie reste, avec les *Vite* de son contemporain Vasari, un passionnant document sur la vie artistique et quotidienne à Florence au XVIe siècle. Le Palazzo Vecchio, qui est encore le siège de l'administration politique, a été décoré de peintures de Vasari, à qui l'on doit aussi le palais des Offices. Ce musée, un des plus riches du monde, conserve une profusion de chefs-d'œuvre de Vinci, Michel-Ange, Raphaël, Titien et surtout les très célèbres Botticelli : *la Naissance de Vénus* et *le Printemps*. Les musées sont si nombreux à Florence... Citons encore celui du Bargello pour les œuvres de Donatello ou le palais Pitti, qui abrite onze Raphaël et au pied duquel les sculptures, fontaines et grottes des jardins Boboli offrent au promeneur une halte reposante et une vue célèbre sur Florence. La cité connut à la Renaissance une telle activité artistique qu'elle devait ressembler à un gigantesque chantier : Fra Angelico décore le couvent Saint-Marc ; à Sainte-Marie-Nouvelle, élevée par Alberti, travaillent Masaccio et Ghirlandaio ; Santa Croce devient le panthéon des Toscans célèbres : tombeaux de Dante, de Machiavel, de Ghiberti ; plus tard, elle accueillera celui de Rossini, et tant d'autres, comme Pétrarque ou Boccace, mériteraient d'y figurer.

À la fin du XVe siècle, le moine dominicain Savonarole s'offusque de cet excès de beauté et prêche contre le plaisir des sens et des arts. Il arrive à chasser les Médicis et allume en 1497 sur la place de la Seigneurie le « bûcher des vanités », où brûlent livres, tableaux et œuvres d'art... Mais il périra lui-même par le feu l'année suivante au même endroit. L'ascension des Médicis continue : leur dynastie comptera deux papes et deux reines de France, avant de s'éteindre en 1737.

Près d'un siècle et demi plus tard, Florence sera de 1865 à 1871 la capitale du jeune royaume d'Italie. Au début du XXe siècle, elle reste un foyer culturel en devenant le lieu de prédilection d'une société mondaine mêlée de grandes figures des arts, en majorité anglo-saxonnes, qui occupent les villas des environs. C'est à Florence que D.H. Lawrence écrit en 1925 *l'Amant de lady Chatterley*, et le roman de W. Forster *Avec vue sur l'Arno* évoque le trouble ressenti par l'âme anglaise face à la beauté et à la sensualité florentines. Quant à l'historien d'art Bernard Berenson, il a légué sa villa de Settignano à l'université Harvard, qui en a fait un centre d'étude de la Renaissance.

Relativement préservée par la guerre, Florence vit cependant ses ponts détruits par l'armée allemande, qui n'épargna que le Ponte Vecchio. Ce dernier fut encore menacé par les inondations de 1966, qui firent d'énormes dégâts dans la ville, dégâts que les Florentins s'empressèrent d'effacer, car, comme nous, ils tiennent autant au passé qu'au présent de leur illustre cité.

L'OMBRIE

Des villes au caractère médiéval.

Au cœur de l'Italie centrale, l'Ombrie est la seule région du pays à ne pas avoir d'ouverture sur la mer. Les reliefs modérément accentués de l'Apennin s'inscrivent harmonieusement dans un paysage de douces collines où sources, rivières et lacs fertilisent une région verdoyante. L'agriculture est donc l'activité économique principale de l'Ombrie, où vignes, oliviers, blé et légumes sont encore exploités de façon artisanale. Le rendement agricole est assez moyen, comme celui de l'industrie agroalimentaire, hydroélectrique, chimique et textile. Le tourisme lui-même reste limité en regard de ses richesses artistiques.

Après une première occupation étrusque, la période romaine puis les invasions barbares, les communes rivales, bientôt dominées par Pérouse, s'entre-déchirent au Moyen Âge. Au XVIᵉ siècle, la papauté, influente depuis le VIIIᵉ siècle dans cette région, l'intègre à ses États.

Située sur une colline qui domine le Tibre, Pérouse fut une des plus puissantes cités étrusques et ne retrouva son éclat qu'au Moyen Âge. De cette période, elle a gardé le caractère médiéval de ses quartiers aux ruelles tortueuses, comme la via Maesta delle Volte, ainsi que les édifices publics (palais des Prieurs et Fontana Maggiore) et le dôme de la Piazza 4 Novembre. À la pinacothèque comme au Collegio del Cambio, les œuvres du Pérugin semblent une émanation du paysage ombrien.

Aujourd'hui, une université pour étudiants étrangers fait de Pérouse une ville jeune et accueillante, active par ailleurs dans l'industrie textile et la chocolaterie... Qui ne connaît les « baci » Perugina, enrobés de tendres messages !

La plupart des cités ombriennes, situées au flanc ou au sommet des collines, ont gardé un caractère médiéval très marqué, et leurs ruelles ocres et roses invitent à la flânerie. Assise cultive pieusement le souvenir de saint François et les deux églises superposées de la basilique regorgent de chefs-d'œuvre. Citons la *Crucifixion* de Cimabue et surtout le cycle de fresques illustrant la vie du saint par Giotto, qui abandonne le fond doré pour situer ses figures dans un espace naturel profane, ce qui n'enlève rien à l'expression de ferveur intense de ses œuvres.

Célèbre pour son vin blanc, Orvieto est bâti sur un socle de tuf volcanique au milieu de la plaine. Tous les samedis se tient un marché de poteries Piazza del Populo, non loin du dôme romano-gothique, qui abrite une série de fresques de Luca Signorelli, notamment le *Jugement dernier*, dont Michel-Ange se souviendra quelques années plus tard.

Gubbio, silencieuse et austère, a elle aussi remarquablement préservé son visage médiéval, et ses artisans continuent à produire la céramique qui a fait sa célébrité. Enfin, si les monuments de Spolète gardent les traces de son passé romain, paléochrétien et médiéval, la ville est depuis une vingtaine d'années le cadre d'audacieuses réalisations architecturales, et une colossale statue de Calder s'élève sur la place de la Gare.

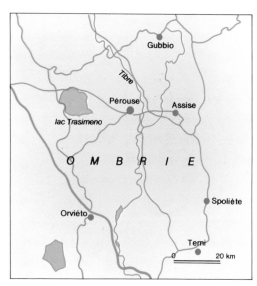

L'Ombrie.

À GAUCHE : *Une des rues étroites et raides d'Urbino, égayée par le linge pendu aux fenêtres...*

CI-DESSOUS : *À Urbino flotte le souvenir de peintres célèbres. L'église S. Francesco, du XIVe s.*

CI-DESSUS : *L'élevage des moutons dans les Marches. Une réalité dans une province sauvage qui rappelle la Toscane d'il y a un siècle.*

LES MARCHES ET ANCÔNE

Une richesse venue de la mer.

La région des Marches, au sud de l'Émilie-Romagne, a un caractère montagneux, les contreforts des Apennins venant mourir non loin des plages de la côte adriatique. L'agriculture, qui produit surtout du vin et des céréales, y est d'un rendement moyen, tout comme l'industrie. À Iesi, outre un vin réputé, le verdiccio, on trouve une industrie mécanique et sucrière active ; à Pesaro, des manufactures de céramique, production locale traditionnelle dont le musée conserve un bel ensemble. Les nombreuses plages de la Riviera des Marches offrent aux touristes voile et pêche sous-marine.

C'est la mer qui est à l'origine de la richesse de cette région, dont la capitale, Ancône, reste un port international important, centre du trafic maritime vers la côte dalmate et la Grèce. Le promontoire rocheux d'Ancône se prête naturellement à l'activité portuaire et sa situation stratégique élevée lui est favorable, si bien que la ville, devenue libre au XIIe siècle, s'enrichit rapidement grâce à son commerce florissant avec l'Orient, où elle faisait concurrence à Venise.

Aujourd'hui l'une des villes les plus actives de l'Adriatique, Ancône a su préserver ses quartiers anciens malgré l'industrialisation et les bombardements de la dernière guerre. De la Piazza Republica, à proximité du port, la voie qui grimpe tortueusement le long du promontoire du Guasco, dominé par l'église Saint-Cyriaque, a conservé ses palais et ses églises. Au sommet de celle-ci, à proximité du palais des Anciens et des anciens Thermes romains, le palais Ferretti, du XVIe siècle, conserve de belles collections archéologiques et des fresques de Tibaldi... invisibles depuis le tremblement de terre de 1972. La construction d'une sphère qui abriterait des expositions temporaires est envisagée.

Non loin d'Ancône, la basilique de Loreto abrite la maison de Marie, apportée de Nazareth par les anges en 1294, après une halte de trois ans à Fiume. Le sanctuaire est impressionnant tant par la ferveur des pèlerins qui y affluent que par sa richesse artistique. Tout près, la ville de Recanati, patrie de Giacomo Leopardi, inspira au poète un de ses plus beaux sonnets, et le palais du XVIIIe siècle où il vécut n'a pas changé.

La petite cité médiévale de Tolentino, perdue au milieu des forêts et des vignes, est elle aussi l'objet de pèlerinages ; Macerata est aujourd'hui une ville moderne mais conserve de nombreux palais et églises anciens ; Fabriano, médiévale elle aussi, est depuis le XIIe siècle un important centre de papeterie... Mais Urbino reste le fleuron artistique de la région. Au sommet de la montagne, les ruelles tortueuses serrées dans ses remparts offrent de belles échappées sur la campagne environnante. La ville fut un haut lieu de la Renaissance sous Frédéric de Montefeltre, et le palais ducal abrite une quantité de chefs-d'œuvre : l'ensemble de marqueterie en trompe-l'œil du « studiolo » ; la *Flagellation* et la *Madone de Senigallia* de Piero della Francesca ; des panneaux d'Ucello et *la Muette* de Raphaël, natif d'Urbino...

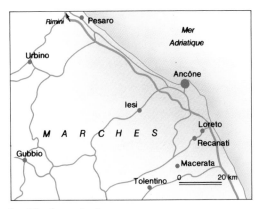

Les Marches et Ancône.

NAPLES ET LA CAMPANIE

Des sites archéologiques et balnéaires.

Au sud du Latium, la Campanie se divise essentiellement en deux zones : les montagnes des Apennins, arides et pauvres, et la plaine côtière, fertile et cultivée. Les reliefs volcaniques de la côte tyrrhénienne sont célèbres : le Vésuve (1 270 m) est toujours en activité, tout comme le cratère de Solfatara, qui se trouve dans la région des champs Phlégréens, dont les nombreuses sources thermales, fumerolles et vapeurs sulfureuses inspirèrent Homère et Virgile.

La plaine côtière, dont les productions de légumes et de tabac sont les premières d'Italie, se prête également à la culture des agrumes sur le promontoire de Sorrente et de la vigne, qui donne le fameux « lacrima christi ». Si l'industrie est concentrée dans la province de Naples (alimentaire, mécanique, sidérurgique) et de Salerne (textile, céramique), la pêche et l'artisanat (corail à Torre del Greco ; marqueterie et dentelle à Sorrente) restent des activités fructueuses qui bénéficient du tourisme.

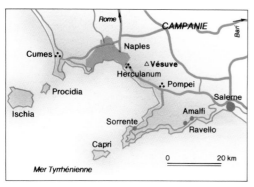

Naples et la Campanie.

En effet, son exceptionnelle concentration de sites archéologiques et balnéaires fait de la Campanie une des régions les plus visitées d'Italie.

D'emblée, Naples impose un choix entre ses deux visages contradictoires. L'arrivée par mer, la plus classique, est stupéfiante de beauté : le bleu intense de la mer, le Vésuve qui se profile au fond de la baie concourent à perpétuer une vision virgilienne de la ville. À laquelle se greffe rapidement le visage chaotique qui frappe l'automobiliste bloqué dès son arrivée dans les embouteillages d'une banlieue misérable. Capitale du Mezzogiorno, Naples est aussi celle de la misère et du chômage — qui touche le quart de la population active.

L'industrie y est éclatée en petites unités, dont 90 p. 100 comptaient en 1960 5 employés au plus. Les grandes firmes du Nord (Olivetti, Alfa Romeo) qui s'y sont établies connaissent des difficultés, mais l'industrie alimentaire y est florissante (conserveries de poissons, de fruits et de légumes). Enfin, le port de Naples est le premier d'Italie pour le trafic des voyageurs et bénéficie de l'afflux de touristes.

De l'ancienne colonie grecque qui devint, au IVe siècle av. J.-C., un lieu de séjour prisé des riches Romains, le Musée archéologique conserve de remarquables témoignages, et le quartier populaire de Spaccanapoli, particulièrement typique, a conservé son tracé romain. Entre les façades sculptées des églises et des vieux palais qui alternent avec les immeubles aux fenêtres pavoisées de linge, une foule de voitures, de scooters et d'artisans se presse en permanence. On y trouve quantité de petits métiers : cireurs de chaussures, réparateurs de branches de lunettes, vendeurs ambulants, toute une humanité superstitieuse et roublarde, active et paresseuse. Les églises gothiques de l'Incoronata, San Lorenzo Raggione et Santa Chiara évoquent la cour des rois d'Anjou et les nombreux artistes français et italiens qu'elle attira.

Le Castel Nuovo, sur la Piazza del Municipio, construit en 1282 par

CI-CONTRE :
Étroites, pavoisées de linges, sans trottoirs... Les vieilles rues de Naples, grouillantes et sales.

EN HAUTE, À DROITE :
La fontaine de l'Immacolatella, baroque, ornée de sculptures de Bernin et Naccherino.

EN BAS, À DROITE :
Devant le port, le Castel Angiono (angevin), bâti en 1282 par le comte d'Anjou, alors roi de Naples.

CI-DESSOUS :
Le musée archéologique de Naples renferme des trésors. Cette mosaïque provient de Pompéi.

Charles Ier d'Anjou, est surtout intéressant pour son très bel arc de triomphe (1467), chef-d'œuvre de la Renaissance. Il fut décoré par Laurana.

Au XVIIe siècle, Naples, devenue province espagnole, voit se développer sous l'impulsion du Caravage et de Ribera une brillante école de peinture baroque, et les églises, qui se multiplient alors, abritent souvent des chefs-d'œuvre, comme le Monte della Misericordia, qui conserve *les Sept Œuvres de miséricorde* du Caravage. Sur le mont Vomero, la chartreuse de Saint-Martin est une des expressions les plus réussies du baroque napolitain et on y trouve, outre une remarquable collection de peintures, une superbe crèche napolitaine de plus de 200 personnages.

De 1738 à 1860, Naples est le siège de la dynastie des Bourbons, qui en font une capitale cultivée, comme en témoignent le musée de Capodimonte, son mobilier royal, ses salles d'art décoratif et une éblouissante collection de peintures napolitaine, italienne et étrangère. La sculpture s'y épanouit également avec un brio étonnant, visible dans les œuvres de Sanmartino et de Queirolo à la Capelle San Severo. Naples connaît alors une véritable renaissance architecturale baroque avec les œuvres de Sanfelice, puis néoclassique avec Vanvitelli (Annunziata).

Le prestigieux théâtre San Carlo (1737) vit naître deux dérivations typiquement napolitaines de l'opéra : le « bel canto », dont les virtuosités vocales ont fait le tour du monde (qui ne connaît *Funiculi-Funicula* ou *Santa Lucia* ?) ; l'« opera buffa », qui, à l'origine simple intermède parodique, prend rapidement le pas sur l'« opera seria ».

Les fêtes religieuses de Naples sont elles aussi connues pour leur faste. À l'abri du dôme, la chapelle Saint-Janvier est un immense reliquaire éclatant de marbres, d'argent et de bronzes. Si le sang séché du saint ne se liquéfie pas aux dates prévues, les Napolitains y voient un mauvais présage.

Naples est enfin la patrie de la pizza, des spaghetti et surtout des « gelati »,

que l'on savoure avec plaisir aux terrasses de Santa Lucia tout en contemplant la baie.

Les environs immédiats de Naples regorgent de curiosités artistiques, historiques et géologiques : Cumes, ses monuments antiques et ses grottes, où Virgile situait l'antre de la redoutable Sibylle ; le parc et les groupes sculptés de la cascade du palais royal de Caserte, élevé par Vanvitelli pour les Bourbons en 1752 ; les villes antiques de Pompéi et Herculanum, exhumées des cendres de l'éruption du Vésuve en 79 ; Castellamare di Stabia, détruite elle aussi par l'éruption mais immédiatement reconstruite, célèbre pour ses eaux et son site enchanteur...

Les îles de la baie de Naples ne sont pas moins séduisantes : Capri, petit paradis de 6 km sur 3 dont les empereurs Auguste et Tibère aimaient les grottes et les falaises, évoquée par l'écrivain suédois Axel Munthe dans *le Livre de San Michele* et toujours appréciée pour ses ruelles bordées de maisonnettes blanches ; Ischia et ses luxueux hôtels ; Procida, habitée par les pêcheurs mais dont les maisons à coupoles attirent de plus en plus de vacanciers.

Les orangeraies et les citronneraies de Sorrente embaument et les vues éblouissantes qu'elle s'offre sur la mer et les petits ports de pêche se succèdent le long de la côte amalfitaine. Ravello est célèbre pour ses jardins : celui du palais Ruffolo, dont les roses et les fontaines à caractère oriental auraient inspiré Wagner, ou celui de la Villa Cimbrone, avec ses buis et ses cyprès. Non loin, Salerne, dont l'école de médecine, fameuse au XIe siècle, serait la plus ancienne d'Europe occidentale, vit débarquer les Alliés en septembre 1943.

Enfin, Paestum a gardé du temps où elle était une colonie grecque prospère des monuments que la Grèce elle-même lui envie. Le temple de Poséidon, la basilique dédiée à Héra (VIe s. av. J.-C.) et le temple de Cérès, qui s'élèvent solitaires dans la plaine du Sele, sont impressionnants de grandeur, d'austérité et d'équilibre.

CI-CONTRE : *À Paestum, le temple de Neptune, du Ve s. av. J.-C.*

À DROITE : *Le temple d'Apollon, à Pompéi. Copie en bronze d'Apollon.*

CI-DESSOUS : *Le Vésuve domine le site d'Herculanum. En arrière-plan, la localité industrielle de Resina.*

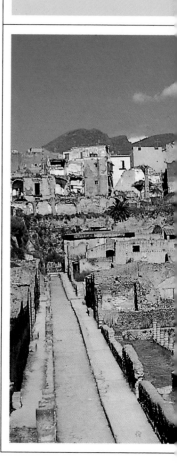

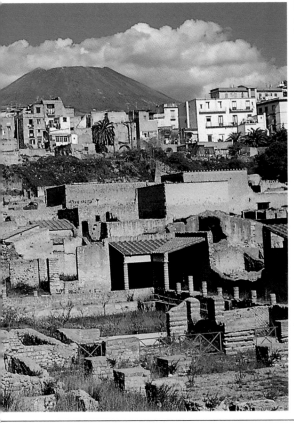

CI-DESSUS :
Dans la baie de Naples,
Procida, dans l'île du même nom,
entasse ses maisons roses
autour du dôme de San Michele.

À GAUCHE :
Suspendue entre ciel et mer,
Ravello domine de 374 mètres
le littoral de la côte amalfitaine.

CI-CONTRE :
Détail de l'ambon byzantin
du Duomo de Ravello.
Ces sculptures datent du XIIe s.

LA POUILLE

Une région se transforme

La Pouille se divise en quatre zones géographiques distinctes : le promontoire rocheux de Gargano ; la plaine de Foggia, propice à l'agriculture ; les Murge, plateau calcaire où les eaux ont creusé des grottes et des cavernes (célèbre grotte de Castellana) ; la fertile péninsule talentine.

Dans cette région traditionnellement agricole, la culture de l'olivier, la vigne, l'amandier, le tabac et les légumes occupent 40 p. 100 de la population. Cependant, dans le cadre d'une politique de développement économique du Mezzogiorno, le triangle Bari-Brindisi-Tarente, créé pour faire pied au triangle Milan-Turin-Gênes, a vu s'implanter d'importantes industries : sidérurgique et pétrochimique à Tarente, mécanique (Fiat) à Bari, chimique à Brindisi. Le réseau routier qui désenclave depuis peu la région a permis un développement touristique rapide, favorisé par les beau-

tés naturelles et artistiques de la Pouille. Si Brindisi reste un lieu de passage actif, centre du trafic vers l'Orient, nombreuses sont les petites cités médiévales qui comme Otranto se réveillent brusquement d'un long sommeil et développent leurs structures hôtelières.

Deuxième ville du Mezzogiorno après Naples, la moderne Bari garde les traces d'un passé riche et mouvementé : occupation romaine dès le IIIe siècle av. J.-C., où elle fut un des pivots des relations entre l'Orient et l'Occident, byzantine au IXe siècle, normande au XIe, étape pour les croisés au XIIe. Des grandes cathédrales (Giovinazzo, Molfetta, Bisceglie, Trani, etc.) témoignent d'influences multiples qui se fondent avec bonheur. Sous Frédéric II (1220-1250), Bari connaît un véritable âge d'or, tant économique qu'artistique. Mais elle connaît bientôt des jours plus sombres sous les occupations angevine, aragonaise et espagnole. La vieille ville a gardé un caractère oriental avec ses petites maisons blanches qui bordent ses ruelles tortueuses.

Si la médiévale Tarente s'industrialise rapidement, son musée conserve lui aussi de beaux témoignages de la période où elle fut une florissante colonie grecque.

Par groupes de 3 ou 4 dans les vergers, les trulli, poivrières coniques recouvertes de lauzes, servirent occasionnellement d'habitat aux indigènes ; ils sont aujourd'hui recherchés et transformés en originales résidences secondaires. La région d'Alberobello a su exploiter l'intérêt touristique de ces constructions dont elle possède un véritable village.

Enfin, la région regorge de petites cités aux charmes multiples ; bancheur aveuglante d'Ostuni, perdue dans une mer d'oliviers ; Martina Franca, dont les maisonnettes s'ornent de décors sculptés baroques ou rococo... et surtout la cité baroque de Lecce, où d'aimables monstres et angelots envahissent les murs et les façades avec une fantaisie bouillonnante qui atteint son plus haut degré à l'église Santa Croce.

CI-DESSUS : *Le charmant fouillis des maisons de Monte Sant'Angelo.*

CI-CONTRE :
Détail de la façade du XIIIe s. de la cathédrale de Trani.

À DROITE :
Les trulli d'Alberobello. Ces maisons de chaux seraient des réminiscences des civilisations préhistoriques.

La Pouille.

LA CALABRE

La pointe de la botte.

Région la plus pauvre d'Italie, la montagneuse Calabre, située à la pointe de la botte italienne, détient le record de l'émigration : 20 p. 100 des émigrés italiens sont calabrais. Son climat aride et son relief accidenté sont peu propices à l'agriculture, qui reste cependant l'activité essentielle de la région et occupe 40 p. 100 de la population active, laquelle exploite surtout les franges côtières des rivages ionien et tyrrhénien (agrumes, oliviers, vignes, céréales et légumes). Depuis peu, la politique d'aide au développement du Mezzogiorno a favorisé l'implantation d'industries ; hydroélectrique dans le massif de la Sila, centrales thermiques, etc. D'ambitieux projets de création d'un complexe sidérurgique à Gioia Tauro et d'un ensemble pétrochimique à Lamezia sont en voie de réalisation. Parallèlement, la région a développé son réseau routier.

L'étonnante beauté du littoral est désormais exploitée par un tourisme balnéaire en plein essor. La « Côte violette », sur le versant tyrrhénien, est la plus équipée avec les stations de Praia Mare, Marina di Belvedere, Cetaro, etc. ; le littoral italien, ou « côte des Jasmins », reste plus sauvage mais a lui aussi des stations réputées, comme Tubisacce.

Le tourisme se développe dans le massif de la Silva, étonnant paysage alpestre au cœur de la Calabre, dont les jolis sites ont été récemment remis en valeur : villages de chalets, hôtels, stations de ski... Les sports alpins se pratiquent dans le massif de l'Aspromonte, aboutissement ultime de la chaîne des Apennins, dont le point culminant atteint 1 955 m. La rude vie des bergers de l'Aspromonte décrite dans les romans de

Corrado Alvaro a changé : développement touristique et industriel fait évoluer rapidement mœurs et paysage des massifs récemment reboisés.

La plupart des villes calabraises ont souffert de tremblements de terre fréquents et s'industrialisent rapidement. Si certaines, comme la capitale régionale, Catanzaro, prennent un visage de plus en plus moderne, d'autres, comme Cosenza, illustrent bien la dualité calabraise avec sa vieille ville immémoriale et silencieuse qui contraste avec l'animation du Corso Mazzini, où voitures et scooters sont désormais conduits par de jeunes femmes en jeans, bien différentes de leurs austères aînées.

La plus grande ville de la région, Reggio di Calabria, face au détroit de Messine, a de tout temps été un lieu de passage entre Méditerranée orientale et occidentale et continue à vivre de sa traditionnelle activité commerciale. Capitale de la bergamote (100 p. 100 de la production nationale ; 50 p. 100 de la production mondiale), elle ne connaît pas le développement industriel de ses voisines et nombreux sont ceux qui traversent quotidiennement le détroit pour aller travailler à Messine.

La Calabre.

LA SICILE ET PALERME

Entre l'Italie et l'Afrique.

La plus grande et la plus peuplée des îles de la Méditerranée se présente comme un triangle dont les trois rivages sont tournés vers l'Italie, l'Orient et l'Afrique, dont les côtes ne sont qu'à 100 km, affirmant d'emblée une vocation multiculturelle.

Le littoral, où se concentrent la plupart des activités économiques, est à l'origine de la richesse de l'île. Les plantations d'agrumes (2/3 de la production nationale) y côtoient oliviers et amandiers, sans oublier la vigne, qui produit, entre autres vins corsés, le marsala. Depuis la découverte de gisements de pétrole et de méthane en 1957, l'industrie pétrochimique est en plein essor, installée à Augusta, Syracuse, mais surtout à Gela. L'industrie mécanique s'est installée à Palerme, Messine et Catane, deuxième ville et principal marché agricole de l'île.

Parallèlement, les activités portuaires et commerciales se développent, tout comme le tourisme. La petite cité médiévale de Taormina, pimpante avec ses villas et ses hôtels enfouis dans les massifs de fleurs, ou le port de pêche de Cefalu sont devenus des stations balnéaires cosmopolites, et Erice accueille le Centre international de culture scientifique. Moderne et ouverte, la Sicile, qui bénéficie d'un statut d'autonomie depuis 1947, attend la construction du pont sur le détroit de Messine et place ses espoirs dans le développement d'une Europe des régions.

À l'intérieur des terres, en revanche, on retrouve la Sicile immémoriale (mœurs surannées, pauvreté et émigration) évoquée dans les récits de Sciascia. Dans un paysage montagneux particulièrement aride et austère, les gros bourgs ont été construits sur les pitons calcaires, refuges traditionnels face aux pirates et à la malaria : Nicosie, enserrée dans les rochers, l'ancienne Raguse Ibla, qui contraste avec la ville moderne, Caltanissetta, avec ses mines et ses conflits sociaux... Terre de toutes les splendeurs et de tous le maux, la Sicile, malgré les procès de Palerme, n'en finit pas de lutter contre l'emprise de la Mafia, dont les activités variées — trafic de drogue, corruption, chantage et terreur — sont l'objet d'une abondante filmographie. L'île craint aussi les réveils sporadiques de l'Etna, ce qui n'empêche pas villégiatures et stations de ski de s'établir sur ses pentes.

Enfin, zone géologique instable, la Sicile est périodiquement secouée par les tremblements de terre. En 1968, la vallée du Belice vit plusieurs de ses cités détruites. Comme ce fut le cas pour Noto, détruite en 1693 et entièrement reconstruite dans le style baroque, les habitants de Gibellina ont bâti une nouvelle cité en faisant appel à des architectes célèbres. À côté de la nouvelle Gibellina postmoderne, l'ancienne ville a été transformée en un étonnant mausolée où des blocs de chaux gardent la mémoire des rues et des habitations disparues. Quant à Messine, ses constructions basses et ses larges voies obéissent aux règles d'urbanisme

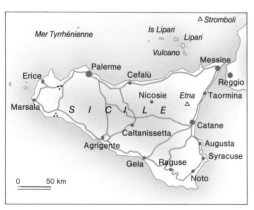

La Sicile.

CI-DESSUS :
Le littoral de Cefalu.
La petite ville de pêcheurs
est fière de sa longue plage
de sable.

CI-CONTRE :
L'inspiration est bien espagnole !
Les balcons d'un palais baroque
de Noto.

À DROITE : *Le délicieux cloître*
du XIIe s. de Monreale.
Les chapiteaux sculptés
des 228 colonnettes
sont tous différents.

de cette zone à haut risque sismique.

Mais, dans la plupart des cités siciliennes, les rues sont étroites. Les femmes qui viennent d'étendre leur linge à la fenêtre remontent avec une corde le panier de fruits rempli par un marchand ambulant. Les productions de l'art populaire semblent vouloir rivaliser de couleur avec le paysage sicilien, depuis les barques et étals des pêcheurs jusqu'aux marionnettes de l'« opera dei pupi » et aux anciennes charrettes à âne bariolées, désormais remplacées par des triporteurs Vespa tout aussi éclatants.

La Sicile est comme un palimpseste dont les monuments gardent les traces des civilisations qui se sont succédé sur cette terre convoitée. Phénicienne, puis carthaginoise, la patrie d'Archimède conserve les plus beaux temples de la Grèce antique : Ségeste, Sélinonte, Agrigente, Syracuse, le théâtre de Taormina, les ruines de Solonte. Quant aux mosaïques de la villa de Casale, elles évoquent la vie quotidienne des riches Romains au IIIᵉ siècle : scènes de chasse en Afrique, jeunes femmes à la palestre...

L'Antiquité est moins présente à Palerme, dont le musée abrite cependant d'exceptionnelles collections archéologiques. L'histoire du dôme résume les avatars de la cité : construit sur l'emplacement de la basilique byzantine du VIᵉ siècle transformée en mosquée par les Arabes, il date de la brillante époque qui voit s'élaborer l'art « sicilo-normand », où formes byzantines et arabes se mêlent avec bonheur à l'architecture occidentale, comme à la Martorana, à San Cataldo, au palais des Normands et à San Giovanni degli Bremiti, et cet art continuera de fleurir bien après les Vêpres siciliennes.

Aragonaise, puis espagnole, la Sicile va connaître une véritable explosion baroque aux XVIIᵉ et XVIIIᵉ siècles. Palerme se pare alors d'églises et de palais, dont la plupart, abandonnés, fermés ou simplement décrépis comme ceux de la Piazza Bologni, évoquent encore la splendeur passée de la patrie de Lampedusa. Au hasard des promenades dans les quartiers de Palerme déterminés par le croisement de la via Maqueda avec la via Vittorio Emanuele, le visiteur découvre les riches marqueteries de marbre siciliennes (bien que les plus célèbres soient cloîtrées avec les religieuses du couvent Santa Caterina) et les stucs de Serpotta, dont les bambins joufflus et les graves beautés envahissent les décorations de San Giuseppe dei Teatini, du Gesù et des oratoires San Domenico, Santa Zita et San Lorenzo.

Dans *le Guépard*, Visconti évoque les combats des troupes garibaldiennes dans les rues de Palerme et la fin du régime des Bourbons.

Ils firent moins de dégâts que les bombardements de 1943, dont certains quartiers du port, en ruine, gardent encore la mémoire. Outre le buste d'*Éléonore d'Aragon* et l'*Annonciation* d'Antonello de Messine, le musée de Palerme abrite un saisissant *Triomphe de la Mort,* fresque anonyme du XVᵉ siècle, dont une visite au cimetière souterrain des Capucins est comme l'écho amplifié : 8 000 cadavres momifiés d'hommes, de femmes et d'enfants y sont alignés parés de leurs plus beaux atours. Dans les environs de Palerme, le mont Pellegrino offre une vue inoubliable de la Conca d'Oro elle-même. Monreale est particulièrement célèbre pour son dôme, qui abrite de somptueuses mosaïques. À Baghiera, la Villa Palagonia, dont les monstres cocasses envahissent jardin et architecture, témoigne d'un rococo plus fruste que celui de Serpotta et, malgré son délabrement, sa décoration en trompe-l'œil (miroirs, marqueteries de verre, stucs) ne manque pas de panache.

Au nombre de sept (Lipari, Vulcano, Salina, Alicuda, Filicud, Panava et Stromboli), les îles Éoliennes (ou Lipari), archipel volcanique toujours en activité, ont été évoquées par Rossellini dans *Stromboli*. Si la douceur du climat et la transparence des eaux font toujours de ces îles un éblouissement marin, le saisissant spectacle de la mise à mort des thons par les pêcheurs du village ne se produit plus... faute de thons.

LA SARDAIGNE

Une côte récemment découverte.

Au sud de la Corse, la Sardaigne présente un relief montagneux qui servit traditionnellement de refuge aux Sardes devant les innombrables envahisseurs. Jusqu'au XXe siècle, la côte rocheuse et découpée a été relativement peu exploitée, excepté les quelques golfes propices à la création de ports comme celui de Cagliari, devenu capitale régionale. Aujourd'hui, ses plages et ses grottes attirent de nombreux touristes, et l'agriculture, qui fut longtemps l'activité principale de l'île, n'occupe plus qu'un tiers des habitants au profit du tourisme. À la trilogie méditerranéenne blé-olivier-

vigne, il faut ajouter le liège. Depuis peu, l'industrie emploie, elle aussi, un tiers de la population et connaît un développement intensif dans la pétrochimie, les matières plastiques, la papeterie, etc. La côte a vu surgir des complexes balnéaires (Santa Teresa Gallura, Alghero, Santa Margherita...) centrés essentiellement sur la Costa del Sud, sauvage et découpée, la Costa Paradiso, dont les rochers rouges se profilent sur le bleu de la mer, et surtout la Costa Smeralda, au nord-est de l'île.

Cet énorme complexe balnéaire, créé par Karim Aga Khan et un consortium de financiers internationaux, se veut un éden réservé à une clientèle privilégiée. On y trouve bien sûr de nombreux palaces et le village résidentiel de Porto Cervo avec son port de plaisance.

La Sardaigne garde les traces d'occupations particulièrement anciennes, préhistoriques et protohistoriques, dont les 7 000 « nuraghi » de l'île sont les témoignages les plus étonnants. Ces tours tronquées, qui peuvent atteindre 25 m de haut et dont les murs faits de blocs de pierre peuvent atteindre de 4 à 7 m d'épaisseur, datent du IIe millénaire avant J.-C. et semblent avoir servi de forteresses. Occupée par les Phéniciens, puis par les Carthaginois avant que les Romains n'en fassent un grenier à blé que les Barbares s'empressèrent de se disputer, l'île fut ensuite partagée entre Gênes et Pise. L'influence pisane est visible dans les églises construites aux XIe et XIIIe siècles à Porto Torres, Ardara Saccargia. L'île passe ensuite sous la domination espagnole, et le petit port d'Alghero conserve des maisons et un parler catalans, tandis que la façade baroque de la cathédrale de Sassari rappelle les édifices espagnols d'Amérique latine. Au XVIIIe siècle, la Sardaigne est annexée aux territoires de la maison de Savoie, qui rase les forêts, repaires de brigands, et trace des routes. Enfin, depuis 1948, la Sardaigne bénéficie d'une autonomie régionale et exploite avec succès la beauté de ses sites, comme celui de l'archipel de la Maddalena, dont les sept îles granitiques forment un éblouissant décor marin.

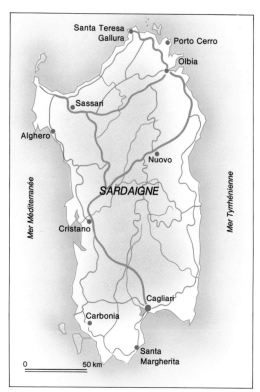

La Sardaigne.

CI-DESSUS :
Le site archéologique de Nuraghe Palmavera, aux environs d'Alghero.

EN HAUT, À DROITE :
Symphonie de bleu. Un balcon de la petite station balnéaire d'Alghero.

CI-CONTRE : *Une des plages de la mer Tyrrhénienne, près d'Arbatax, pas encore dénaturée par le tourisme.*

ENCYCLOPÉDIE

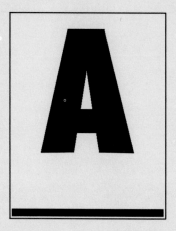

A

Abruzzes.
Massif montagneux formant l'épine dorsale de la péninsule italienne. C'est aussi le nom de la région administrative dont la capitale est L'Aquila et qui s'étend à l'est du Latium.

Académies.
Les humanistes et les artistes, durant la Renaissance italienne, créèrent les premières de ces sociétés qui allaient ensuite proliférer dans le reste de l'Europe. C'est sur le modèle d'une académie littéraire de Florence, la Crusca, que fut fondée l'Académie française. Quant à l'Académie de Saint-Luc de Rome, consacrée aux beaux-arts, son rayonnement fut tel que des académies étrangères prirent l'habitude d'y envoyer leurs meilleurs élèves. Cet usage s'est conservé jusqu'à nos jours : à la Villa Médicis résident toujours les lauréats de l'Académie des beaux-arts de Paris.

Adige.
Fleuve d'Italie du Nord, le plus long après le Pô. L'Adige prend sa source dans la partie alpine du Trentin et se jette dans l'Adriatique.

Adriatique.
Mer s'étendant entre la péninsule italienne et le littoral yougoslave.

Agrigente.
Ancienne cité grecque, romaine puis normande comme la plupart des villes siciliennes. Agrigente a toutefois la supériorité d'avoir conservé une importante zone archéologique.

Alberti Leon Battista (1404-1472). Humaniste et architecte. D'origine florentine, formé aux universités de Bologne et de Padoue, il est l'un des plus illustres représentants de l'humanisme italien tant par son œuvre philosophique, le *Traité de la famille* par exemple, que par ses écrits théoriques sur l'urbanisme comme le fameux *De re aedificatoria*. Il fut lui-même architecte et dirigea les travaux de la façade de Santa Maria Novella à Florence et du temple de Malatesta à Rimini.

Aldobrandini.
Riche famille de Florence. Adversaires des Médicis, les Aldobrandini s'installèrent à Rome au XVIe siècle. Hyppolyte Aldobrandini fut pape sous le nom de Clément VII ; plusieurs autres membres de cette famille occupèrent de hautes fonctions ecclésiastiques.

Alexandre III
(?-1181). Pape. Élu en 1159 contre le candidat de l'empereur Frédéric Barberousse, il dut se réfugier en France tandis que son adversaire était proclamé pape sous le nom de Victor IV. Finalement, Barberousse reconnut Alexandre par la paix de Venise, en 1177. Le nouveau pape réunit en 1179 le troisième concile du Latran, qui consolida le pouvoir pontifical face aux puissances politiques laïques et, durant son règne, intervint fréquemment dans les affaires des royaumes chrétiens. Il finit ses jours chassé de Rome, gagnée aux Impériaux.

Alexandre VI
(1431-1503). Rodrigo Borgia accéda au trône pontifical en 1492, plus par la concussion et la simonie que pour ses douteuses vertus. Affichant publiquement des maîtresses et de nombreux enfants illégitimes, il soutint particulièrement l'un d'entre eux, César Borgia, dans ses vastes ambitions politiques. S'il sut habilement manœuvrer entre les différentes puissances de l'époque, Alexandre VI, par sa vie scandaleuse, entama gravement le prestige de l'Église de Rome.

Allegri Gregorio (1582-1652). Chanteur et musicien romain, compositeur de musique religieuse pour la chapelle pontificale.

Amalfi.
Joyau de la côte qui porte son nom, Amalfi est perchée sur l'abrupte falaise qui borde le golfe de Salerne.

Antipasto.
Assortiment d'entrées à base de charcuterie ou de crudités, qui précèdent le repas.

Antoine
(83-30 av. J.-C.). Général romain. Lieutenant de Jules César, il prétendit, après l'assassinat de celui-ci, au pouvoir. Mais il se heurta à Octavien, le futur Auguste, et dut s'associer

Le temple de la Concorde à Agrigente, « la plus belle ville des mortels », selon Pindare.

Clément VIII entouré de ses cardinaux, par J. Fontano. Paris, bibliothèque de l'Arsenal.

Alexandre VI Borgia. École allemande du XVIe siècle. Dijon, musée des Beaux-Arts.

avec lui et Lépide. Ensemble, ils battirent Brutus et Cassius, les meurtriers de César, à Philippes. Dans le partage entre les triumvirs, l'Orient lui échut. Il s'installa auprès de Cléopâtre, reine d'Égypte, et souleva l'indignation des Romains en cherchant à partager l'Orient en royaumes pour ses fils. Octavien le vainquit à la bataille d'Actium, en 31. Peu après, Antoine se suicida à Alexandrie.

Antonello da Messina
(1430-1479). Sans doute formé à Naples, il y recueillit l'enseignement des peintures provençale et flamande, en particulier la technique de la peinture à l'huile. Lors de son séjour à Venise de 1474 à 1476, il entra en contact avec les peintres d'Italie du Nord et du monde germanique. Sa peinture, heureuse synthèse de ces diverses influences, est aussi de ce fait extrêmement dispersée sur toute l'Europe. Ainsi, Londres possède un de ses plus beaux tableaux, *Saint Jérôme dans son studio,* tandis que Palerme s'enorgueillit de conserver l'admirable *Annunziata,* ou *Vierge de l'Annonciation.* Antonello fut sans doute le plus grand portraitiste de la Renaissance, comme en témoigne le *Condottiere* conservé au Louvre.

Antonioni Michelangelo.
Cinéaste né en 1912. Lorsque la célébrité lui vint avec *L'Avventura,* en 1960, il avait déjà tourné *les Vaincus* et *le Cri.* Se rattachant, à ses débuts, à l'école néoréaliste, Antonioni est un cinéaste inclassable, dont les œuvres, *Blow Up, La Notte, Profession : reporter* ou, le dernier, *Identification d'une femme,* traitent d'incommunicabilité, de quête de soi, de réalité et de faux-semblants.

Apennins.
Chaîne montagneuse qui s'étend tout du long de la péninsule italienne. Le point culminant, dans les Abruzzes, est le Gran Sasso, d'une hauteur de 2 914 mètres.

Arétin (l')
[1492-1556]. Conteur et pamphlétaire, Pietro Bacci, qui doit son surnom à Arezzo, sa ville natale, connut une vie mouvementée qui le fit passer de Pérouse à Rome après un séjour à Sienne ; il acheva ses jours réfugié à Venise. Celui que l'Arioste surnommait « le fléau des princes » se créa des ennemis nombreux et puissants. Témoin et dénonciateur virulent de la vie de cour, il s'attaqua aux grands, notamment dans ses *Pasquinades* et dans le *Dialogue des cours.*

Arezzo.
Cité toscane d'origine étrusque qui fut au Moyen Âge l'un des enjeux de la lutte entre les guelfes et les gibelins avant d'être intégrée dans le duché des Médicis. Son progressif effacement politique et économique lui a valu de garder aujourd'hui son charme.

Arioste (l')
[1444-1533]. Poète attaché à la famille d'Este, Ludovico Ariosto est connu surtout comme l'auteur du *Roland furieux,* récit héroï-comique en vers, mêlant récit chevaleresque et roman d'aventures. Cette œuvre capitale connut un grand retentissement dans l'Europe lettrée et fut mise en musique par Vivaldi.

Arno.
Fleuve qui arrose la Toscane et, notamment, Florence. Il se jette dans la Méditerranée après avoir traversé Pise.

Assise.
Malgré l'afflux constant de touristes, Assise garde une beauté et un climat quasi miraculeux de sérénité et de grâce. C'est là que saint François devint le *poverello,* là qu'il prêcha devant les foules entières et écrivit ses *Fioretti.* Là aussi que sainte Claire fonda le premier couvent de clarisses. Le souvenir du saint est partout présent, ne serait-ce que dans les superbes fresques illustrant sa vie que lui a consacrées Giotto, sur les murs de la basilique San Francesco.

Vierge de l'Annonciation, *par A. da Messina. Palerme, Galerie nationale de Sicile.*

Steve Cochran et Alida Valli, dans le Cri *d'Antonioni (1956).*

123

Asti.

Petite ville piémontaise au charme provincial, célèbre pour sa production vinicole, en particulier le fameux *asti spumante*, un vin pétillant et fruité.

Auguste

(63 av. J.-C.-14 apr. J.-C.). Premier empereur romain. Neveu et fils adoptif de Jules César, il parvint au pouvoir par d'habiles alliances affaiblissant ses adversaires, notamment Antoine. Il atteignit ainsi le pouvoir absolu, se faisant décerner le titre de *princeps*, puis celui d'auguste, qui lui conféra un caractère sacré ; en ne recherchant pas la royauté, il évitait de heurter le sentiment républicain des Romains. Renforçant les structures de l'État et consolidant l'Empire, son règne marqua l'apogée de la civilisation latine. À sa mort, il fut divinisé par le sénat. Déjà, cependant, les batailles autour de sa succession, dont Tibère sortit vainqueur, et les menaces des Barbares aux frontières laissaient présager les difficultés ultérieures de Rome.

Autoroutes.

Le réseau autoroutier italien est extrêmement dense, parfois même à l'excès, notamment dans le Nord. Certaines autoroutes sont de véritables œuvres d'art, comme celle qui longe la Riviera ligure, suite ininterrompue de tunnels et de viaducs dominant la mer.

Auguste César, l'une des sculptures antiques du musée du Vatican, à Rome.

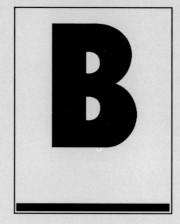

B

Bandello Matteo

(v. 1485-1561). Conteur et poète pétrarquisant, dominicain et homme de guerre, Bandello est notamment l'auteur des *214 Nouvelles*, recueil qui connut un grand succès et dans lequel Shakespeare trouva le sujet de *Roméo et Juliette*.

Bari.

Ville portuaire de l'Italie méridionale, la deuxième en importance après Naples.

Basilicate.

Région située dans le sud des Apennins. Sa capitale est Potenza. Pauvre et dépeuplé, le Basilicate connaît les problèmes caractéristiques du Mezzogiorno.

Bassani Giorgio.

Écrivain né à Bologne en 1916. Sa jeunesse ferraraise lui a inspiré ses meilleurs récits *(les Lunettes d'or)* et son roman autobiographique *le Jardin des Finzi Contini*, chronique d'une famille juive à Ferrare sous le fascisme.

Bel canto.

Littéralement le « beau chant ». Le mot désigne en fait toute la tradition musicale et vocale inaugurée par Rossini et magnifiée par Bellini et Donizetti, qui accordait la prééminence à la couleur et à l'art du chant, notamment celui des vocalises, sur l'expressivité musicale.

Bellini (les frères).

Peintres vénitiens, fils de Jacopo Bellini (1400-1471), lui-même peintre et dessinateur. Gentile, l'aîné (1429-1507), se fit connaître dans l'art du portrait, ce qui lui valut d'être nommé peintre officiel de Venise. Au retour d'un séjour à Istanbul et en Orient, il fut l'un des premiers à montrer dans sa peinture une imagination plus orientale, que développa par la suite son disciple Carpaccio. Son cadet, Giovanni Bellini, dit Giambellino (1430-1516), est le plus célèbre de la lignée. Il sut tirer profit

Asti spumante ou tabac ? Difficile de choisir...

Une paysanne de la région du Basilicate en route pour le marché...

de l'enseignement de son beau-frère Mantegna mais aussi du passage à Venise d'Antonello da Messina pour renouveler l'héritage des peintres vénitiens par un usage rigoureux de la perspective et un grand sens de la lumière.

Bellini Vincenzo
(1801-1853). Compositeur d'origine sicilienne né à Catane, il connut la gloire en 1831 avec son troisième opéra, *Norma*, dans lequel s'illustra, à la Scala de Milan, la Malibran. Il est aussi l'auteur de *la Somnambule*, du *Pirate* et des *Puritains*, sa dernière œuvre, composée à Paris.

Bergame.
Perchée sur une colline de la Lombardie, la ville haute de Bergame surplombe orgueilleusement sa ville basse, plus récente et de moindre intérêt architectural.

Berio Luciano.
Compositeur italien né en 1925, il est un des maîtres de la musique électroacoustique contemporaine, dont il dirige d'ailleurs le département à l'I.R.C.A.M. de Paris.

Bernin
[1598-1680]. L'architecte de la Contre-Réforme et la figure la plus représentative du baroque italien. Par ses nombreuses réalisations, il fut l'artisan du visage baroque de la Ville Éternelle. Que ce soit le baldaquin de Saint-Pierre, l'église de Sainte-Marie-de-la-Victoire et son célèbre ensemble *Sainte Thérèse en extase*, la colonnade de la place Saint-Pierre ou la fontaine des *Quatre Fleuves*, place Navone, toute son œuvre témoigne d'un exceptionnel sens du mouvement et d'une scénographie dramatique où s'incarne l'essence même de l'art baroque.

Bertolucci Bernardo
(1940). Cinéaste. À l'origine poète, il débuta avec Pasolini. Ses films mettent en valeur le dilemme de l'intellectuel à la fois communiste et conservateur. La lumière joue un grand rôle dans ses œuvres. *Prima della revoluzione* (1964), *le Dernier Tango à Paris* (1972), *1900* (1975), *La Luna* (1979). *Le Dernier Empereur* (1986) fut un grand succès et obtint l'Oscar du meilleur film étranger.

Boccace
(1313-1375).
Surtout connu pour son recueil de nouvelles, le *Décaméron*, Giovanni Boccaccio occupa, conjointement avec ses activités d'écrivain, d'importantes charges administratives à Florence. Il écrivit durant la dernière partie de sa vie des œuvres d'une inspiration moins riante : des ouvrages d'érudition en latin et une violente satire contre les femmes, *Il Corbaccio*.

Bologne.
Carrefour de l'Italie centrale par sa position géographique à mi-chemin entre Rome et Turin, Bologne est aussi un pôle économique et intellectuel de tout premier plan. Sans négliger ses richesses culturelles et... gastronomiques.

Borgia César
(1476-1507). Homme politique romain. Capitaine général de l'Église, protégé par son père le pape Alexandre VI, il conquit la Romagne et le duché d'Urbino. Homme de guerre et diplomate habile, il inspira *le Prince* de Machiavel.

Borromées.
Îles sur le lac Majeur, dont la beauté inspira peintres et poètes. Sur la plus connue des quatre, l'Isola Bella, se dresse le palais du comte Borromeo.

Botticelli Sandro
(1445-1510). Il symbolise à lui seul la grâce et l'exubérance de la Renaissance italienne. Il naquit Alessandro di Mariano Filipepi mais fut vite surnommé Botticelli, comme son frère aîné. Élève de Filippo Lippi, il fréquenta la cour des Médicis, où il puisa l'inspiration humaniste qui devait caractériser sa peinture. Il s'illustra avec éclat dans deux allégories au symbolisme complexe, d'inspiration païenne et mythologique, *le Printemps* et *la Naissance de Vénus*, et participa à la décoration de la chapelle Sixtine. Vers la fin de sa vie, son art s'assombrit sous l'influence des angoisses métaphysiques répandues à Florence par les prédications de Savonarole.

Le Printemps, de Botticelli.
Détail des Trois Grâces.
Florence, musée des Offices.

La Malibran, par L. Pedrazzi,
peintre du XIXᵉ siècle.
Milan, musée de la Scala.

Bramante Donatello (1444-1514). Peintre et architecte, il conçut différents édifices religieux à Milan et à Rome, dont le cloître de Santa Maria della Pace, très inspirés à la fois des monuments antiques et du symbolisme grandiose de la Renaissance chrétienne.

Brescia.
Ville industrielle de la plaine lombarde qui fut au Moyen Âge le grand centre de la fabrication des armes.

Brindisi.
Point d'embarquement pour la Grèce et la Turquie, Brindisi est depuis l'Antiquité une importante escale maritime. Elle fut même sous les Romains le terminus de la via Appia, ce qui fit d'elle le principal port commercial et militaire vers l'Orient.

Brunelleschi Filippo (1377-1446). Le grand architecte de la Renaissance florentine. Il fut d'abord sculpteur avant de participer au grand concours de 1401 pour l'exécution des portes du baptistère. Il conçut, entre autres chefs-d'œuvre, la grande coupole du dôme, l'église San

Lorenzo et la chapelle des Pazzi à Florence, manifestant dans chacune de ses réalisations le même humanisme fondé sur une connaissance rigoureuse des lois de la perspective.

Bruno Giordano (1548-1600). Philosophe. La fermeté de ses convictions lui valut une vie tourmentée et la mort sur le bûcher. Fuyant un procès en hérésie à Rome, il séjourna à Genève, Londres, Paris, puis en Allemagne, polémiquant avec les théologiens de toutes obédiences. À Venise, il fréquenta Galilée ; mais, livré au tribunal du Saint-Office et refusant toujours de renier ses convictions, il fut brûlé vif. Ses principaux ouvrages, où s'expriment sous une forme polémique ses conceptions rationalistes et sa haine du dogmatisme, sont *l'Expulsion de la bête triomphante, De la cause, du principe et de l'unité,* enfin *De l'infini, de l'univers et des mondes.*

Buzzati Dino (1906-1972). Écrivain et journaliste. Il est l'auteur du *Désert des Tartares* et du recueil de nouvelles *le K,* où le sentiment de l'étrange est paradoxalement souligné par un réalisme banal et quotidien.

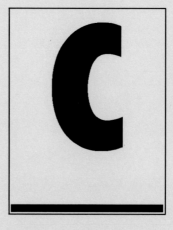

Calabre.
Région couvrant la pointe de la « botte » italienne. La grande pauvreté de son agriculture et son industrie encore balbutiante lui valent le plus

faible revenu moyen par habitant de toute l'Italie malgré les efforts entrepris pour étoffer son tissu industriel et un récent essor du tourisme.

Caligula
(12-41). Empereur romain. Il succéda à Tibère, son grand-père adoptif, et adoucit par des mesures libérales le joug autocratique institué par son prédécesseur. Cependant, il sombra vite dans la folie et se livra à de multiples extravagances tragi-comiques, nommant par exemple son cheval consul. Il fut assassiné après trois ans de règne.

Calvino Italo (1923-1986). Écrivain. Ses récits à l'ironie mordante, *le Baron perché* ou *le Vicomte*

Un ouvrier d'une usine métallurgique, dans la région de Brescia.

Une cour de palais, peinte par Canaletto. Quelle science de la perspective ! Venise, Académie.

pourfendu, lui ont valu d'être admis à l'Oulipo, fondé par Raymond Queneau.

Camorra.
Version napolitaine de la Mafia.

Campanie.
Région s'étendant au sud du Latium et à l'ouest du Molise. Elle inclut une portion de littoral tyrrhénien comprenant les golfes de Gaète, de Naples, sa capitale, et de Salerne. Cette partie à l'agriculture prospère et ouverte au monde extérieur s'oppose à la Campanie intérieure, enfermée dans ses montagnes arides. Le tourisme est une ressource importante de cette région riche en vestiges antiques. La colonisation grecque lui a en effet laissé les temples de Paestum tandis que les catastrophiques éruptions du Vésuve ont conservé à travers les siècles les villes romaines d'Herculanum et de Pompéi.

Canaletto
(1697-1768) ou Antonio Canal, dit le Canaletto, peintre et dessinateur vénitien. Il fut au XVIIIe siècle le plus illustre peintre de *vedute*, ou paysages urbains, et reproduisit avec une précision et une minutie remarquables les mille et uns visages de Venise, son sujet de prédilection. Ses tableaux aux coloris délicats et nuancés, à la construction rigoureuse, étaient très appréciés des amateurs anglais (Canaletto fit d'ailleurs plusieurs séjours à Londres).

Canova Antonio
(1757-1822). Sculpteur d'origine vénitienne, il fit néanmoins l'essentiel de sa carrière à Rome. Il se rendit célèbre par son *Buste de Napoléon* et surtout par la statue de *Pauline Bonaparte*, au marbre poli et à la ligne sensuelle.

Capoue.
Cette ville, qui semble aujourd'hui endormie, fut la cité romaine dans laquelle, au IIIe siècle av. J.-C., lors de la deuxième guerre punique, les armées d'Hannibal vinrent prendre leurs quartiers d'hiver. Ce séjour fort agréable, si l'on en croit les témoignages de l'époque, fut néfaste à la combativité des troupes et marqua le début de la reconquête romaine.

Cappucino.
Forme italienne du café crème, universellement réputée chez les amateurs de café. Son nom provient, dit-on, de l'habit des moines capucins, qui associe lui aussi le blanc et le brun.

Capri.
Île du golfe de Naples. Avant d'être le paradis pour vacanciers fortunés qu'elle est actuellement, Capri fut la résidence favorite des empereurs Auguste et Tibère.

Caravage
(1573-1610). De son vrai nom Michelangelo Merisi, il doit son surnom au petit village de Caravaggio, près de Bergame, où il naquit. Dans une période d'académisme néomaniériste, son art contrasté et brutal, à la vérité psychologique et dramatique incontestable, fit scandale (*Vie de saint Matthieu* à Saint-Louis-des-Français, Rome). Outre le caractère « offensant » de ses tableaux, sa vie « scandaleuse » et agitée lui valut de nombreux démêlés avec les autorités. Il mourut de malaria à 37 ans, abandonné sur une plage près de Naples par des bateliers qui l'avaient dépouillé de tous ses biens.

Carbonaria.
Société secrète qui joua un rôle important dans les insurrections politiques de la première moitié du XIXe siècle. Elle apparut vers 1810 dans le royaume de Naples — son but était alors de lutter contre le régime de Murat —, puis gagna progressivement le nord du pays. Infiltrée par les idées républicaines, sous l'influence notamment de Buonarroti, la carbonaria connut son apogée lors du « printemps des peuples » de 1820 et prit le contrôle de Naples.

Carnaval.
Cette fête de caractère profane, ayant lieu juste avant l'entrée en carême, fut très populaire dans toutes les villes de Toscane, à Rome et à Venise dès le début de la Renaissance. Celui de Venise connut ses plus grands fastes lorsque le Sénat et les doges se mirent à sa tête dans l'espoir de contrôler ses débordements. Sans perdre beaucoup de sa liberté, le carnaval devint alors un tourbillon de masques et de feux d'artifice autour de la Piazzetta où trônait, devant le doge et les ambassadeurs étrangers, une extraordinaire construction bâtie pour l'occasion et supportant danses et tours. Moins solennel était le carnaval de Rome, qui voyait se déverser dans les rues des déguisements souvent somptueux.

Carpaccio Vittore
(1460-v. 1525). Peintre vénitien, il fut l'un des maîtres de la « peinture narrative ». Au travers de grands cycles hagiographiques, *la Légende de sainte*

Le Repos pendant la fuite en Égypte, *de Caravage.*
Rome, galerie Doria Pamphili.

Voir et se faire voir... Le carnaval de Venise.
L'Italie pendant les fêtes, imprégnée de théâtre.

127

Ursule à l'académie de Venise ou les *Vies de saint Georges, saint Tryphon* et *saint Jérôme* dans la Scuola degli Schiavoni, il évoqua avec un pittoresque mêlé d'onirisme oriental la splendeur des fêtes vénitiennes et s'affirma comme le premier peintre de *vedute*, ou vues de ville.

Caruso Enrico
(1873-1921). Ténor, il fut la « voix d'or » du début du XXe siècle et se spécialisa dans le répertoire du bel canto italien. Ses interprétations des chansons napolitaines sont également très réputées.

Casanova
(1725-1798). Aventurier vénitien. Ayant commencé sa carrière comme séminariste puis secrétaire du cardinal Acquaviva, il voyagea par la suite dans toute l'Europe, vivant du jeu, de ses succès mondains et d'escroqueries. Dans ses *Mémoires*, publiés après sa mort, il conte complaisamment sa vie d'aventures et ses bonnes fortunes amoureuses.

Le célèbre ténor napolitain, Enrico Caruso.

Caserta.
Chef-lieu de la Campanie et résidence favorite des rois de Naples au XVIIe et au XIXe siècle. Charles III de Bourbon y fit édifier en 1751 un palais somptueux entouré de jardins à la française, qu'il voulut le rival de Versailles.

Cassino.
En raison de sa position stratégique, à mi-chemin entre Rome et Naples et sur la ligne de défense allemande, la ville fut intégralement bombardée durant la Seconde Guerre mondiale par l'aviation américaine jusqu'à ce que les Allemands abandonnent leur quartier général, le 18 mai 1944. La splendide abbaye bénédictine de Montecassino — fondée en 529 par saint Bernard —, qui dominait la ville, fut elle aussi totalement détruite, puis reconstruite à l'identique après la guerre.

Castelli Romani.
Villages perchés des monts Albains, dans le Latium, et villégiatures favorites des Romains, qui s'y rendent volontiers durant les week-ends pour en goûter la fraîcheur, la beauté des paysages et le vin doré. Frascati fut le séjour de prédilection depuis le XVIe siècle des princes, des prélats et des

artistes comme en témoignent les superbes villas patriciennes environnantes. Mais le plus mondialement connu est Castel Gandolfo, résidence d'été des papes depuis le XVIIe siècle.

Catane.
Au pied de l'Etna et face à la mer, Catane affirme depuis l'après-guerre sa vocation résolument économique et industrielle, basée sur la pétrochimie et l'électronique. Corollaire de ce développement rapide, la patrie de Bellini est devenue l'un des foyers, après Palerme, de la Mafia.

Cavani Liliana
(1933). Cinéaste. Elle s'est beaucoup attachée aux différents aspects de la Seconde Guerre mondiale à travers des films qui ont souvent fait scandale par leur ambiguïté. *Portier de nuit* (1974), *la Peau* (1981), *The Berlin-Affair* (1985).

Cavour Camillo
(1810-1861). Homme d'État. Partisan d'une monarchie constitutionnelle et libérale, il sut l'instaurer dans le royaume de Piémont-Sardaigne. Devenu président du Conseil, il réussit, en s'appuyant sur une alliance avec la France, à instaurer l'unité italienne, pratiquement achevée l'année de sa mort.

Cefalù.
Le petit port de pêcheurs sicilien est depuis quelques années doublé d'une élégante station balnéaire.

César Jules
(101-44 av. J.-C.). Général, écrivain et homme d'État latin. D'une vieille famille patricienne, la *gens Julia*, il accéda au pouvoir en s'appuyant sur le parti populaire. Ses largesses lui assurèrent un solide soutien de la plèbe. Après deux ans passés comme propréteur en Espagne, Jules César conclut un pacte avec Crassus et Pompée, le premier triumvirat, et obtint le consulat en 59. Il renforça à cette occasion sa popularité en faisant attribuer des lots de terre aux vétérans de l'armée. Il entreprit ensuite, en tant que proconsul, de 58 à 51, la conquête de la Gaule Transalpine, qu'il raconta dans la *Guerre des Gaules*, son œuvre littéraire majeure. Auréolé par ses victoires, il brava le sénat et Pompée et marcha sur Rome à la tête de ses troupes. Sorti vainqueur d'une longue guerre civile, Jules César régna désormais en maître sur l'Empire ; il réforma l'État, diminuant le rôle du sénat et de la classe patricienne. Les rancœurs qu'il suscita ainsi et son désir de ressusciter à son

Diane et les nymphes. *Détail de la Grande Cascade, dans le parc du palais royal de Caserta.*

profit la royauté amenèrent son assassinat en plein sénat, aux ides de mars 44.

Champs Phlégréens.
Ainsi est nommée, sur la racine du verbe grec signifiant « brûler », toute la zone volcanique à l'ouest de Naples, dont certains cratères, comme la Solfatare, sont encore en activité. Dès la plus haute antiquité, au moment de l'arrivée des colons grecs sur les rives de la mer Tyrrhénienne, la région fut connue pour ses sources thermales, notamment celles de Baia (Baïes), ses sites à l'aspect tourmenté, voire inquiétant, et les exhalaisons de soufre émanant de ses grottes. Quoi d'étonnant dès lors si ce décor sauvage a nourri la part la plus terrifiante de la mythologie grecque, de la Sibylle de Cumes à la porte des Enfers, que les Anciens situaient sur les rives du sombre lac d'Avernes !

Cherubini Luigi
(1760-1842). Compositeur à la production variée et brillante

Murs décrépis, balcons, linge... Une rue à Cefalù.

Luigi Cherubini à 72 ans, par Vigneron. Paris, bibliothèque du Conservatoire.

(opéras, messes, cantates), il s'installa à Paris en 1822, où il fut jusqu'à sa mort directeur du Conservatoire.

Chianti.
Vin réputé produit en Toscane.

Chiuso.
Mot italien signifiant « fermé ». Malheureusement pour le touriste, il est souvent apposé sur les portes des musées ou églises, même aux heures où ils devraient être ouverts.

Cicéron
(106-43 av. J.-C.). Homme politique et orateur latin, Marcus Tullius Cicero joua un rôle important pendant les déchirements qui marquèrent la fin de l'ère républicaine et s'opposa à plusieurs reprises aux chefs du parti populaire. Outre des discours politiques, comme le *Pro Milone*, il écrivit des traités philosophiques et rhétoriques, tel le *De Oratore*.

Cimabue
(1240 ?-v. 1302). Peintre florentin qui, selon Vasari, fut le maître de Giotto. Bien qu'encore très marqué par la tradition byzantine, Cimabue amorça l'évolution, par la manière pathétique et contrôlée de sa *Maesta* des Offices ou de son *Crucifix* d'Assise, vers une peinture plus latine. Il participa en 1280, en même temps que Giotto, à la décoration de l'église supérieure d'Assise.

Cimarosa Domenico
(1749-1801). Son plus bel opéra, le *Mariage secret* (1791), symbolisa pour Stendhal toutes les beautés de l'Italie. Auteur de près de 70 opéras, sans compter de nombreuses messes, cantates et sonates, il fut le musicien italien le plus célèbre de son époque, ce qui lui valut même d'être nommé maître de chapelle à la cour de Saint-Pétersbourg, appelé par Catherine II.

Cinecittà.
Cette ville du cinéma fut construite en 1937 dans la banlieue de Rome pour tourner des films de propagande à la gloire du régime fasciste. Elle fut utilisée après-guerre par les plus grands cinéastes italiens, comme Rossellini, qui y tourna *Rome, ville ouverte* en 1944. Federico Fellini en a fait l'un des éléments centraux de

ses deux derniers films, *Ginger e Fred* et *Intervista*.

Civittavecchia.
Ce petit port du Latium doit sa célébrité à l'un de ses hôtes les plus illustres, l'écrivain Stendhal, qui y fut consul de France de 1831 jusqu'à sa mort, en 1842.

Claude
(10 av. J.-C.-54 apr. J.-C.). Empereur romain. Personnage assez falot, Claude fut porté au pouvoir par la garde prétorienne après la mort de Caligula. Il réorganisa les structures de l'État, perturbées par le règne de son prédécesseur. Il subit l'influence de ses affranchis et de deux épouses : Messaline, qu'il fit tuer, puis Agrippine, qui l'empoisonna après avoir obtenu l'adoption de Néron.

Commedia dell'arte.
Cette forme théâtrale populaire apparut vers la fin du XVIᵉ siècle dans la région de Bergame. Elle se jouait sur la place publique ; les acteurs, masqués ou travestis, improvisaient à partir d'un canevas convenu, faisant la part belle à la mimique, à la danse et aux chansons. Des types de personnages se dessinèrent : le rusé Arlequin, le bouffon Pulcinella,

Personnages de la commedia dell'arte : Arlequin, Zany Corneto, il signor Pantalon. Paris, Bibliothèque nationale.

les amoureux Lelio et Colombine, autour desquels gravitent les rôles secondaires : le docteur bolonais, le notaire, le capitaine espagnol... La commedia dell'arte connut un grand succès dans toute l'Europe ; en France, elle inspira Molière puis Marivaux. Au XVIIIᵉ siècle, Goldoni rejetta cette forme d'expression théâtrale, devenue sclérosée.

Comencini Luigi
(1916). Fondateur de la Cinémathèque italienne, ce cinéaste s'attache à dépeindre le désarroi de la société contemporaine. Après quelques œuvres commerciales, il retrouve son originalité avec *l'Incompris* (1967), *l'Argent de la vieille* (1972), *le Grand Embouteillage* (1979), *Eugenio* (1980).

Condottiere.
Chef de guerre, inséparable des mutations politiques entre le XIVᵉ et le XVIᵉ siècle. Les condottieri passaient des contrats, *condotte*, avec les puissances politiques. Certains, à l'instar des Sforza, parvinrent par de successifs renversements d'alliance au faîte du pouvoir.

Constantin
(v. 275-337). Empereur romain. Il est l'instigateur des édits de Milan de 313 qui accordèrent la liberté de culte et la restitution de leurs biens ecclésiastiques aux chrétiens, mettant fin aux persécutions de son prédécesseur Dioclétien. Lui-même se convertit plus tard à la nouvelle religion. Jugeant Rome trop exposée aux attaques des Barbares, il fonda Constantinople.

Cortina d'Ampezzo.
Célèbre station de sports d'hiver et capitale des Dolomites. Elle accueillit en 1956 les jeux Olympiques d'hiver.

Crémone.
Petite ville de la vallée du Pô, au sud de Milan, dont la réputation musicale a dépassé les frontières. Crémone, qui vit naître Monteverdi, est en effet connue pour sa tradition de lutherie, incarnée dans la dynastie des Stradivarius. De nos jours, Crémone est également réputée... pour son excellente charcuterie !

Croce Benedetto
(1866-1952). Philosophe. Sa pensée, imprégnée d'idéalisme hégélien, a été appelée l'historicisme ; il considère en effet l'histoire comme le substitut de toute transcendance, le lieu de manifestation de l'esprit. Il s'opposa au fascisme, qui pourtant se réclamait de lui à travers son disciple Gentile.

Cumes.
Cité antique des champs Phlégréens qui fut fondée au VIIIᵉ siècle par les Grecs de Chalcis et étendit sa domination sur tout le littoral. Détruite par les Sarrasins au Xᵉ siècle, elle fut peu à peu engloutie par l'eau stagnante des marais.

Curie.
Ensemble des organismes qui gèrent les affaires générales de l'Église : les douze congrégations, les trois tribunaux et les cinq offices.

Dante écrivant la Divine Comédie. *Venise, bibliothèque Marciana.*

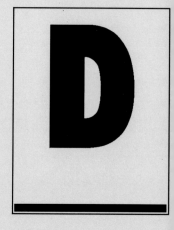

D'Annunzio Gabriele
(1863-1938). Cet écrivain à la forte personnalité, brillant styliste, domina les lettres italiennes dans le premier tiers de ce siècle. Ses poèmes, son théâtre, ses romans accusent toujours la même fascination pour la sensualité et le vice, exprimée dans un style flamboyant. Il marqua aussi son époque par son tapageur engagement nationaliste, occupant notamment militairement Fiume en 1919 pour imposer aux Alliés son rattachement à l'Italie. Retiré à partir de 1920 dans son domaine du Vittoriale, près du lac de Garde, il continua à peser sur la vie politique du pays pendant la montée du fascisme.

Benito Mussolini et Gabriele D'Annunzio à Gardone di Riviera, en 1925.

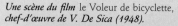

Une scène du film le Voleur de bicyclette, *chef-d'œuvre de V. De Sica (1948).*

Dante

(1265-1321). D'une famille de la bourgeoisie guelfe, Dante Alighieri mena joyeuse vie durant sa jeunesse. À cette époque, il écrivit de nombreux poèmes, participant de ce qui fut appelé *il dolce stil nuovo,* écrits dans un style volontairement simple. Il tomba amoureux de Béatrice Portinari, qui lui inspira *la Vie nouvelle,* mélange de poèmes et de réflexions. Il joua un rôle de premier plan dans la lutte qui opposa guelfes blancs, modérés, et guelfes noirs, soutenus par Rome. À la victoire de ces derniers, il fut condamné au bannissement. Désormais en exil, et sans jamais cesser totalement l'action politique, Dante commença à écrire *la Divine Comédie,* œuvre qui fait de lui l'un des plus grands écrivains européens.

De Chirico Giorgio

(1888-1978). Peintre contemporain qui fut l'un des tenants de la peinture « métaphysique ». Tout en rendant hommage aux lois de l'espace et de la perspective héritées de la Renaissance, il les pervertit de façon onirique, déplaçant les ombres et créant des paysages vides et déshumanisés peuplés seulement d'objets symboliques. Au lendemain de la Première Guerre mondiale, son œuvre eut une grande influence sur les surréalistes.

De Sica Vittorio

(1901-1974). Cinéaste. Il débuta au cinéma comme acteur et fut très populaire avant la Seconde Guerre mondiale. Les films qu'il réalisa dans l'immédiat après-guerre, *le Voleur de bicyclettes, Miracles à Milan, Umberto D.,* firent de lui le chef de file du néoréalisme naissant.

Della Robbia.

Famille de sculpteurs florentins de la Renaissance. Le premier, Luca Della Robbia (1400-1482), réalisa entre 1431 et 1438 pour le dôme de Florence la célèbre tribune des chantres, ou *Cantoria,* et est à l'origine de la technique de la terre cuite polychrome vernissée qui devait faire la célébrité de la sculpture florentine. Son neveu Andrea (1435-1525) s'illustra dans cet art et décora avec ses fils Giovanni et Girolamo la façade de l'hôpital des Innocents à Florence.

Démocratie chrétienne.

Principal parti politique et pilier de l'État, la Démocratie chrétienne a été fondée après la chute de Mussolini, en 1943, sur le programme du Manifeste de Milan : liberté de l'enseignement, réforme agraire et décentralisation régionale. Elle reprenait ainsi les idéaux du parti populaire, qui, dans l'entre-deux-guerres, avait tenté de rassembler le vote des catholiques. Elle devint très vite le premier parti politique d'Italie et l'est restée jusqu'à nos jours. Toujours forte, la D.C. semble cependant un parti sur le déclin, usé par ses contradictions, ses liens avec les milieux d'affaires et la hiérarchie ecclésiastique, et les nombreux scandales qui ont émaillé son long exercice du pouvoir.

De Santis Giuseppe

(1917). Cinéaste et scénariste. Il est un des fondateurs du mouvement néoréaliste. *Chasse tragique* (1947), *Riz amer* (1949), *Pâques sanglantes* (1950).

Deux-Siciles (royaume des).

Nom que prirent les royaumes de Naples et de Sicile après la restauration des Bourbons, en 1816. Les souverains successifs, soutenus par l'Autriche, durent faire face à la fois aux autonomistes siciliens et aux libéraux napolitains, que leur absolutisme exaspérait. En 1860, Garibaldi mit un terme au royaume des Deux-Siciles, qui, après référendum, se fondit dans le nouveau royaume d'Italie.

Dialectes.

Par suite de son long morcellement en petits États rivaux, l'Italie ne possédait pas une langue unique au moment de l'achèvement de son unification. Les progrès de la scolarisation ont permis au toscan de se répandre, non sans de nombreux apports des divers dialectes, mais, dans les campagnes du Mezzogiorno et en Sicile, les langues locales restent encore en usage.

Dioclétien

(245-313). Empereur romain.

Dans certaines régions d'Italie, on parle encore patois en faisant les vendanges.

Le sévère visage de Dioclétien. Rome, musée du Capitole.

D'origine modeste, il accéda au pouvoir grâce au soutien de l'armée, dont il avait gravi la hiérarchie. Il confia l'empire d'Occident à Maximien et, avec son aide et celle de deux « Césars », parvint à pacifier les régions frontières. Il réorganisa l'administration et la fiscalité de l'Empire. Les dernières années de son règne furent marquées par la persécution des chrétiens.

Doge.
Le plus haut magistrat de la République de Venise. Choisi à l'origine par tout le peuple, le doge fut désigné, à partir du XIIIe siècle, par des collèges de patriciens. Élu à vie, il incarnait la majesté de Venise.

Donatello
(1385-1466). Le plus grand sculpteur de la Renaissance. Formé dans l'atelier de Ghiberti à Florence, il réalisa en 1408 sa première grande œuvre, le *David* en marbre du Bargello. Après une impressionnante série de prophètes, notamment *Saint Marc, le Zuccone* (le chauve), *Saint Georges*, il refit près de quarante ans après un second *David*, cette

fois en bronze, dont le déhanchement gracile renouvela le traitement des modèles antiques.

Donizetti Gaetano
(1797-1848). Compositeur, disciple de Rossini, il fut le musicien le plus en vue de son époque. De sa production abondante, la postérité a retenu seulement quelques opéras, dont un chef-d'œuvre, *Lucia di Lamermoor* (1835), dans lequel s'illustrèrent nombre de prêtresses du bel canto.

Duccio
(1255-1319). Peintre siennois sans doute formé à Florence dans l'entourage de Cimabue. On lui attribue aujourd'hui la *Madone Rucellai*, conservée aux Offices et peinte en 1285. Mais son œuvre maîtresse reste la *Maesta*, ou *Vierge en majesté*, immense retable destiné à orner le dôme de Sienne, qui fut promené trois jours durant dans toute la ville devant une foule en liesse avant d'être installé dans l'église. Influencée par le gothique français, sa manière picturale douce et lumineuse et la délicatesse de ses couleurs sont à l'origine de l'école siennoise.

Elbe.
Île de la mer Tyrrhénienne située entre la Corse et Piombino, sur la côte toscane. Elle accueillit le premier exil de Napoléon, de mai 1814 à février 1815, date de l'envol de « l'Aigle ». On y trouve le plus important gisement de minerai de fer d'Italie, exploité depuis l'Antiquité.

Émilie-Romagne.
Région qui s'étend entre la Vénétie au nord et la Toscane au sud. Pays agricole, terre de bonne cuisine — c'est la patrie du parmesan et des lasagnes —, l'Émilie-Romagne abrite aussi des villes intéressantes sous l'angle artistique et historique : Bologne, sa capi-

tale, Ravenne, Parme, Modène ou encore Ferrare.

Enna.
Le centre de la Sicile. Gros bourg agricole. Enna conserve l'atmosphère, le secret et les traditions de la Sicile.

Éoliennes.
Archipel volcanique situé au nord de la Sicile qui comprend les îles Lipari, capitale de l'archipel, Vulcano et Salina (les trois plus grandes), Stromboli, Alicudi, Filicudi et Panarea. Avec leur relief tourmenté, les Éoliennes, qui servirent de lieu de déportation pour les antifascistes, sont aujourd'hui des zones touristiques en plein développement.

Etna.
Le plus grand volcan d'Europe, toujours en activité. Il domine la côte sicilienne entre Catane et Taormine. Ses éruptions, fréquentes, sont toujours à redouter. Le village de Nicolosi, proche du cratère, a été souvent détruit et reconstruit. L'obstination de ses habitants s'explique par l'exceptionnelle qualité des sols volcaniques, où sont cultivés vigne et vergers.

Étrusques.
La civilisation étrusque domina

Armoiries du doge Grimani, en bois doré. Venise, Palais ducal.

La tombe « des Reliefs ». Art étrusque du IVe siècle av. J.-C. Cerveteri.

l'Italie entre le VIIIe et le IVe siècle avant notre ère. Elle apporta une pratique poussée de la métallurgie, l'alphabet et des conceptions d'architecture et d'urbanisme que reprit Rome. Son émergence reste mystérieuse, même si des influences orientales et grecques sont décelables. Attachant une grande importance aux relations avec l'au-delà, les Étrusques n'ont laissé pratiquement que les objets funéraires des tumulus, notamment dans la région de Tarquinia, et quelques inscriptions qui n'ont pu être encore déchiffrées.

Farniente.
Une occupation fort prisée des Italiens ! Littéralement, « ne rien faire ». Cette douce oisiveté se manifeste surtout après le déjeuner, au moment où le soleil est le plus chaud.

Fascisme.
L'idéologie fasciste apparut en Italie après la Première Guerre mondiale ; les anciens combattants nationalistes constituèrent sa première base de recrutement. Ses fondements doctrinaux, tels que posés par Giovanni Gentile, identifièrent la pensée à l'action et insistent, à la suite de Georges Sorel, sur le rôle primordial de la violence en politique. S'y mêlent

la référence à la grandeur de la Rome antique, le totalitarisme étatique et la mystique du chef. En 1919 furent fondés les Faisceaux italiens de combat, auxquels succéda en 1921 le parti national fasciste. Il fut l'instrument de conquête du pouvoir pour Mussolini.

Fellini Federico.
Cinéaste né en 1920 à Rimini. Il débuta comme journaliste et caricaturiste, puis travailla comme scénariste, notamment pour Rossellini et Lattuada, avec qui il réalisa son premier film, *les Feux du music-hall*, en 1950. Vinrent ensuite *les Vitelloni, la Strada, Il Bidone, les Nuits de Cabiria* et *la Dolce Vita*, palme d'or au festival de Cannes en 1959. Le style de Fellini, fait de délires baroques et de réminiscences personnelles, s'affirme de film en film jusqu'à devenir, dans *Intervista* (1987), le propre sujet de l'œuvre.

Ferrare.
Îlot de calme et de tranquille douceur de vivre entre les pôles touristiques majeurs que sont Venise et Florence, Ferrare a la magie des lieux cachés.

Fiat.
La Fabbrica Italiana Automobili di Torino est l'un des plus

grands constructeurs d'automobiles dans le monde. Fer de lance du développement économique de Turin et de l'Italie du Nord, elle a souvent constitué un enjeu politique et un baromètre social.

Fini Leonor.
Peintre italien né à Buenos Aires en 1918. Dans sa peinture symbolique et sensuelle, on retrouve les grands courants de pensée contemporains, surréalisme ou freudisme, mais aussi une élégance dans le tracé fidèle à l'esprit de la Renaissance botticellienne comme à ses avatars maniéristes.

Florence.
Ville-musée, ville d'art, joyau de la Toscane, Florence offre un raccourci saisissant de toutes les époques et de tous les styles architecturaux, avec tou-

tefois une prédilection pour la Renaissance, qui lui a donné son plus grand rôle.

Forum.
Mot latin désignant les places publiques où, sous l'Antiquité, étaient concentrées les activités politiques, religieuses et commerciales de la cité. Le modèle originel est le Forum romain, au pied de la colline du Palatin, dont la création fut l'acte de fondation politique de la cité.

Fourches Caudines.
Ce défilé du mont Taburno, au nord-est de Naples, doit son nom à l'ancienne ville de Caudium, aujourd'hui Montesarchio, à côté de laquelle il est situé. En 312 av. J.-C. les Romains, encerclés par les Samnites, durent y faire retraite en passant sous un joug, s'age-

Anthony Quinn, Giulietta Masima et Richard Basehart, dans la Strada *de F. Fellini (1954).*

Le défilé des chefs fascistes, à Rome, en 1923. L'aube de la conquête mussolinienne.

nouillant ainsi au passage devant leurs vainqueurs, d'où l'expression « passer sous les fourches Caudines ».

Fra Angelico
(v. 1387-1455). Peintre florentin, de son vrai nom Guido di Pietro. En entrant chez les Dominicains, il devint fra Giovanni mais c'est sous le nom de Beato Angelico qu'il connut la gloire en décorant avec autant de sentiment religieux que de génie pictural le retable de Fiesole et le couvent San Marco à Florence. Ses personnages sont tous empreints d'une profonde grandeur spirituelle, que traduit une peinture lumineuse et claire aux coloris proprement « angéliques ». Fra Angelico a été béatifié en 1983.

François d'Assise
(v. 1181-1226). Religieux et poète. Issu d'une riche famille, après une jeunesse dorée, il se fit ermite puis prêcha la pauvreté. Ses disciples s'organisèrent dans l'ordre des Frères mineurs, approuvé officiellement par le pape en 1223. Affaibli par la maladie et les extases, François se retira à Assise. Il y écrivit le poème mystique *Cantique du frère soleil.* Après sa mort et sa canonisation, sa légende amplifiée donna naissance au recueil des *Fioretti.*

G

Galilée
(1564-1642). Physicien et astronome. Adepte d'une méthode expérimentale, Galileo Galilei rejeta les thèses aristotéliciennes alors en vigueur et tenta de formuler les lois de la physique sous forme d'équations mathématiques. Il se tourna ensuite vers l'astronomie et découvrit les quatre satellites de Jupiter. Ses observations l'amenèrent à reprendre la théorie copernicienne de l'héliocentrisme. Le célèbre procès d'Inquisition de 1633 au terme duquel il dut abjurer cette thèse semble résulter de conflits internes à la Curie plus que de l'obscurantisme de l'Église. Contraint à une semi-retraite, il poursuivit ses travaux sur la formulation mathématique des sciences exactes, ouvrant la voie à Descartes et Newton.

Garde (lac de).
Formant la frontière entre la Lombardie et la Vénétie, c'est le plus vaste des lacs glaciaires de l'Italie du Nord. La douceur de son climat et la splendeur de sa végétation méditerranéenne ont été vantées dès l'Antiquité.

Garibaldi Giuseppe
(1807-1882). Héros de l'unité italienne. Après une enfance aventureuse, il adhéra au mouvement de la Jeune-Italie de Mazzini. Un attentat manqué le contraignit à s'enfuir en Amérique du Sud, où il soutint des mouvements d'insurrection républicains au Brésil puis en Uruguay. Ses camarades de combat italiens prirent dès cette époque le nom de chemises rouges. Avec eux, Garibaldi rentra en Italie en 1848 pour participer au soulèvement contre l'Autriche. Il soutint, contre les Français venus restaurer le pape dans ses États, l'éphémère République romaine. Vaincu, il s'enfuit à New York. Revenu en 1854, devenu plus pragmatique, il rencontra Cavour en 1858 et se mit au service de la monar-

chie constitutionnelle du Piémont pour la cause de l'unité. En 1860, il rendit possible, par l'expédition des Mille, le rattachement de Naples et de la Sicile au royaume de Victor-Emmanuel. Après plusieurs tentatives pour prendre Rome, il partit combattre pour la France en 1870, puis se retira dans son domaine de Caprera, où il mourut dans le dénuement.

Gassman Vittorio
(1922). Acteur. Il débuta au théâtre souvent sous la direction de Visconti. Au cinéma, en raison de son physique, il commença par des rôles dans des films d'action. En 1957, Monicelli le transforma en lui donnant son premier rôle comique. *Riz amer* (De Santis, 1948), *le Pigeon* (Monicelli, 1958), *Parfum de femme* (D. Risi, 1974), *la Terrasse* (E. Scola, 1980), etc.

Gela.
Dans les fonds marins qui s'étendent devant cette ville sicilienne fut découvert en 1957 le premier gisement de pétrole et de méthane de l'île.

Gênes.
Son port fait de Gênes l'un des principaux centres industriels italiens, où se concentrent

Saint François d'Assise. Subiaco, chapelle Saint-Grégoire du couvent Saint-Benoît.

Un acteur italien de renommée mondiale : Vittorio Gassman, en 1983.

aciéries, usines pétrochimiques, raffineries et chantiers navals. Du coup, la vieille ville, adossée à la montagne et étagée tout le long de la baie, a été prolongée sur près de trente kilomètres par une succession de zones immobilières et industrielles formant ce qu'on nomme le « Grand Gênes ».

Gentile da Fabriano
(1370-1427). Peintre originaire des Marches, il incarna un des courants du « gothique international ». Dans son *Adoration des Mages*, conservée au Louvre et aux Offices, il fut l'un des premiers à introduire la notion de perspective dans la peinture occidentale.

Ghiberti Lorenzo
(v. 1378-1455). Orfèvre, sculpteur et architecte florentin. Il remporta le concours de 1401

pour la décoration des portes du baptistère de Florence et s'acquitta si bien de sa tâche que Michel-Ange surnomma sa porte orientale la « porte du Paradis ». La représentation minutieuse et réaliste des scènes de l'Ancien Testament qui ornent les battants demanda à Ghiberti près de 25 ans d'un travail acharné.

Ghirlandaio
(1449-1494). Peintre florentin, de son vrai nom Domenico di Tommaso Bigordi. Qué ce soit dans ses fresques de la *Vie de saint François*, chapelle Sassetti de l'église Santa Trinita, ou dans celles de Santa Maria Novella sur les murs de la chapelle Tornabuoni, il livre avec grâce et réalisme, notamment dans les décors ou les costumes de ses personnages, un vivant témoignage de la vie à Florence au XVe siècle.

Giotto
(1266 ?-1337). Le premier des peintres modernes par son sens de l'espace et la profonde humanité qu'il sut donner à ses personnages. Il fut l'élève de Cimabue avant d'être appelé à composer, entre 1296 et 1299, la fresque consacrée à saint François dans l'église supérieure d'Assise. Devenu célèbre, il décora à Padoue la chapelle des Scrovegni vers 1305 et donna ensuite, dans la chapelle Bardi de Santa Croce à Florence, son ultime vision, sereine et apaisée, de la mort de saint François. Il termina sa vie comme architecte et fut le maître d'œuvre du dôme et du campanile de Florence.

Glaces.
Avec les pâtes, c'est la spécialité culinaire italienne la plus appréciée. Les *gelati* tout comme les *granite*, glaces pilées aromatisées, sont consommées à toute heure, la chaleur du jour étant un bon prétexte pour satisfaire sa gourmandise.

Goldoni Carlo
(1707-1793). Auteur comique vénitien. Il débuta dans la carrière d'avocat puis se consacra uniquement au théâtre. En réaction contre le brio un peu vain de la tradition de la commedia dell'arte, il écrivit

des comédies fondées sur l'observation et le naturel telles que *la Locandiera* ou *Arlequin serviteur de deux maîtres*. Trop critiqué à Venise, il finit ses jours à Paris.

Gozzoli Benozzo
(1420-1497). Peintre florentin, élève de Ghiberti et de Fra Angelico. Son œuvre maîtresse est la décoration de la chapelle du palais Médicis-Riccardi, où il composa vers 1459 une gigantesque fresque représentant le *Cortège des Mages*, dans laquelle on peut reconnaître nombre de ses contemporains.

Gramsci Antonio
(1891-1937). Théoricien du marxisme et homme politique. Il fut un des fondateurs du parti communiste italien en 1921 et en prit la direction en 1923.

Grande Grèce.
Nom donné à l'ensemble des cités fondées par les Grecs du VIIIe au IIe siècle sur les côtes de l'Italie méridionale et en Sicile. Syracuse, Crotone ou Agrigente, importants centres culturels et politiques, développèrent une civilisation aussi brillante que celle des métropoles grecques.

La « porte du Paradis » du baptistère de Florence, œuvre de Lorenzo Ghiberti.

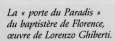

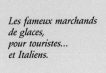

Les fameux marchands de glaces, pour touristes... et Italiens.

A. Gramsci, père de la pensée marxiste italienne.

Grappa.
Eau-de-vie comparable aux marcs français.

Guardi Francesco (1712-1793). Peintre et dessinateur vénitien. Si, comme son aîné Canaletto, il se spécialisa dans les *vedute*, il sut toutefois se dégager du statisme parfois figé et monotone de son illustre devancier pour animer chacune de ses vues de Venise des mouvements fugitifs principalement dus aux irisations de la lumière et à la liberté de sa « touche ».

Gubbio.
Petite cité ombrienne au nord de Pérouse, dont le palais public, médiéval, est l'un des plus beaux d'Italie.

Guelfes et gibelins.
Noms des deux partis qui s'opposèrent en Italie du Nord aux XIIIᵉ et XIVᵉ siècles. Les gibelins étaient les partisans de Frédéric II de Hohenstaufen, qui tenaient Pise, Sienne, Crémone, Modène et Rimini ; les guelfes, maîtres de Florence, Milan, Ferrare, Bologne et Mantoue, soutenaient le pape au sein de la Ligue lombarde. Ce dernier parti l'emporta finalement presque partout après la mort de Frédéric II. Les conflits évoluant, les termes antagonistes de « guelfes » et de « gibelins » en vinrent à opposer, au XVIᵉ siècle, les partisans respectifs de François Iᵉʳ et de Charles Quint. Par ailleurs, à l'époque de Dante, la rivalité qui dressa les uns contre les autres guelfes blancs, modérés, et guelfes noirs, plus proches du pape, montre assez la complexité atteinte par les conflits en Italie du Nord au cours de la Renaissance, âge d'or des condottieri.

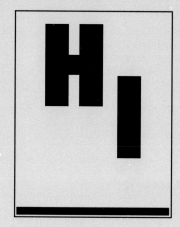

Le blason du parti guelfe. Florence, palais Ferroni.

Haut-Adige.
Province rattachée administrativement au Trentin, le Haut-Adige comprend les montagnes de la frontière autrichienne, que l'on franchit par le col du Brenner, et présente de ce fait un mélange culturel austro-italien. Ses villes, comme Bolzano, abritent nombre de trésors artistiques tout en possédant le charme des stations de montagne. La population, majoritairement germanophone, est souvent de sentiment autonomiste, voire sécessionniste.

Herculanum.
Cité romaine, l'une des trois victimes de l'éruption du Vésuve le 24 août 79. Mais, à la différence de sa voisine Pompéi, Herculanum fut ensevelie par un véritable fleuve de boue volcanique qui pénétra à l'intérieur des maisons et recouvrit la ville d'une couche atteignant jusqu'à 20 mètres d'épaisseur. Cette circonstance, qui permit sans doute à la plupart des ha-

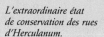

L'extraordinaire état de conservation des rues d'Herculanum.

bitants de fuir devant le danger, préserva également l'ensemble des édifices. Les fouilles systématiques entreprises dès le XVIIIe siècle permirent ainsi d'exhumer de belles demeures patriciennes, résidences d'été des riches Campaniens et Romains, parfois mieux conservées qu'à Pompéi. Quoique également riche en édifices publics, Herculanum était plus résidentiel que commerçant. Pour le moment, seule une partie de la ville a été mise au jour.

Horace
(65-8 av. J.-C.). Poète latin. Son œuvre couvre divers champs poétiques, depuis ses premières et virulentes satires jusqu'à ses épîtres en vers, en passant par des odes lyriques. Chef de file du mouvement esthétique de son époque, Horace a laissé dans son *Épître aux Pisans*, plus connue sous le nom d'*Art poétique*, des réflexions sur son art qui font de lui le lointain prédécesseur de Boileau.

Inquisition.
À partir du XIIIe siècle, le pape désigna des juges extraordinaires, les inquisiteurs, pour instruire les affaires d'hérésie. Ceux-ci se heurtèrent souvent aux pouvoirs locaux, qui

acceptaient difficilement cette ingérence romaine dans les affaires de leurs États. Ainsi, Venise n'accepta un inquisiteur qu'en le flanquant de trois laïcs et en soumettant toutes ses décisions à l'approbation du doge. Au XVIe siècle, la congrégation du Saint-Office fut créée ; ses commissaires, présents dans presque tous les États italiens, livrèrent au bûcher de nombreuses victimes, comme Giordano Bruno. L'unité italienne refusa au Saint-Office l'exécution des sentences.

Irrédentisme.
Mouvement réclamant la restitution des terres d'ethnie italienne restées sous la domination autrichienne après 1866 : le Trentin, Trieste et le littoral dalmate. Réprimé au nom de l'alliance avec l'Autriche, la Triplice, le mouvement irrédentiste s'épanouit au début de ce siècle, se fondant, notamment chez D'Annunzio, avec le nationalisme.

Ischia.
Île du golfe de Naples. Plus grande que sa voisine Capri, elle permet un tourisme « de masse » qui, en particulier l'été, gâte quelque peu le charme de ses longues plages et de ses pinèdes.

Juvenal
(av. 65-apr. 128). Poète latin. Ses *Satires* dressent un tableau vivant et violemment critique de la société de son temps, celui de la dynastie des Flaviens.

Lacrima christi.
Vin dont le nom signifie « larmes du Christ » et produit sur les pentes du Vésuve.

Lagune.
Ainsi sont désignés les environs de Venise, c'est-à-dire aussi bien le Lido, « front de mer » de la cité des doges, que les îles de Murano, Torcello et Burano.

Lampedusa, Giuseppe Tomasi prince de (1896-1957).

Écrivain sicilien. Il est l'auteur du *Guépard*, roman qui peint le décalage entre une vieille famille de l'aristocratie sicilienne et l'évolution sociale et morale de l'Italie du Risorgimento, superbement adapté à l'écran par Luchino Visconti.

Latifondo.
Grand domaine agricole caractéristique de l'économie rurale du Mezzogiorno mais en très sensible perte de vitesse depuis le début du siècle, principalement depuis les lois agraires des années 1950-1960. Souvent mal géré par des propriétaires habitant en ville, le latifondo est une des causes du retard de développement de l'Italie du Sud.

Latium.
Région d'Italie centrale. Elle est dominée, historiquement et économiquement, par sa capitale, Rome.

Latran (accords du).
Conclus en 1929 par Mussolini avec le cardinal Gasparri, secrétaire d'État du pape Pie XI, ces accords réglèrent le conflit qui opposait la papauté à l'État italien depuis l'entrée en 1870 des troupes italiennes dans Rome. Ils comprennent un traité définissant l'État

À Rome, le 11 février 1929, signature des accords du Latran avec Mussolini et le cardinal Gasparri.

137

neutre et inviolable du Vatican et un concordat qui reconnaît le caractère sacré de la ville de Rome et donne au catholicisme le statut de religion d'État. Intégrés dans la constitution de 1947, les accords du Latran sont toujours en vigueur.

Lecce.
La plus belle ville purement baroque de l'Italie du Sud. « Capitale » de la presqu'île salentine, souvent surnommée la Florence du Midi, elle fut aux XVIIᵉ et XVIIIᵉ siècles l'un des foyers de culture de l'Italie du Sud.

Leopardi Giacomo
(1798-1837). À l'origine de la poésie moderne italienne, ses œuvres exhalent un romantisme profondément pessimiste. Il sut trouver des accents personnels pour exprimer le mal de vivre et la fuite du temps dans ses *Poésies lyriques* et ses idylles, tel *le Calme après la tempête*.

Levi Carlo
(1902-1975). Écrivain antifasciste d'origine piémontaise. Déporté dans le Mezzogiorno, il en découvrit les réalités économiques et sociales, thème de son œuvre principale, *Le Christ s'est arrêté à Eboli*.

Levi Primo
(1919-1987). Écrivain et ingénieur. Son expérience des camps de concentration hitlériens lui inspira les récits *Si c'est un homme* et *la Trêve*, à la fois témoignages et œuvres littéraires de première grandeur. Hanté par l'extermination de la communauté juive du Piémont, dont il fut l'un des rares survivants, il a mis fin à ses jours en avril 1987.

Ligurie.
Région qui s'étend le long de la Méditerranée, de la frontière française jusqu'au golfe de La Spezia. Depuis des siècles, à l'instar de sa capitale, Gênes, la Ligurie a une vocation commerciale ; déjà avant la romanisation, ses premiers habitants, les Ligures, commerçaient avec les Phéniciens, les Grecs, les Étrusques et les Celtes. Gênes partage le littoral ligure en Riviera du Ponant et Riviera du Levant, toutes deux importantes zones de tourisme.

Lippi Filippo
(1406-1469) et Filippino (1457-1504). Peintres florentins, respectivement père et fils. Moine puis chapelain, Filippo se rendit célèbre par ses nombreux portraits de Madone, à la ligne délicate et aux coloris nuancés. Mais il fut non moins connu par le scandale de sa vie privée lorsqu'il enleva celle qui était son modèle, la nonne Lucrezia Butti. Leur fils, Filippino, devint à son tour peintre et fut l'élève de Botticelli. Il apprit de ce dernier une parfaite maîtrise du dessin, de la courbe et de la perspective, dont il sut faire montre dans de nombreuses œuvres, notamment *l'Apparition de la Vierge à saint Bernard*.

Lombardie.
Région qui s'étend des Alpes au cours moyen du Pô, bordée à l'ouest par le lac Majeur et le Piémont et à l'est par le lac de Garde. C'est la plus riche et la plus peuplée d'Italie, et Milan, sa capitale, est le plus grand centre industriel italien. Le tourisme s'est développé autour des nombreux lacs et dans les villes chargées d'histoire que sont Milan, Bergame, Brescia ou Mantoue.

Lollobrigida Gina
(1927). L'un des mythes italiens de la femme au physique pulpeux. Elle contribua à l'affirmation de la femme hors des rôles traditionnels. *Fanfan la Tulipe* (Christian-Jaque, 1951), *Pain, amour et fantaisie* (L. Comencini, 1953), *Salomon et la reine de Saba* (K. Vidor, 1959), *Ce merveilleux automne* (Bolognini, 1969).

Loren Sophia
(1934). Lancée par le producteur Carlo Ponti (qu'elle épousa), cette actrice fut la rivale de Gina Lollobrigida dans le rôle de la femme pulpeuse et aguicheuse. Elle est devenue une star internationale. *L'Or de Naples* (V. De Sica, 1954), *la Diablesse en collant rose* (G. Cukor, 1959), *Verdict* (A. Cayatte, 1974), *Une journée particulière* (E. Scola, 1975), etc.

Lorenzetti Pietro
(v. 1280-v. 1348) et Ambrogio (v. 1290-v. 1348).
Peintres toscans, frères et, parfois, collaborateurs. L'aîné, Pietro, rendit un très bel hommage à Giotto dans sa *Crucifixion* de l'église inférieure d'Assise. Le cadet, Ambrogio, sut tirer profit à la fois de l'art des Florentins et de la tradition siennoise.

Lucques.
Cette cité toscane entourée de remparts est la ville natale de Giacomo Puccini. Elle fut un moment propriété d'Elisa Bacciochi, sœur de Napoléon, qui y fit bâtir la Piazza Napoleone. Les églises de la vieille ville médiévale renferment plusieurs œuvres du sculpteur Jacopo della Quercia.

Une scène du film de F. Rosi, Le Christ s'est arrêté à Eboli, *d'après l'œuvre de Carlo Levi.*

Vierge à l'Enfant,
de Fra Filippo Lippi.
Florence, palais Pitti.

M

Machiavel
(1469-1527). Philosophe et homme politique florentin. Ses missions diplomatiques auprès de César Borgia, du roi de France et de l'empereur d'Autriche et son engagement dans la tumultueuse politique florentine, qui lui valut d'être banni lors du retour au pouvoir des Médicis, lui inspirèrent les réflexions politiques exposées dans *le Prince*. Ne considérant que l'efficacité des moyens, et non leur valeur morale, ses conceptions firent scandale.

Maderna Bruno
(1920-1973). Compositeur et chef d'orchestre, il fut l'un des chefs de file de la musique contemporaine électroacoustique italienne.

Mafia.
Organisation secrète sicilienne. Elle représentait au départ un pouvoir parallèle, plus proche des Siciliens que les pouvoirs politiques et que les propriétaires des *latifondi*. S'appuyant sur les notions de respect et de fidélité à la parole donnée, la Mafia est protégée par *l'omerta*, la loi du silence, qui bloque toute action à son encontre. Liée depuis le début du siècle avec les organisations du même type importées aux États-Unis par les émigrants, elle s'est tournée vers le trafic de drogue, l'immobilier, le jeu et la prostitution. Depuis quelques années, son image a évolué en Italie : à la suite de quelques hommes courageux, comme le général Dalla Chiesa, la lutte contre la Mafia s'est renforcée et les aveux de mafiosi comme Buscetta ont permis d'opérer des séries d'arrestations spectaculaires. Disposant de vastes réseaux d'influence dans les milieux politiques, la Mafia reste cependant bien enracinée, même si elle est perçue de plus en plus négativement par les Italiens.

Majeur (lac).
Situé à la frontière de la Suisse, de la Lombardie et du Piémont, ce lac glaciaire est célèbre pour ses paysages, maintes fois chantés par les nombreux artistes, musiciens ou poètes qui hantèrent ses rives. Au cœur du bassin central, les îles Borromées concourent à l'enchantement de ce site privilégié.

Malaparte Curzio
(1898-1957). Écrivain. Fasciné par l'aventure militaire, il entretint des relations ambiguës avec le fascisme avant de s'inscrire au P.C.I., dont il fut membre jusqu'à sa mort. Correspondant de guerre de 1940 à 1943, il écrivit ensuite des romans, *Kaputt* ou encore *la Peau,* qui décrivent les horreurs de la guerre.

Mantegna Andrea
(1431-1506). Peintre officiel de la famille des Gonzague, à Mantoue, dont il décora entre 1467 et 1474 la *Chambre des époux* au palais ducal. Grâce à une réelle culture de l'art antique acquise dans les milieux humanistes de Padoue, il imposa en Italie du Nord un style Renaissance fondé sur un répertoire décoratif nouveau et une maîtrise inégalée des lois de la perspective, dont témoigne son admirable *Christ mort* de la Brera à Milan.

Mantoue.
Entourée de ses trois lacs, jadis marécages infestés de moustiques, Mantoue semble s'être assoupie, comme écrasée par la masse imposante de son immense palais ducal. Cet ensemble architectural, sans autre unité que la démesure, fut du XIVᵉ au XVIIIᵉ siècle la demeure de la famille des Gonzague.

Manzoni Alexandro
(1785-1873). Écrivain. D'abord acquis aux idées des Encyclopédistes à la suite d'un séjour à Paris, il se convertit au catholicisme après son retour en Italie et son mariage et évolua vers une sensibilité romantique. Son chef-d'œuvre, *les Fiancés*, roman historique influencé par la manière de Walter Scott, est considéré comme une œuvre majeure du romantisme italien.

Marc Aurèle
(121-180). Empereur romain. Éduqué dans la philosophie stoïcienne, Marc Aurèle accéda au pouvoir à l'instigation d'Hadrien, son prédécesseur. Il géra avec discernement l'administration de l'Empire mais dut souvent combattre les Barbares aux frontières d'Orient et du Danube. Marc Aurèle est l'auteur des *Pensées*, ouvrage stoïcien et introspectif écrit en grec.

La grande Sophia Loren, à Londres en 1979, à la parution de son autobiographie.

Le marquis Louis II de Gonzague et sa cour.
Fresque de la Chambre des époux.
Mantoue, palais ducal.

Marches.
Région située sur le rivage de l'Adriatique, au sud de Venise, avec laquelle sa capitale, Ancône, rivalisa dans le commerce avec le Levant. La riviera des Marches, découpée en criques rocheuses, est fort appréciée des touristes.

Marinetti Filippo Tommaso (1876-1944). Écrivain italien qui s'imposa avec éclat sur la scène littéraire en publiant en 1909 à Paris un manifeste « futuriste » exhaltant l'action en réaction au « culte des livres ». Ce programme eut des répercussions sensibles sur la littérature et la peinture européennes des premières années du XXᵉ siècle. Marinetti devint par la suite un des ardents propagateurs du fascisme italien.

Marsala.
Vin apéritif produit dans la région de Marsala, au sud-ouest de la Sicile, analogue aux xérès, porto et madère. Comme ces derniers, il fut « lancé » par des voyageurs anglais.

Martini Simone (v. 1282-1344). Peintre siennois, le plus grand représentant de la peinture occidentale et « gothique ». Il se fit connaître en 1315 par une *Maesta* inspirée de celle de Duccio. Au retour d'un voyage à Naples, où il réalisa le *Couronnement de Robert d'Anjou*, il décora en 1328 le palais municipal de sa ville natale en peignant la superbe fresque du *Condottiere Guidoriccio da Fogliano*, hommage raffiné à la chevalerie italienne. On retrouve le même souci des couleurs et la même pureté de ligne dans son *Annonciation* des Offices. Il mourut à Avignon, où il avait été appelé par Benoît XII.

Masaccio
(1401-1428). Toscan, de son vrai nom Tommaso di Ser Giovanni, Masaccio est considéré comme le premier peintre de la Renaissance. À l'instar de son ami Brunelleschi en architecture, il réalisa une véritable révolution de la lumière et surtout de la perspective dans la peinture, qu'il contribua à dégager définitivement des fadeurs maniéristes du gothique finissant. Les fresques de la chapelle Brancacci (autour de 1427), dans l'église de Santa Maria del Carmine à Florence, sont considérées comme son chef-d'œuvre. Sa vision dramatique et puissante d'*Adam et Ève chassés du paradis* renouvela avec force toute l'iconographie religieuse.

Mastroiani Marcello (1924). Acteur de théâtre et de cinéma. Il aborda le cinéma en 1951 et devint vite l'un des acteurs les plus populaires d'Italie. *La Dolce Vitta* (F. Fellini, 1960, *Huit et demi* (F. Fellini, 1962), *la Grande Bouffe* (M. Ferreri, 1972), *Une journée particulière* (E. Scola, 1977), *Ginger et Fred* (F. Fellini, 1985), etc.

Mazzini Giuseppe (1805-1872). Patriote et révolutionnaire. Imprégné d'idées spiritualistes et romantiques, Giuseppe Mazzini, après avoir quitté la *Carbonaria* usée par ses dissensions et ses échecs, prit la tête des patriotes républicains. Il dut s'exiler à Marseille, où il fonda en 1831 le mouvement de la Jeune-Italie, qu'il affilia bientôt à Jeune-Europe, une fédération de diverses nationalités pour promouvoir un printemps des peuples. *Foi et avenir* et *les Devoirs de l'homme*, qu'il écrivit à cette époque, précisent sa vision d'un monde où chaque peuple libre apporte sa spécificité à une vaste fédération, la troisième Rome. Mazzini ourdit en vain des complots, puis participa au soulèvement contre l'Autriche à Milan en 1848 ; il prit ensuite la tête de la République romaine du printemps de 1849. L'échec de ses tentatives l'amena, tout en désapprouvant la monarchie piémontaise, à participer avec elle à l'unification de l'Italie.

Mécénat.
L'essor artistique du XIIIᵉ au XVIᵉ siècle s'accomplit grâce au soutien financier et aux commandes des autorités communales et des grandes familles princières, comme les Visconti à Milan ou les Gonzague à Mantoue.

Médicis.
Famille de banquiers qui domina la vie de Florence aux XVᵉ et XVIᵉ siècles. Les plus importants sont Cosme l'Ancien (1389-1464) et son neveu Laurent le Magnifique (1449-1492), mécènes fastueux qui contribuèrent puissamment à l'essor artistique de Florence.

Messine.
Porte de la Sicile et gardienne du détroit qui porte son nom. Les trois kilomètres de mer qui la séparent de la Calabre sont ceux qu'Homère, dans *l'Odyssée*, disait habités par les deux monstres marins Charybde et Scylla. La ville, patrie d'Antonello da Messina, profite aujourd'hui de sa situation de carrefour comme un centre commercial et industriel.

Le robuste palais ducal Renaissance d'Urbino, œuvre de L. Laurana.

Marcello Mastroiani et Daniela Rocca, dans Divorce à l'italienne *de P. Germi (1962).*

Vue du port de Messine, par W. Baur (détail). Paris, musée du Louvre.

Metaponto.
Colonie grecque fondée au VIIIᵉ siècle av. J.-C. Après l'arrivée en 510 av. J.-C. du philosophe Pythagore venu de Crotone, elle devint le siège pour deux siècles de l'école pythagoricienne. Hormis un temple dorique, il subsiste aujourd'hui peu de traces de ce passé.

Mezzogiorno.
Ce terme désigne l'ensemble des régions d'Italie du Sud : Abruzzes, Molise, Campanie, Pouilles, Basilicate, Calabre, Sicile et Sardaigne.

Michel-Ange
(1475-1564). Sculpteur, peintre, ingénieur, poète, architecte, Michel-Ange incarna dès son époque le mythe absolu de l'artiste. Il manifesta, sa vie durant, un amour exalté de la liberté : liberté créatrice d'abord, qui l'amena à rompre à 23 ans avec toute la tradition architecturale pour créer une bouleversante *Pietà* actuellement à la basilique Saint-Pierre, puis à tenter trois ans plus tard l'exploit du *David* de Florence et, en 1508, à relever le défi que représentait la décoration de la chapelle Sixtine ; liberté d'esprit aussi, qu'il manifesta avec éclat dans ses relations parfois orageuses avec son protecteur et commanditaire, le pape Jules II ; liberté de mœurs enfin, puisqu'il aima du même sentiment fiévreux et tourmenté la poétesse Vittoria Colonna et le jeune Romain Tomaso Cavalieri. La fin de sa vie fut tout aussi fructueuse. À 59 ans, il terminait la chapelle funéraire des Médicis à Florence, à 72 ans il dirigeait les travaux de la basilique Saint-Pierre, de la place du Capitole et du palais Farnèse tout en exécutant dans le secret de son atelier trois *Pietà*. Il mourut après une promenade à cheval à 89 ans.

Milan.
Deuxième ville italienne pour le nombre d'habitants, Milan est en fait la véritable capitale économique du pays. La douceur de vivre romaine fait place ici à une agitation et à une activité de tous ordres. Milan est avant tout la cité des banques, des compagnies d'assurance et des sièges de société, le rendez-vous des hommes d'affaires de tous les pays.

Modigliani Amedeo
(1884-1920). Peintre et sculpteur italien. Né à Livourne, il s'installa à Paris en 1906. Tuberculeux, alcoolique et toxicomane, il incarne à lui seul la légende du Montparnasse des années 1900 et de ses artistes maudits. Ses portraits aux figures allongées et aux traits stylisés inspirés de la statuaire africaine ont fait sa célébrité, posthume.

Molise.
Région du sud des Abruzzes, s'étendant sur l'Apennin samnite et une portion du littoral adriatique. Le Molise, dont la capitale est Campobasso, est une petite région de création récente, pauvre et dépeuplée. Comme les Abruzzes voisins, son retard économique s'explique par la difficulté des communications dans un pays très montagneux.

Monreale.
À quelques kilomètres de Palerme, Monreale est dominé par la silhouette majestueuse de son impressionnante cathédrale, le plus pur exemple, avec ses mosaïques et son merveilleux cloître fleuri, du style arabo-normand propre à la Sicile.

Monteverdi Claudio
(1567-1634). L'« inventeur » de l'opéra italien, surnommé *il divino* par ses contemporains. C'est au moment de la mort de sa femme, en 1607, qu'il créa le premier drame lyrique de l'histoire de la musique, *Orfeo*, rompant définitivement avec la polyphonie du siècle précédent. Son génie de précurseur éclate aussi dans sa dernière œuvre, *le Couronnement de Poppée*, qui, par son sens théâtral, annonce les opéras modernes.

Morante Elsa
(1918-1985). Romancière contemporaine et épouse d'Alberto Moravia. Remarquée dès ses premiers romans, *Mensonge et sortilège* ou *l'Île d'Arturo*, elle acquit une célébrité internationale en publiant en 1974 ce qui reste son chef-d'œuvre, *la Storia*, qui narre avec humanité le destin d'une institutrice juive et de son enfant, confrontés à la dureté de l'histoire de la Seconde Guerre mondiale.

Le vestibule et l'escalier de la bibliothèque Laurenziana, de Florence, annoncent le style baroque. Œuvre de Michel-Ange et de Ammannati.

141

Moravia Alberto (né en 1907). Écrivain. Ses romans, tels *le Mépris* ou *le Conformiste*, traitent dans un style concis du mal de vivre dans un monde aux valeurs perverties. Très tôt opposé au fascisme, il s'exila aux États-Unis pendant la guerre. Moravia s'est montré ouvert à tous les grands courants de pensée du monde contemporain, comme le marxisme et la psychanalyse. Il fut l'époux de la romancière Elsa Morante.

Mussolini Benito (1883-1945). Dictateur et homme politique. Instituteur et adhérant du parti socialiste, Mussolini séjourna de 1902 à 1904 en Suisse pour échapper au service militaire. Il mit à profit cette période pour se lier avec le mouvement socialiste international et perfectionner sa culture politique. De retour en Italie, il se consacra au journalisme et à l'activisme politique. L'année 1914 et le début de la Première Guerre mondiale transformèrent ce socialiste neutraliste en interventionniste virulent. Il démissionna du parti socialiste et fonda *Il Popolo d'Italia* et les Faisceaux d'action révolutionnaire, journal et organisation interventionnistes. Blessé et réformé en 1917, il reprit la direction de son journal et défendit les thèses nationalistes et irrédentistes. Il fonda en 1919 les Faisceaux italiens de combat, qui se transformèrent en 1921 en parti fasciste, organisation de masse qu'il utilisa pour briser par la violence les grèves de 1922 au nom de la paix sociale et de la lutte contre l'internationalisme. La même année, après la Marche sur Rome, il s'empara du gouvernement. Par l'intimidation et la violence, il institua progressivement le totalitarisme. En 1936, la guerre d'Éthiopie accrut sa popularité mais rompit les liens avec les démocraties européennes. Mussolini se rapprocha alors de l'Allemagne hitlérienne. L'entrée en guerre en 1940 fut suivie d'une succession d'échecs militaires qui affaiblirent sa position. Déchu et arrêté en 1943, le Duce fut libéré par un commando SS et fonda sous le contrôle allemand la république de Salo. Arrêté par des partisans communistes, Mussolini fut exécuté en 1945.

Naples.
Ville symbole du Mezzogiorno, Naples, entourée de sa baie, dépasse sa propre légende. Sur les 1 400 000 habitants que compte aujourd'hui l'agglomération, beaucoup s'entassent dans les *bassi*, quartiers pauvres du centre, ou dans les banlieues modernes. Pourtant, le secteur industriel a connu ces dernières années un essor important, notamment l'industrie alimentaire.

Néoréalisme.
Terme désignant le mouvement cinématographique qui marqua le renouveau du cinéma italien dans l'immédiat après-guerre. Il se caractérise par un regard qui se veut compréhensif mais discret sur la société et la condition humaine, notamment les laissés-pour-compte. Le néoréalisme regroupe des personnalités très différentes aux thématiques variées : Rosselini, De Sica, Antonioni dans ses premiers films.

Néron
(37-68). Empereur romain. Sa mère, Agrippine, le fit accéder au trône en le faisant adopter par l'empereur Claude, son second mari, puis en empoisonnant celui-ci. Durant les premières années de son règne, période de modération, Néron subit les influences de sa mère et de ses conseillers Burrus et Sénèque. Mais en 59, secouant le joug maternel, il fit assassiner Agrippine. La mort de Burrus et la retraite de Sénèque permirent à son penchant au despotisme et à la cruauté de s'exprimer librement. Après des années d'un régime de terreur, marqué notamment par un gigantesque incendie de Rome dont Néron attribua l'origine aux chrétiens, le sénat proclama Néron ennemi public ; celui-ci dut fuir Rome et se fit tuer des mains d'un affranchi.

Brigitte Bardot et Michel Piccoli, dans le Mépris de J.-L. Godard (1963), d'après l'œuvre de Moravia.

Benito Mussolini, vers 1935-1936.

Buste en marbre de Néron (fin du XVIIᵉ siècle-début du XVIIIᵉ siècle). Paris, musée du Louvre.

Noto.
Cette cité baroque sicilienne doit sa pureté architecturale au tremblement de terre qui la dévasta en 1693 et permit sa reconstruction harmonieuse, sur un nouveau site, par les architectes Landolina et Gagliardi.

Nuraghe.
Tour mégalithique sarde. Les premiers nuraghi datent de la fin du IIIᵉ millénaire ; d'autres furent élevés jusqu'à l'aube de notre ère. Ces édifices, formés de gros blocs de pierre assemblés sans mortier, servaient de forteresses aux villageois, qui habitaient des cabanes appuyées les unes contre les autres autour des nuraghi. La civilisation nuragique était essentiellement pastorale et clanique. D'elle, outre les nuraghi, nous sont parvenues des statuettes de bronze et des poteries en céramique.

Odoacre
(v. 434-493). Issu d'une famille d'origine skire, de race hunique, Odoacre, officier à Rome, prit la tête d'une révolte qui l'amena à déposer le dernier empereur romain d'Occident, Romulus Augustulus, en 476. Il domina l'Italie jusqu'à l'arrivée de Théodoric, roi des Ostrogoths envoyé par Byzance, qui l'accula dans Ravenne, où il fut assassiné.

Offices (galerie des).
Le premier musée de Florence et d'Italie. Le palais abritant les tableaux fut édifié sur les plans de l'architecte Vasari par la volonté de Côme Iᵉʳ de Médicis, qui voulait rassembler sous un même toit les différents « offices » de son administration. Afin de rendre plus agréable la longue galerie menant aux bureaux, les princes y firent exposer des œuvres d'art, donnant ainsi naissane au premier « musée ». Enrichies au cours des siècles par les Médicis, les ducs de Lorraine et enfin l'État italien, les collections offrent un panorama exceptionnel de la peinture italienne depuis les primitifs jusqu'à Canaletto.

Ombrie.
Région d'Italie centrale située entre la Toscane, les Marches et le Latium. La sereine beauté de ses paysages de collines inspira les peintres de la Renaissance.

Oratorio.
Forme musicale évoquant de façon dramatique un des épisodes de l'Ancien ou du Nouveau Testament, ainsi nommée car les exécutions avaient lieu dans la chapelle de l'Oratoire à Rome.

Orvieto.
Petite ville d'Ombrie, perchée sur une roche volcanique, dont le dôme gothique est à juste titre célèbre pour sa façade polychrome et ses fresques de l'Apocalypse, dues principalement au peintre Luca Signorelli.

Ostia Antica.
Ancien port de Rome et sans doute la première des colonies romaines. Fondée au IVᵉ siècle av. J.-C., Ostia fut sous l'Empire un grand centre d'échanges commerciaux et une cité peuplée d'environ 100 000 habitants. La ville perdit de son importance à dater du IVᵉ siècle, quand fut établi sur la rive droite du Tibre un port artificiel, Portus Romae. Abandonnée au Vᵉ siècle, Ostia fut exhumée et fouillée à partir de 1938.

Ovide
(43 av. J.-C.-17 apr. J.-C.). Poète latin. Il vécut au sein de la brillante société romaine du temps d'Auguste, composant des poèmes à l'inspiration légère, voire érotique. Après son exil sur les bords lointains de la mer Noire, il composa *les Tristes*, recueil d'élégies où s'exhalent la détresse et la nostalgie de l'exilé.

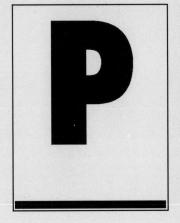

P

Padoue.
La présence dans la basilique Saint-Antoine des reliques du moine franciscain a transformé la ville en un intense — et fructueux ! — centre de pèlerinage fréquenté par les visiteurs du monde entier. Le second pôle d'attraction est la chapelle des Scrovegni, entièrement décorée de somptueuses fresques de Giotto évoquant la Rédemption.

Paestum.
La plus parfaitement conservée des cités grecques d'Italie. Sous le nom de Poseidônia, elle fut

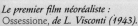

Le premier film néoréaliste :
Ossessione, de L. Visconti (1943).

La fontaine baroque d'Hercule, à Noto, en Sicile.

Statue d'Ovide (époque médiévale), au lycée Ovide de Sulmone.

fondée au VIIe siècle av. J.-C. à l'extrémité du golfe de Salerne et connut son apogée entre le VIe et le Ve siècle. Conquise ensuite par Rome, elle fut abandonnée par ses habitants au Moyen Âge et à moitié envahie par les marécages. Redécouverte au XVIIIe siècle, Paestum devint alors un pèlerinage obligé dont les précurseurs furent Goethe et Piranèse.

Paganini Niccolo (1782-1840). Musicien et violoniste prodige, il fut le virtuose que s'arrachèrent toutes les cours d'Europe. Interprète et compositeur, il accomplit sur son instrument des prouesses techniques et musicales demeurées inégalées.

Palerme.
Capitale de la Sicile, Palerme en a connu toutes les gloires et tous les revers. Les restes de sa splendeur architecturale se découvrent et se devinent aujourd'hui dans des ruelles sombres et délabrées ou entre des îlots urbains qui portent encore les traces des bombardements de 1943.

Palestrina.
Cité antique et médiévale des environs de Rome, très réputée sous l'Antiquité pour son temple de la Fortune, un vaste ensemble architectural qui formait une véritable ville dans la ville.

Palio.
Course de chevaux d'origine médiévale qui a lieu à Sienne deux fois par an, le 2 juillet et le 16 août. Sur les 17 *contrade*, ou quartiers, de la ville, 10 sont sélectionnés pour participer à la course. Soutenus et encouragés par leurs partisans, les cavaliers, en costume du XVe siècle, s'affrontent ensuite avec violence sur la Piazza del Campo au milieu d'une foule nombreuse de Siennois et de touristes.

Parme.
Ville musicale et gastronomique, Parme a plusieurs titres de gloire. Elle fut la patrie du chef d'orchestre Arturo Toscanini, la terre natale de Verdi et le dernier séjour du violoniste Niccolo Paganini. C'est là aussi que vécurent et travaillèrent le

Corrège et le Parmesan, dont les tableaux et les fresques ornent plusieurs musées et églises de la ville. Là également que Stendhal situa l'action de son roman *la Chartreuse de Parme.*

Parti communiste italien.
Fondé en 1521, le P.C.I. présente un cas original parmi les partis communistes d'Europe occidentale : par son audience d'abord — il rallie sensiblement 25 p. 100 de l'électorat italien ; par l'originalité de sa ligne politique vis-à-vis de la IIIe Internationale ensuite — on le vit ainsi dénoncer l'intervention soviétique en Afghanistan.

Parti radical.
Le radicalisme italien, né à la fin du XIXe siècle sur des bases libérales et anticléricales, a toujours été très minoritaire. Recréé en 1970 dans un esprit plus combatif, utilisant au mieux les structures constitutionnelles et surtout le référendum d'initiative populaire, il anime le débat sur les thèmes de société comme le divorce ou l'avortement. Cultivant la provocation, il a ainsi fait récemment élire sur ses listes au Parlement européen une actrice du cinéma pornographique, la Cicciolina.

Pasolini Pier Paolo (1922-1975). Écrivain et cinéaste. Il publia d'abord des poèmes, tel le recueil *les Cendres de Gramsci,* qui lui valurent une grande réputation dans les milieux littéraires. Artiste marginal, homosexuel fasciné par la religiosité et la transgression, il réalisa aussi bien *l'Évangile selon Matthieu* qu'une adaptation modernisée d'un texte de Sade, *Salo ou les Cent Vingt Jours de Sodome.* Son assassinat sur un terrain vague par un mauvais garçon renforça son image d'artiste maudit.

Pâtes.
Fraîches ou sèches, farcies ou non, de toutes tailles et formes, les pâtes sont le symbole de la cuisine italienne, même si elles ne la résument pas, même si l'Italie du Nord leur préfère le riz et la pollenta et surtout même si elles furent importées de Chine, par Marco Polo. Elles sont normalement consommées en entrée, entre les hors-d'œuvre, ou *antipasti*, et le plat de résistance.

Pavie.
Ville de la plaine lombarde célèbre pour sa superbe chartreuse, un des plus beaux exemples de style Renaissance. De nos jours, Pavie est devenue un centre universitaire très

Enrico Berlinguer, en 1975, après le succès du P.C.I. aux élections régionales.

Détail de la mosaïque l'Inondation du Nil. Palestrina, palais Barberini.

Une scène d'Œdipe roi, de P.P. Pasolini (1967).

actif où se pressent de nombreux étudiants.

Pergolèse Jean-Baptiste (1710-1736). Compositeur de l'école napolitaine, il est le créateur de l'opéra bouffe. Son *intermezzo* le plus connu, *la Servante maîtresse*, composé en 1733, déclencha à Paris 19 ans plus tard la querelle des Bouffons, dans laquelle s'affrontèrent notamment Rameau et Rousseau. De santé fragile, Pergolèse mourut à 26 ans après avoir composé un splendide *Stabat Mater*.

Pérouse.
Fondation étrusque, Pérouse est perchée sur une colline dominant la campagne ombrienne et se présente comme un superbe théâtre. La ville compte deux universités, dont une réservée aux étrangers. Pérouse est aussi la patrie de l'école ombrienne de peinture, dont le plus célèbre représentant est le Pérugin.

Pétrarque
(1304-1374). Poète et humaniste. Il remit à l'honneur les lettres latines et eut une grande influence sur son temps. Son œuvre majeure en italien est le *Canzoniere*, dont les sonnets, qui chantent la passion du poète pour Laure vivante puis défunte, furent largement imités.

Piazza Armerina.
Cette bourgade sicilienne doit sa célébrité à la découverte, dans ses environs, de la villa romaine du Casale, magnifiquement ornée de mosaïques qui retracent la vie quotidienne, la chasse, les loisirs et les sports d'un riche propriétaire du IVᵉ siècle.

Piémont.
Région qui s'étend des Alpes à l'Apennin ligure. Le Piémont, à l'instar de sa capitale, Turin, siège de la Fiat, est fortement industrialisé mais son agriculture, notamment la riziculture, est également prospère. La variété de ses paysages, hautes montagnes au nord, plaine du Pô et lacs, collines dans le sud, favorise aussi le tourisme ; il reste une des régions en pointe dans le développement économique italien.

Piero della Francesca
(1416-1492). Le plus « abstrait » des peintres toscans. Par la rigoureuse construction de son espace pictural et la désincarnation sublime de ses personnages, il introduisit dans chacune de ses œuvres une dimension métaphysique jusqu'alors absente de la peinture italienne. L'exemple le plus frappant est sans doute cette *Flagellation* d'Urbino qui, malgré les efforts d'interprétation répétés des critiques, garde encore son caractère énigmatique. Le génie de Piero s'humanise davantage dans les œuvres conservées au musée de sa ville natale, à Borgo San Sepolcro, ou dans les fresques de la *Légende de la Croix* sur les murs du chœur de San Francesco, à Arezzo, l'une des plus hautes créations de la Renaissance italienne.

Piero di Cosimo
(1462-1521). Peintre florentin, de son vrai nom Pietro di Lorenzo. Bien que sa production abondante offre une grande diversité d'inspiration et de thèmes, elle est cependant toujours reconnaissable à sa science des fonds et des couleurs ainsi qu'à la fidélité minutieuse que cet amoureux passionné de la nature apportait à ses représentations d'animaux ou de plantes.

Pirandello Luigi (1867-1936). Écrivain et dramaturge. Ses pièces de théâtre, *À chacun sa vérité* ou *Six Personnages en quête d'auteur,* traitent de l'impossible quête d'une personnalité, sur le mode ironique et désespéré. Elles ont beaucoup influencé le théâtre français de l'après-guerre. Les quinze volumes des *Nouvelles pour une année* sont d'une veine plus naturaliste, peignant le petit peuple de la Sicile, île natale de l'auteur.

Piranèse
(1720-1778). Dessinateur et graveur dont les *Vues de Rome* contribuèrent à la vogue de l'antique. Tout en étant considéré comme un des chefs de file du mouvement néoclassique, Piranèse annonça les romantiques par son goût du contraste et son imagination tourmentée, notamment dans ses *Invenzioni di Carceri* en 1750.

Pisanello
(v. 1395-v. 1455). Peintre, médailleur et dessinateur, de son vrai nom Antonio di Puccio di Cerreto. Il prit le nom de sa ville natale, Pise, mais c'est à Vérone qu'il fut formé à la peinture par Gentile da Fabriano. Encore marqué par l'esprit médiéval, qui imprègne son *Saint Georges* du dôme de Vérone, il sut donner à ses portraits une grâce pleine de délicatesse. Les dessins à la sinopia qui seuls subsistent de ses fresques du palais ducal de Mantoue révèlent aussi un extraordinaire talent de dessinateur.

Du bureau au marchand de spaghetti. Une halte indispensable pour l'homme d'affaires...

Autour de Pirandello, de Mady Bery et Ludmilla Pitoëff, la troupe de Ce soir, on improvise, *en 1935.*

Pisano Nicola
(v. 1220-v. 1283). Sculpteur et architecte d'origine toscane, il est l'un des maîtres d'un gothique inspiré à la fois de l'Antiquité et des leçons de l'école française. Il réalisa avec son fils Giovanni (v. 1248-v. 1315) la chaire du dôme de Sienne.

Pise.
La fameuse Tour penchée domine la vieille ville, siège d'une des plus importantes universités italiennes, blottie sur la rive de l'Arno. Avec le dôme, le baptistère et le Camposanto, elle est un des édifices les plus accomplis du style roman pisan. Il semblerait qu'elle continue très lentement de s'affaisser, aussi fait-elle l'objet d'une intense surveillance.

Pizza.
Symbole international de la cuisine italienne. C'était à l'origine un plat populaire napolitain ; seulement garnie d'un coulis de tomates, la pizza constituait l'ordinaire des pauvres.

Plaute
(254 ?-184 av. J.-C.). Auteur latin de comédies. Il emprunta à la nouvelle comédie grecque ses types de personnages, le parasite, le soldat fanfaron, qui préfigurent déjà les caractères

de la commedia dell'arte, et dont Molière sut s'inspirer dans ses comédies-farces.

Pô.
Le plus long fleuve d'Italie prend sa source au mont Viso, puis traverse toute l'Italie du Nord pour se jeter dans l'Adriatique entre Venise et Ravenne. L'immense plaine padane, souvent marécageuse, est le lieu des plus grands exploits de l'agriculture italienne, qui a réussi à y acclimater une très grande variété de plantes.

Pompéi.
Elle est la plus célèbre des cités ensevelies par le Vésuve le 24 août 79. Peut-être parce que les fouilles de la ville antique, recouverte de cendres, y furent plus aisées qu'à Herculanum ; mais sans doute aussi parce que Pompéi, trois fois plus grande et cinq fois plus peuplée que sa voisine, a été exhumée aux deux tiers et a ainsi révélé les mille et un aspects de la vie quotidienne d'une cité marchande sous l'Antiquité. Autre différence avec Herculanum : ici les habitants périrent, pour la plupart asphyxiés ou intoxiqués, sur les lieux mêmes où les surprit l'éruption, comme en témoignent les corps tordus ou re-

croquevillés découverts par les chercheurs. Avec ses édifices publics, ses nombreux temples, son forum, son théâtre, ses rues parfaitement dégagées, ses immeubles de rapport, son quartier du Lupanar (!) et ses maisons patriciennes aux superbes fresques comme la célèbre villa des Mystères, Pompéi, vivant livre d'histoire, est un admirable terrain d'étude d'une ville sous l'Antiquité.

Positano.
La plus élégante des stations balnéaires de la côte amalfitaine et le rendez-vous d'une clientèle internationale et fortunée.

Pouilles.
Région correspondant sensiblement au « talon de la botte » italienne. L'aridité de son sol

calcaire ne permet à l'agriculture, malgrê cela prépondérante, que des rendements faibles.

Puccini Giacomo
(1858-1924). Compositeur et maître incontesté du vérisme, il connut la gloire en 1893 avec son premier opéra, *Manon Lescaut*, bientôt suivi de *la Bohème, Tosca* et *Madame Butterfly*, autres grands succès. Puccini fut le dernier représentant d'un certain classicisme musical, quoique ses dernières œuvres, *le Tryptique* par exemple, ouvrent la voie aux recherches contemporaines.

Putti.
Terme artistique désignant les jeunes garçonnets généralement nus qui ornent les tableaux ou les frises baroques.

Mosaïque de Pompéi : Musiciens ambulants. *Naples, Musée national.*

Le compositeur Giacomo Puccini.

Le Pizzaiolo, vers 1820. Paris, bibliothèque des Arts décoratifs.

Putti ornant une des fresques de G.B. Tiepolo. Plafond de l'école des Carmes, Venise.

R

Raphaël

(1483-1520). Peintre de la Renaissance et peintre officiel de la papauté, de son vrai nom Rafaello Sanzio. Sa première œuvre datée, *le Mariage de la Vierge,* est marquée par l'influence du Pérugin dans sa composition et son motif, tandis que ses premiers tableaux florentins, *la Belle Jardinière* ou *la Madone au chardonneret,* apparurent empreints des leçons de ses glorieux aînés Léonard de Vinci et Michel-Ange. Son talent l'ayant fait connaître, Raphaël fut appelé en 1508 à Rome, où il fut chargé de la décoration de trois *Stanze* de l'appartement de Jules II au Vatican, qui restent son chef-d'œuvre.

Ravenne.

Important port sous les Romains avant l'ensablement de sa lagune, la ville devint capitale de l'Empire à partir de 402. Elle atteignit son apogée sous le règne de l'empereur Théodoric (493-526) puis sous la domination byzantine de 540 à 751.

Rimini.

Principale station balnéaire de la côte adriatique.

Risi Dino.

Cinéaste né en 1916. Il a réalisé les œuvres les plus représentatives de la comédie à l'italienne : *Une vie difficile, les Monstres* campent des personnages typiques de la société italienne avec un humour souvent grinçant. Plus douloureuse est l'atmosphère de *Parfum de femme.*

Risorgimento.

Mouvement qui conduisit, au XIXᵉ siècle, à l'unification italienne.

Rome.

Cœur du monde antique, berceau de la culture européenne, Ville Éternelle, on n'en finirait pas d'énumérer. les qualificatifs de la capitale de la République italienne. Aujourd'hui, ses millions de visiteurs confondent la Rome antique, la Rome chrétienne et la Rome baroque dans une même admiration, conquis avant tout par l'incomparable beauté et la tranquille douceur de vivre de la ville. On peut déplorer son manque d'ardeur industriel ou économique, mais c'est aussi le garant de cette paix romaine si universellement célébrée.

Romulus Augustulus

(v. 461- ?). Dernier empereur d'Occident. Ce fut son père, Oreste, qui gouverna en son nom pendant son bref règne, en 475 et 476, d'où son surnom d'Augustulus, « le petit Auguste ». Le Barbare Odoacre assassina Oreste et déposa Romulus Augustulus, qui fut relégué sur les bords du golfe de Baïes.

Romulus.

Fondateur mythique de Rome. Élevé avec son frère jumeau Rémus par une louve, il fut recueilli ensuite par le berger Faustulus. Les jumeaux décidèrent de fonder une ville dont Romulus marqua la limite d'un sillon et à laquelle il donna son nom. Il tua Rémus, qui avait tourné en dérision la frontière sacrée. Sa ville accueillit proscrits et fugitifs, qui, pour prendre femme, enlevèrent les Sabines. La guerre qui s'ensuivit s'acheva par une réconciliation et la fusion des deux peuples, sabin et romain.

Rossellini Roberto

(1906-1977). Cinéaste. Son premier grand film, *Rome, ville ouverte,* marqua le début du mouvement néoréaliste. Formé au documentaire, Rossellini appliqua son style sec et dépouillé à des sujets chrétiens comme *Onze Fioretti de François d'Assise,* autobiographiques comme *le Voyage en Italie,* inspiré de sa vie commune avec l'actrice Ingrid Bergman, ou encore à des sujets d'actualité comme celui d'*Europe 51.* Dans les dernières années de sa vie il travailla surtout pour la télévision.

Rossini Gioacchino

(1792-1868). Le plus brillant des compositeurs italiens. Il composa son premier opéra à 17 ans et connut son premier triomphe avec *Tancrède* en 1813 à Venise, suivi du *Barbier de Séville* en 1814. Bientôt célèbre dans toute l'Europe, il devint en 1824 directeur du Théâtre-Italien à Paris, où il créa son opera seria *Guillaume Tell* (1829). Par sa richesse mélodique et sa facilité d'invention, il domina toute la production musicale de la première moitié du XIXᵉ siècle.

La Belle Jardinière,
chef-d'œuvre de Raphaël
Paris, musée du Louvre.

Le compositeur Giacchino Rossini,
photographié par Carjat.

La Piazza di Spana
et l'église française
de la Trinité-des-Monts,
de Rome.

S

Salluste

(86-35 av. J.-C.). Historien latin. Il relata dans des œuvres assez brèves au style maîtrisé des épisodes récents de l'histoire de Rome : *la Conjuration de Catilina, la Guerre contre Jugurtha*, roi de Numidie. Il s'attacha à mettre en lumière la personnalité des chefs politiques et militaires et leur influence sur les événements. Son latin légèrement archaïsant est l'un des modèles de la prose classique.

Salo (république de).

La République sociale italienne fut proclamée à l'automne de 1943 par Mussolini, installé à Salo, sur les bords du lac de Garde, après sa destitution par le Grand Conseil du fascisme et sa libération par un commando allemand. Tentant de revenir au sources populistes du fascisme, Mussolini décida la socialisation des entreprises. Dans les faits, la république de Salo, totalement dépendante des nazis, fut surtout caractérisée par un renforcement de la violence et la lutte contre les partisans et les forces alliées. Le régime s'écroula définitivement avec la capture et l'exécution de Mussolini à Milan en avril 1945.

San Giminiano.

Il ne reste que treize tours sur les soixante-dix qui se dressaient jadis fièrement au-dessus des murailles de San Giminiano. Elles étaient édifiées en signe de puissance par les familles patriciennes qui se disputaient la souveraineté de la cité. La ville tomba au XIVᵉ siècle sous la tutelle de Florence.

San Marino.

République indépendante de 61 km², enclavée dans l'Italie, au sud de Rimini. Fondée au IVᵉ siècle autour de l'ermitage de San Marin, elle reçut au XIIIᵉ siècle ses institutions, qui en font la plus ancienne république du monde.

Sardaigne.

Région autonome. L'île de Sardaigne, relativement éloignée de la péninsule italienne, a vécu à l'écart des grands mouvements politiques et culturels. Si ses côtes, où le tourisme et l'industrie se sont développés depuis le milieu de ce siècle, ont vu passer bien des envahisseurs, l'intérieur, aujourd'hui encore faiblement peuplé de bergers et d'agriculteurs, ne reçut jamais d'influences étrangères profondes.

Sassi.

Ou « cailloux ». Ainsi étaient désignées les habitations troglodytiques creusées dans le tuf à Matera, au sud de Bari, utilisés comme maison ou sanctuaire.

Savonarole

(1452-1498). Prédicateur et dominicain. Girolamo Savonarola se fixa pour but de purifier les mœurs de l'Église catholique. Dans ses prêches, il dénonçait les vanités du monde et le goût terrestre de l'art. Il prit un immense ascendant sur la politique florentine après l'invasion française qui chassa les Médicis, qu'il avait plus ou moins prophétisée. Il chercha alors à réglementer, jusque dans le costume, la vie de Florence et fit détruire nombre d'œuvres d'art. Les excès de son fanatisme le firent rejeter d'une partie des Florentins et ses attaques contre la papauté diminuèrent son pouvoir. Attaqué sur le terrain théologique par les franciscains, il se défendit avec beaucoup de maladresse. Emprisonné, condamné à mort, il fut pendu et brûlé.

Scala.

Le plus célèbre théâtre musical du monde. Il fut inauguré à Milan le 3 août 1778 avec un opéra de Salieri, le rival de Mozart, et fut dès lors le lieu de création de tous les plus grands opéras italiens. Chanter à la Scala reste encore la plus grande consécration pour un chanteur, d'autant que le public milanais, connaisseur et mélomane, passe pour l'un des plus exigeants. Presque entièrement détruite pendant la Seconde Guerre mondiale, la Scala fut reconstruite à l'identique après la guerre et réinaugurée par Toscanini en 1946.

Scarlatti Domenico

(1685-1757). Musicien et compositeur italien. Auteur de musique religieuse, il s'installa à Madrid en 1729 et se consacra ensuite aux œuvres pour clavecin, son instrument de prédilection, dont il contribua à renouveler les possibilités expressives.

Guerrier en bronze de type nuraghe (IXᵉ-VIIIᵉ siècle av. J.-C.). Rome, Villa Giulia.

Le saisissant profil de Savonarole, par Fra Batolomeo. Florence, musée San Marco.

La Scala : Un grand bal dans la salle du vieux théâtre de Cour, au XVIIIᵉ siècle. Milan, musée de la Scala.

Sciascia Leonardo.
Romancier, journaliste et essayiste d'origine sicilienne né en 1921. Son œuvre peint de façon critique et passionnée, parfois au travers de fictions fantastiques, sa terre natale et les problèmes de la société italienne contemporaine, en particulier la Mafia et le terrorisme, comme dans *Cadavres exquis*, porté à l'écran par Francesco Rosi.

Scola Ettore
(1933). Cinéaste. Son regard critique sur la société italienne se traduit par des comédies où la nécessité de spectacle apparaît toujours. *Cent millions ont disparu* (1965), *le Fouineur*

Magnifique portrait du musicien D. Scarlatti (détail).

(1969), *Drame de la jalousie* (1970), *Nous nous sommes tant aimés* (1974), *les Nouveaux Monstres* (1978), *la Nuit de Varennes* (1982).

Ségeste.
Son temple se dresse, solitaire et grandiose, sur les collines siciliennes de la province de Trapani. Il fut construit au Ve siècle av. J.-C., au moment où la cité d'Egeste était en guerre avec ses voisines hellènes de Sélinonte et de Syracuse.

Sélinonte.
Colonie grecque fondée en Sicile vers 650 av. J.-C. et baptisée du nom grec de l'ache, une variété de plantes de la région.

Sept Collines.
Elles sont en fait au nombre de neuf : l'Aventin, le Cœlius, le Capitole, l'Esquilin, le Palatin, le Quirinal, le Viminal, le Pincio et le Janicule. Mais la Rome antique était contenue entre les sept premières, tandis que la ville moderne s'est développée peu à peu au-delà.

Septime Sévère
(146-211). Empereur romain. Proclamé empereur par l'armée d'Illyrie, il fut accepté comme tel par le sénat romain mais dut éliminer les prétendants suscités par les autres armées. Il régna par la brutalité. Originaire d'Afrique, il favorisa le développement à Rome des cultes orientaux tout en luttant contre le christianisme. Septime Sévère mourut lors d'une expédition en l'actuelle Grande-Bretagne.

Sicile.
Région autonome. Séparée de la péninsule italienne par le détroit de Messine, la Sicile reste profondément différente de l'Italie continentale. Aujourd'hui, la Sicile offre deux visages : celui, animé et riant, de son littoral, que le tourisme et l'industrialisation font sortir du sous-développement, et celui, plus austère, de l'intérieur, aux rares et énormes villages, rassemblant plusieurs dizaines de milliers d'agriculteurs, les *citte contadine*, fiefs traditionnels de la Mafia.

Sienne.
Plus secrète et moins « touristique » que Florence, c'est l'autre joyau de la campagne toscane. Son riche passé attire de nombreux touristes, qui ne manquent pas de déguster au passage un gâteau à base de miel, le *panforte*, l'une des spécialités culinaires de Sienne, ou viennent assister au Palio, qui se déroule chaque été.

Sorrente.
Au bout de la presqu'île qui porte son nom, Sorrente est depuis plus d'un siècle une villégiature privilégiée des musiciens et des poètes.

Sport.
Élément important de la vie italienne, le spectacle sportif, particulièrement le cyclisme, le football et l'automobile, suscite l'enthousiasme des *tifosi*. Les quelques scandales financiers qui ont éclaté au début des années 1980, notamment à propos des fraudes du *Totocalcio*, système de paris sur les résultats de football, n'ont pas pour autant entamé la ferveur du public.

Stradivarius.
Famille de luthiers de Crémone. Antonio, le père (1644-

Stradivarius en plein travail dans son atelier. Gravure anonyme du XVIIIe siècle.

Le plus endommagé des temples de Sélinonte. Consacré sans doute à Minerve, il remonte au VIe siècle av. J.-C.

1737), mit au point l'ensemble des techniques qui firent la réputation des violons Stradivarius. Avec ses fils Omobono et Francesco, il produisit près de 1 100 instruments pour toutes les cours d'Europe.

Stromboli.
Île de l'archipel des Éoliennes, au volcan très actif. Elle fut le cadre d'un célèbre film de Rossellini, mettant en scène sa femme, Ingrid Bergman.

Stevo Italo.
(1861-1928). Écrivain né à Trieste. Il fut le premier romancier italien à introduire dans ses romans les thèses psychanalytiques découvertes à la lecture de Freud, notamment dans son roman *la Conscience de Zeno*.

Syracuse.
Ancienne colonie grecque fondée en 734 av. J.-C. par des Corinthiens, Syracuse fut un temps, sous le gouvernement de Denys l'Ancien (405-367), la ville la plus riche de la Grande Grèce. Les influences arabes, espagnoles ou baroques y furent tout aussi déterminantes et ont façonné le visage de la ville actuelle, vivante, animée, parfois secrète et, depuis peu, important centre industriel.

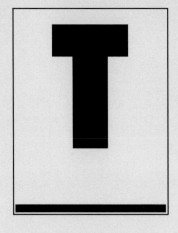

Tacite
(55-120). Sans doute le plus grand des historiens latins. Ses *Histoires* et ses *Annales* décrivent dans une langue concise et raffinée la société romaine du Haut-Empire. Son sens de la psychologie, son intelligence de la politique et sa verve satirique font de son œuvre l'une des meilleures évocations de la Rome impériale.

Taormine.
Un des pôles du tourisme sicilien. Perchée sur un éperon rocheux, elle a conservé son charme malgré l'afflux de touristes.

Tarente.
L'ancienne cité grecque fondée au VIIIe siècle av. J.-C., jadis île à l'entrée de la rade, est devenue un des pôles du développement industriel du Mezzogiorno grâce à un important complexe sidérurgique.

Tarquinia.
Sans doute la première et la plus importante des cités étrusques. Elle fut probablement fondée vers le milieu du Ier millénaire av. J.-C. et vit naître la dynastie des Tarquins, qui gouvernèrent Rome au VIe siècle.

Tasse (le)
(1544-1595). Poète. Torquato Tasso partagea dans sa jeunesse la vie itinérante, de cour en cour et de protecteur en protecteur, de son père Bernardo, lui-même poète. Entré au service du cardinal Luigi d'Este, Torquato l'accompagna à Paris puis, de retour à Ferrare, passa au service du duc Alphonse II. C'est *la Jérusalem délivrée*, achevée en 1575, qui lui vaut d'être passé à la postérité. Ce poème, mêlant l'épopée à l'élégie, ranima le genre chevaleresque, qui s'épuisait dans l'imitation de l'Arioste. Cependant, pris de scrupules moraux et esthétiques, le Tasse reprit son œuvre en une nouvelle version, beaucoup plus froide et convenue, *la Jérusalem conquise*. Les scrupules et hésitations du poète l'entraînèrent jusqu'à la folie, qui, malgré des rémissions, assombrit ses dernières années.

Taviani Vittorio et Paolo.
Cinéastes nés en 1929 et 1931. Pour évoquer les problèmes sociaux, les frères Taviani ont volontiers recours à l'allégorie et au symbolique, qui s'incarnent dans leurs films en de superbes images, celles de *Padre Padrone*, palme d'or au festival de Cannes en 1977, ou encore celles de *Chaos* et du *Pré*.

Tibère
(v. 42 av. J.C.-37 apr. J.-C.). Empereur romain. Sa mère, Livie, s'étant remariée avec l'empereur Auguste, celui-ci lui confia la charge de plusieurs campagnes puis le contraignit à épouser Julie, sa fille d'un autre lit, et l'adopta en même temps qu'Agrippa Postumus. À la mort d'Auguste, Tibère prit le pouvoir et fit assassiner sa femme et son rival. Son intransigeance et sa gestion rigoureuse lui suscitèrent beaucoup d'ennemis au sénat. Ayant dû lutter contre plusieurs complots, Tibère s'enfonça dans la cruauté ; la fin de son règne fut marquée par de nombreuses exécutions et déportations.

Buste en marbre de Tacite. Paris, musée du Louvre.

Le merveilleux site de Taormine. Le théâtre grec (IIIe siècle av. J.-C.) et, au fond, l'Etna.

Portrait du Tasse, par A. Allori. Florence, musée des Offices.

Tibre.
Fleuve né dans l'Apennin, à l'est de Florence, et qui se jette dans la mer Tyrrhénienne après avoir traversé Rome.

Tiepolo Giambattista (1696-1770). Le représentant le plus éminent du baroque italien du XVIIIe siècle. Doué d'un sens remarquable du trompe-l'œil, il excella dans l'art des plafonds, déployant dans chacune de ses compositions une richesse décorative toujours renouvelée. Après avoir exécuté de nombreuses commandes à Venise, sa ville natale, il partit pour la cour de Charles III d'Espagne, pour qui il travailla aux palais royaux de Madrid et d'Aranjuez.

Tintoret (le) (1518-1594). Jacopo di Robusti, peintre vénitien, doit son surnom de *Tintoretto* à la profession de son père, teinturier à Venise. Peut-être élève mais sûrement rival de Titien, il domina avec ce dernier la peinture vénitienne du XVIe siècle. Préférant composer des tableaux de très grande dimension, il frappe par la violence de ses contrastes et la vivacité de ses couleurs. Son art culmine dans les scènes bibliques peintes pour la Scuola Grande di San Rocco à Venise.

Tite-Live
(59 av. J.-C.-19 apr. J.-C.). Historien latin. Il entreprit de raconter l'histoire de Rome depuis les origines jusqu'à l'avènement d'Auguste dans son œuvre majeure, *Ab Urbe Condita*. Son sens de l'équilibre dans la composition, qui n'exclut pas l'expression du mouvement et des sentiments, fait de lui l'historien classique par excellence. C'est par lui que nous connaissons la majeure partie des mythes de la fondation de Rome.

Titien
(v. 1490-1576). Peintre vénitien. En 1516, une fois son maître Bellini mort, il devint le chef de file incontesté de la peinture vénitienne. Il s'affirma bientôt dans l'art du portrait et réalisa successivement ceux de Charles Quint et du duc d'Urbino, tout comme celui d'un inconnu ô combien illustre, *l'Homme au gant*. Il atteignit dans sa maturité la perfection du classicisme, dont est empreinte une de ses œuvres les plus célèbres, la *Vénus d'Urbino*.

Tivoli.
Lieu de villégiature favori des artistes, des peintres, des cardinaux et des empereurs, Tivoli, aux portes de Rome, est célèbre pour ses nombreuses villas

aux parcs arrosés par de multiples fontaines et cascades. La plus connue est celle du cardinal d'Este, bâtie au XVIe siècle, dont les jardins et les jets d'eau inspirèrent musiciens et poètes.

Toscane.
Région qui s'étend au nord de Rome, entre l'Apennin et la mer Tyrrhénienne. La Toscane est le cœur historique de l'Italie, l'ancienne terre des Étrusques, qui y ont laissé leurs tombes et leur mystère. Les villes toscanes, Florence, la capitale, mais aussi Pise, Sienne ou Lucques, connurent, du XIIIe au XVIe siècle, une puissance politique et un rayonnement artistique qu'attestent encore leurs superbes monuments et leurs nombreuses œuvres d'art.

Toscanini Arturo (1867-1957). Le plus célèbre des chefs d'orchestre italiens, tant par la qualité de ses interprétations, lyriques mais aussi très fidèles à la partition, que par ses sautes d'humeur et la violence de son caractère, qui le faisaient redouter de tous ses musiciens.

Toto
(1898-1967). Acteur et scénariste. Le vrai nom de ce Napo-

litain, fils illégitime d'un marquis descendant des empereurs byzantins, évoque la comédie : Antonio Furst de Curtis Gagliardi Ducas Comneno di Bisanzio. Il imposa sur les scènes romaines de l'entre-deux-guerres son personnage comique, proche à la fois de Charlot et de Valentin le Désossé. Parallèlement, Toto mena une carrière prolifique au cinéma, jouant dans près d'une centaine de films.

Trains.
On prétend qu'ils ne sont plus jamais arrivés à l'heure depuis la chute du fascisme... Pourtant, le réseau ferroviaire italien, dense et diversifié, reste l'un des meilleurs moyens de découvrir l'Italie sous tous ses aspects.

Trajan
(53-117). Empereur romain. À la suite de son père, originaire de Bétique et légat en Syrie, Trajan entra dans la carrière militaire, dont il gravit les échelons. L'empereur Nerva l'adopta et, à sa mort, Trajan revêtit la dignité impériale. L'efficacité de son administration lui valut le surnom d'Optimus : « le Meilleur ». Il fit entreprendre de grands travaux : construction d'un nouveau forum, agrandissement

Le Miracle de saint Marc, *du Tintoret.*
Saint Marc libère un esclave du supplice.
Venise, Académie.

Des cyprès, une campagne doucement vallonnée,
une belle lumière, la Toscane.
L'heure est à la pause...

du port d'Ostie, réfection de la via Appia. Sa politique militaire fut également brillante : expansion de l'Empire sur le Danube et en Orient, par la victoire sur les Parthes. Cependant, la Mésopotamie se souleva et Trajan mourut au retour d'une expédition de pacification.

Trastévère.
Littéralement, « de l'autre côté du Tibre ». Le mot désigne le quartier de Rome situé sur la rive gauche du fleuve, resté longtemps un quartier authentiquement populaire.

Trattiora.
Petit restaurant, plus simple que le « ristorante ». On y sert généralement une cuisine réduite aux plats traditionnels.

Trentin.
Région comprenant le cours moyen de l'Adige, constituée de montagnes et de plateaux émaillés de lacs. Situé sur la route du Tyrol, le Trentin appartint à l'Autriche de 1816 à 1918. Influences italiennes et autrichiennes s'y mêlent harmonieusement.

Trieste.
Ville portuaire et important centre industriel et commercial de l'Italie du Nord. Par sa position géographique à la frontière de la Yougoslavie, Trieste est un lieu privilégié d'échanges avec l'Europe centrale.

Trulli.
Constructions coniques en pierres grises ou blanchies à la chaux caractéristiques de la région d'Alberobello, dans la province de Bari. Leur origine reste encore mystérieuse, d'autant que les toits sont ornés de motifs architecturaux difficiles à interpréter, à valeur visiblement symbolique.

Turin.
Au cours de son histoire, Turin fut à plusieurs titres capitale et, de nos jours, c'est la capitale de l'industrie automobile avec la présence des usines Fiat.

Tyrrhénienne (mer).
Partie de la Méditerranée comprise entre la Corse et la Sardaigne à l'ouest, la péninsule italienne et la Sicile au sud.

La majestueuse église Saint-Laurent de Turin, conçue par l'architecte Guarino Guarini.

Ucello Paolo (1397-1475). Peintre et décorateur florentin. Il fut d'abord orfèvre, mosaïste et dessinateur de vitraux. Mais c'est surtout dans la peinture qu'il affirma son sens audacieux de la perspective et son art de la composition. Son tableau le plus célèbre est la *Bataille de San Romano,* tryptique dont Londres, Rome et Paris possèdent chacun une partie. On retrouve le même sens du mouvement et de la ligne dans sa *Légende de la profanation de l'hostie,* peinte sur la prédelle d'un retable d'Urbino.

Ungaretti Giuseppe (1888-1970). Sans doute le plus important poète contem-

Alberobello est presque entièrement fait de trulli. Lauzes, chaux, coupoles... Un monde à part.

La Bataille de San Romano, de Paolo Ucello. Florence, musée des Offices.

...orain italien. Également traducteur et essayiste, il fut l'auteur de nombreux recueils poétiques au style hermétique. *La Douleur, Terre promise* et surtout *Vie d'un homme* sont les plus célèbres.

Urbino.
Petite ville des Marches juchée sur un promontoire rocheux de telle sorte que, suivant le mot de Montaigne, « partout il y a à monter et à descendre ». C'est à la famille des Montefeltro qu'Urbino doit son visage actuel et sa gloire.

Val d'Aoste.
Région autonome ayant Aoste pour chef-lieu, le Val d'Aoste comprend l'ensemble des vallées alpines formées par la Doire et ses affluents. Cette province, encaissée entre certains des plus hauts massifs alpins : mont Blanc, mont Rose et Cervin, fut longtemps le seul passage entre l'Italie, d'une part, la Suisse et la France du Nord d'autre part, par les cols du Petit- et du Grand-Saint-Bernard.

Vasari Giorgio
(1511-1574). Plus qu'avec ses réalisations architecturales, il acquit une grande renommée grâce à ses *Vies des hommes illustres*, consacrées aux meilleurs artistes italiens, premier ouvrage majeur de l'histoire de l'art.

Vatican.
État souverain créé par les accords du Latran en 1929 pour garantir à la papauté une assise temporelle à son pouvoir spirituel. Outre la cité du Vatican proprement dite, cet État comprend le palais du Latran, la villa de Castel Gandolfo, les basiliques de Sainte-Marie-Majeure et de Saint-Paul-hors-les-Murs et quelques autres palais occupés par l'administration de la Curie, soit quelque 114 hectares.

Vénétie Julienne-Frioul.
Région la plus orientale de l'Italie. Hormis sa capitale, Trieste, important port industriel, c'est surtout une région d'agriculture, d'élevage et d'exploitation forestière. Le tourisme s'est développé dans les stations balnéaires du littoral adriatique.

Vénétie.
Région qui comprend les environs de Venise et le delta du Pô ainsi que les Préalpes entre le lac de Garde et le Frioul. L'éclat de Venise, sa capitale, ne doit pas occulter les charmes de ses anciennes rivales puis alliées, Vérone, Pa-

doue ou Trévise. Un tourisme plus sportif s'est développé dans la partie montagneuse de la Vénétie, autour des Dolomites.

Venise.
La splendeur de ses palais, même délabrés, le long du Grand Canal, l'originalité de son architecture lacustre, les trésors picturaux de ses églises et de ses musées attirent chaque année des millions de visiteurs qui constituent à la fois

Miracle de l'eau, à Venise. Chaque pont, canal, ruelle, frappés de grâce.

une importante source de devises et une menace. Sauver Venise n'est plus aujourd'hui la préserver des méfaits de l'*acqua alta* ou de la pollution marine, c'est canaliser et restreindre les vagues humaines.

Vêpres siciliennes.
Révolte qui éclata à Palerme le lundi de Pâques 1282 contre la domination angevine. L'armée française dut évacuer la Sicile, et la dynastie d'Aragon la remplaça.

Village montagnard dans la vallée d'Ayas. Val d'Aoste.

Le poète Giuseppe Ungaretti, chef de file de l'hermétisme.

Verdi Giuseppe
(1813-1901). Le plus vénéré
des compositeurs italiens.
Après une enfance modeste et
de difficiles débuts dans le
monde musical milanais, il eut
son premier triomphe avec
l'opéra *Nabucco* (1842), qui le
rendit célèbre dans toute
l'Italie. Son engagement pour
la cause de l'indépendance lui
valut de voir son nom transformé en slogan (« Viva
Verdi », c'est-à-dire en fait
Viva Vittorio Emmanuele Re
d'Italia) sur tous les murs
d'Italie. Dans les années 1850,
il créa tour à tour nombre de
chefs-d'œuvre, *Rigoletto* (1851),
le Trouvère et *la Traviata* (1853),
à chaque fois succès sans précédent. Il inaugura l'opéra du
Caire avec *Aïda* en 1872 et
termina sa vie couvert
d'honneurs et révéré par la
population.

Verga Giovanni
(1840-1922). Romancier. Ses
premières œuvres, *Eva, Tigre
royal* ou encore *Eros,* étaient
imprégnées de romantisme et
de mondanité. Mais, influencé
par Flaubert et Zola, Verga se
tourna vers l'observation de la
vie rurale dans ses recueils de
nouvelles comme *Vie aux
champs* ou *Nouvelles paysannes*. Il
lança ainsi le courant vériste,
qui allait avoir des prolonge-

ments dans toute une partie de
la littérature et de la musique
italiennes de la première moitié du XXᵉ siècle.

Vérone.
La ville a une double vocation : musicale et théâtrale.
Comme inspiratrice de la pièce
de Shakespeare *Roméo et Juliette,*
elle accueille chaque année en
juillet-août le festival du thé-
tre shakespearien.

Véronèse
(1528-1588). C'est à la ville
de Vérone, où il naquit, que
le peintre doit son nom. À
son arrivée à Venise, en 1555,
il concilia l'héritage maniériste
de sa ville natale avec
l'influence de la grande école
vénitienne alors dominée par
Titien et le Tintoret. Cette
double filiation transparaît
dans son œuvre son goût
pour la couleur et la
virtuosité de compositions
souvent très théâtrales comme
le fameux *Repas chez Levi*, à
l'Académie de Venise.

Verrochio Andrea del
(1435-1488). Orfèvre et sculpteur florentin. Il réalisa, entre
autres œuvres, le *Colleone* de
Bergame et fut le maître de
Léonard de Vinci, qui peignit
l'un des anges de son *Baptême
du Christ* des Offices.

Vespasien
(9-79). Empereur romain, fondateur de la dynastie des Flaviens. Choisi par l'armée
d'Orient, avec laquelle il répri-
mait une insurrection en Judée,
Vespasien restaura la dignité
impériale et les finances publiques, compromises par les empereurs Caligula et Néron. Il
donna plus de pouvoir à l'Italie et aux provinces, accordant
libéralement la *civitas*, droit de
cité, et recrutant les légion-
naires parmi les provinciaux.
Le coup d'arrêt aux dépenses
somptuaires qu'il imposa pour
restaurer les finances a pu le
faire taxer d'avarice par des
historiens comme Tacite ou
Suétone, mais, à sa mort, il

laissait derrière lui un empire
consolidé militairement et
financièrement.

Vésuve.
Volcan actif qui se dresse au
sud de Naples. Au nombre de
ses meurtrières éruptions, on
compte celle qui ensevelit
Pompéi et Herculanum en 79.

Via Appia.
La plus célèbre de toutes les
grandes voies romaines. Elle
fut ouverte en 312 av. J.-C.
par le sénateur Appius Clau-
dius, qui lui donna son nom,
et desservait, sous l'Antiquité,
tout le cœur de l'Italie méridionale depuis Rome jusqu'à
Brindisi. Voie de communica-

*Portrait de
Victor-Emmanuel II en 1861.
Turin, musée du
Risorgimento.*

*Le compositeur Giuseppe Verdi,
musicien dramatique
au puissant tempérament
lyrique.*

*Fresque en trompe-l'œil
de Véronèse.
Détail d'un plafond
de la Villa Barbaro,
à Maser.*

lion et d'échanges commerciaux mais aussi symbole de la puissance romaine, elle était bordée, sur une part importante de sa longueur, par des tombeaux et des mausolées prestigieux. Les quelques kilomètres de voie qui subsistent à la sortie de Rome, entre les pins et les ruines, sont encore très évocateurs.

Vicence.
L'architecte Palladio a marqué de son empreinte cette ville de la haute Adriatique. Ainsi, outre une immense basilique de style néoclassique, on peut y admirer le plus étonnant théâtre d'Italie, dernière réalisation du talentueux constructeur, premier exemple de salle « à l'italienne » et surtout merveilleux exercice de style baroque avec ses décors en trompe-l'œil.

Victor-Emmanuel II
(1820-1878). Roi de Sardaigne, puis d'Italie. Il succéda sur le trône de Piémont-Sardaigne, à son père, Charles-Albert de Savoie, qui avait abdiqué en 1849 après sa défaite face aux Autrichiens à Novare. S'appuyant sur son Premier ministre Cavour, il entreprit de rassembler autour de lui ceux qui rejetaient le joug autrichien. Son alliance avec la France lui permit de s'emparer de la

Lombardie, puis progressivement de toute l'Italie du Nord. L'expédition des Mille, menée par Garibaldi en 1860, lui apporta toute l'Italie du Sud. Couronné roi d'Italie en 1861, Victor-Emmanuel II adjoignit à son royaume la Vénétie en 1866 et Rome en 1870.

Villa Adriana.
Résidence de l'empereur Adrien, aux environs de Tivoli. Elle fut construite au IIe siècle et embellie de reproductions de tous les plus beaux monuments que l'empereur avait pu admirer au cours de ses voyages. Les Barbares endommagèrent gravement cet ensemble harmonieux d'édifices et de jardins.

Vinci Léonard de
(1452-1519). La figure la plus universelle du génie florentin. Se voulant « homme total », il ne négligea aucune des disciplines du savoir, exerçant son imagination créatrice tour à tour dans la peinture — sa *Mona Lisa* est connue dans le monde entier sous le nom de *la Joconde* —, dans l'art des machines, qu'il bouleversa en concevant avec sa fameuse « machine volante » le lointain ancêtre de l'avion, et enfin dans les sciences exactes, astronomie, mathématiques, géo-

logie, hydraulique et anatomie. Réclamé par toutes les cours d'Europe, il finit son existence à Amboise, où l'avait appelé François Ier. Quatre ans auparavant, ce dernier avait été ébloui par *la Cène*, une fresque réalisée par Léonard en 1495 dans le réfectoire de Sainte-Marie-des-Grâces à Milan, qu'il avait laissée inachevée faute de pouvoir représenter la divine beauté de la tête de Jésus-Christ.

Virgile
(70-19 av. J.-C.). Poète latin. À l'apogée de la puissance de Rome, sous le règne d'Auguste, il écrivit parmi les plus belles pages de la poésie latine : *les Bucoliques*, qui chantent la vie pastorale, *les Géorgiques*, qui louent la vie aux champs, *l'Énéide* enfin, retraçant les aventures du Troyen Énée, fondateur mythique de Rome.

Visconti Luchino
(1906-1976). Cinéaste. Issu d'une grande famille de l'aristocratie italienne, Luchino Visconti manifesta vite un esprit de liberté mal accepté dans son milieu et une passion pour l'art lyrique, la décoration et le cinéma. Sensible aux relations entre l'homme et son milieu social et historique, Visconti

les révéla en des mouvements de caméra et des images d'une esthétique flamboyante. Ses plus grandes réussites sont peut-être les films qui peignent une déchéance et les lambeaux d'une grandeur perdue : *Mort à Venise, le Guépard* ou encore *Ludwig*.

Vitruve.
Architecte romain du Ier siècle dont le traité *De Architectura* codifia pour la première fois les règles de l'architecture antique et servit de référence aux artistes de la Renaissance.

Vivaldi Antonio
(1678-1741). Surnommé le « Prêtre roux ». Créateur du concerto, précurseur de la symphonie, virtuose du violon et remarquable pédagogue, Vivaldi était aussi maître de chapelle à Venise. Son œuvre abondante fut redécouverte au début du siècle seulement et il apparaît maintenant comme le plus inventif et le plus doué des musiciens de sa génération.

Volta Alessandro
(1745-1827). Physicien. Ses travaux sur l'énergie électrique aboutirent en 1800 à l'invention de la pile chimique dite « voltaïque ». Il a laissé son nom à l'unité de mesure de la force électromotrice, le volt.

Le très célèbre autoportrait à la sanguine, de Léonard de Vinci. Venise, Académie.

Dessin d'une statue de Virgile, par Mantegna. Paris, musée du Louvre.

Une scène de Mort à Venise, *de L. Visconti, avec Silvana Mangano (1971). D'après l'œuvre de Thomas Mann.*

index

Les chiffres en *italique* renvoient aux illustrations

A

Abbado (Claudio), 54
Abruzzes, 13, 59, 122, 123, 141
Académies, 122
Adamello, 10
Adda (vallée de l'), 10
Adige, 76, 80, 122, 152
Adige (vallée de l'), 12
Adriatique, 122, 140, 146
Adriatique (littoral), 141
Agnelli (Giovanni), 68
Agrigente, 116, 122, *122*, 135
Agrippine, 129, 142
Albains (monts), 128
Alberobello, 110, 152
Alberti (Léon-Battista), 35, 99, 122
Albinoni, 49
Aldobrandini, 122
Alexandre III, 24, 122
Alexandre VI, 122, *122*, 125
Alfa Roméo, 104
Alghero, 118, *118*
Allegri (Gregorio), 122
Alpes, 10, 12, 18, 68, 71, 74, 78, 138, 145
Alpes Apuanes, 13
Altichiero, 38
Alvaro (Corrado), 113
Amadeo, 35, 72
Amalfi, 122
Amalfitaine (côte), 106, 146
Ambrogio, 138
Ancône, 18, 103, 140
Angevins, 25
Antinori, 96
Antipasto, 122
Antoine, 122
Antonello da Messina, 123, *123*, 125, 140
Antonioni (Michelangelo), 51, 54, 123, 142
Aoste, *68*, 68, 153
Aoste (vallée de l'), 10
Apennin ligure, 145
Apennins, 10, 11, 12, 13, 67, 74, 90, 100, 103, 104, 113, 123, 124, 141
Apennin Samnite, 141
Aquilée, 87
Arbatax, *118*
Archimède, 116
Arcole, 28
Aretin, 47, 123
Arezzo, 22, 42, 93, 96, 123, 145
Argentera, 10
Arioste (l'), 47, 123
Armani (Giorgio), 54, 71
Arno, *96*, 123
Arno (bassin de l'), 13
Arno (plaine de l'), 93
Aspromonte (massif de l'), 113
Assise, 100, 123, 129, 134, 135, 138
Asti, 124
Asti spumente, *124*
Augusta, 114
Auguste, 23, 124, 127, 150, 151
Aulenti (Gae), 85
Aurélien, 23, 62
Autoroutes, 124

Aventin, 149
Avernes (lac d'), 129

B

Bacci (Pietro), 47
Badoglio (Pietro), 32, 34
Baghiera, 116
Bagnoli, 18
Baïès, 129
Baïes (golfe de), 147
Bandello (Matteo), 124
Bandinelli, 42
Barbares, 23
Barbaresco, 59
Barbera, 59
Barberousse (Frédéric), 122
Bardoneechia(vallée de), 10
Bari, 56, 110, 124, 148, 152
Basilicate, *10*, 124, *124*, 141
Bassani (Giorgio), 124
Bel canto, 124, 132
Belice (vallée du), 114
Bellini, 124, 128, 151
Bellini (Giovanni), 85, 124
Bellini (Vincenzo), 125
Bene (Carmelo), 54
Bergame, 26, *72*, 72, 125, 129, 138, 154
Berio Luciano, 125
Bernin (Le), 36, 43, 62, *104*, 125
Bernina, 10
Bertolucci (Bernardo), 51, 54, 125
Biella, 18
Bisceglie, 110
Boccace, 27, 46, 99, 125
Boccherini, 49, 94
Boccioni, 43
Bologne, 25, 28, 35, 38, *88*, 122, 124, 125, 132, 136
Bologne (Jean de), 42, 88
Bolzano*17*, 18, *76*, 76
Bonaparte, 28
Boniface VIII, 26
Bordighera, 74
Borgia, 122
Borgia (César), 122, 125, 139
Borromées (îles), 78, 125, 139
Botticelli (Sandro), 39, *39*, 99, 125, *125*, 138
Bourbons, 28
Braies (lac de), 76
Bramante (Donatello), 36, 62, 72, 126
Brenner (col du), 10, 11, 76, 136
Brescia, 18, 26, 126, *126*, 138
Brescia-Dalmine-Lecco (complexe), 18
Bressanone, 76
Breuil-Cervinia, 68
Brindisi, 18, 110, 126, 154
Bronzino, *41*
Bruno (Giordano), 126
Brutus, 123
Bucchi, 49
Burano, *81*, 82, 85, 137
Burrus, 142
Buzzati (Dino), 47, *47*, 126

C

Cadorna (maréchal), 31
Cagliari, 118
Calabre, 11, 13, *15*, 17, 113, 126, 140, 141
Calder, 100
Caligula, 126, 129, 154
Calixte II, 24
Caltanissetta, 114
Calvino (Italo), 47, *47*, 54, 126
Camogli, *14*
Camorra, 127
Campanie, 13, 17, 104, 127, 128, 141
Campobasso, 141
Canaletto, *41*, 41, 82, 126, 127, 136
Canossa, 24
Canova, 43
Canova (Antonio), 43, 127
Capitole, 23, 149
Caporetto, 31
Capoue, 127
Cappucino, 127
Caprera, 134
Capri, 10, 106, 127, 137
Caravage, 106, 127, *127*
Carbonari, 28
Carbonaria, 127
Carducci, 47
Carezza (lac de), 76
Carissimi (Giacomo), 49
Carnaval, 127
Carpaccio (Vittore), 85, 124, 127
Carra, 72
Carrache, 88
Carrare, 94
Caruso (Enrico), 128, *128*
Casanova, 82, 128
Caserta, 128
Caserte, 106
Cassino, 128
Cassius, 123
Castel Gandolfo, *128*, 153
Castellamare di Stabia, 106
Castellana (grotte de), 110
Castelli Romani, 128
Castelli Romani(collines du), 12
Castiglioni, 49
Catane, 12, 56, 114, 125, 128, 132
Catanzaro, 113
Cavallini, 38
Cavani (Liliana), 128
Cavour, 29, 30, 67, 128, 134, 155
Cefalù, 114, *114*, 128, *128*
Cellini (Benvenuto), 42, 99
Celtes, 23
Cennini, 38
Cennobio, 78
Cervin, 10
César, 46
César Auguste, *91*
César (Jules), 122, 124, 128
Cetaro, 113
Champs Phlégréens, 104, 129, 130
Charbonnerie (loges de la), 28
Charlemagne, 42
Charles Ier, 25
Charles-Louis de Lucques, 29

Charles Quint, 74
Chemises rouges, 134
Cherubini (Luigi), 129, *129*
Chianti, 59, 93, 129
Chiusi, 93
Chiuso, 129
Ciano (comte), 32
Cicciolina, 144
Cicéron, 46, 129
Cimabue, 38, 100, 129, 132, 135
Cimarosa (Domenico), 49, 129
Cinecittà, 54, 64, 129
Cisalpine (républiques), 28
Cividale, 87
Civittavecchia., 129
Claude, 129, 142
Clément VII, 122
Cœlius, 149
Colisée, 23, 34, 62
Colombo, 33
Côme, 78
Côme Ier, 143
Côme (lac de), 78
Comencini, 130
Commedia dell'arte, 47, 72, 129, *129*, 135, 146
Conca d'Oro, 116
Condottiere (Luigi), 130
Constantin, 62, 130
Conte (Paolo), 54
Corelli, 49
Corrège (le), 90, 144
Cortina d'Ampezzo, 76, 130
Cortone, 93
Cosenza, 113
Cosme Ier, *99*
Cosme l'Ancien, 99, 140
Costa del Sud, 118
Costa Paradiso, 118
Costa Smeralda, 118
Côte violette, 113
Courmayeur, 68
Crassus, 128
Crémone, 24, 25, 48, 72, 130, 136, 149
Croce (Benedetto), 130
Croisades, 25
Crotone, 135, 141
Crusca, 122
Cumes, 106, 130
Curie, 23, 130, 153

D

Dalla Chiesa (général), 139
Dalla (Lucio), 54
Dallapiccola (Luigi), 49
Dalmatie, 31
Daniele (Pino), 54
D'Annunzio (Gabriele), 31, 47, 73, 94, 130, *130*, 137
Dante, 26, 46, *46*, 80, 93, 99, 131, 136
D'Arezo (Gui), 48
De Chirico (Giorgio), 41, 64, 68, 131
De Gasperi, 32
Del Giudice (Daniele), 54
Della Francesca (Piero), 39, 72, 93, 103
Della Porta, 42
Dell'Arco (Niccolo), 88
Della Robbia, 131

Démocratie chrétienne, 131
De Santis (Giuseppe), 131
De Sica (Vittorio), 51, 131, *131*, 142
Design, 71
Deux-Siciles (royaume des), 30, 131
Dialectes, 131
Dioclétien, 130, 131, *131*
Doge, 132
Doire, 153
Dolomites, *11*, 13, 76, 130, 153
Dominiquin, 88
Donatello, 42, *42*, 80, 99, 132
Donizetti (Gaetano), 49, 124, 132
Doria, 74
Drave (vallée de la), 11
Duccio, 38, 132, 140

E

Eco (Umberto), 47, 54
Elbe (île d'), 10, 24, 93, 132
Émilie, 17, 24
Émilie-Romagne, 13, 22, 42, 88, 90, 103, 132
Enna, 132
Éoliennes (archipel des), 12, 116, 132, 150
Érasme, 67
Erice, 114
Esquilin, 149
Este (famille d'), 90, 123
Este (Villa d'), 78
Etna, 12, 114, 128, 132
Étrurie, 23
Étrurie (royaume d'), 28
Étrusque, 100, 123
Étrusques, 22, 23, 38, 42, 71, 93, 132, 150, 151
Euganéennes (collines), 12

F

Fabriano, 103
Fallaci (Oriana), 47
Fanfani, *33*
Farnèse, 90
Farniente, 133
Fascisme, 133
Fasciste (parti), 142
Fellini (Federico), 54, 64, 129, 133, *133*
Ferragamo, 96
Ferrare, 18, 90, *91*, 132, 133, 136
Ferrari, 90
Fiat, 17, 18, 31, 33, 57, 67, 68, 85, 110, 133, 145, 152
Fiesole, 96, 134
Filicudi, 132
Fini (Léonor), 133
Fiume, 103, 130
Flavien, 23
Flaviens, 154
Florence, 25, 26, 30, 35, 38, 39, 42, 56, 93, 96, *96*, 99, *99*, 122, 123, 125, 126, 131, 132, 133, 134, 135, 136, 140, 141, 143, 148, 149, 151

157

Foggia (plaine de), 110
Forum, 23, 34, 133
Fossanova, 34
Fourches Caudines, 133
Fra Angelico, 39, *48*, 99, 134, 135
Fra Galgario, 72
Franco, 38
François d'Assise, 38, 134, *134*
François IV de Modène, 29
Frascati, 128
Freda (Riccardo), 50
Frédéric Ier dit Barberousse, 24
Frédéric II, 25
Frédéric II de Hohenstaufen, 136
Fréjus (tunnel du), 18
Freni (Mirella), 54
Frescobaldi, 48, 96
Frioul, 12, 87, 153
Fruttero, 94

G

Gabrieli, 48
Gaddi, 38
Gaète (golfe de), 127
Gagliardi, 143
Galilée, 126, 134
Garde (lac de), 78, 130, 134, 138, 148, 153
Gargano, 110
Garibaldi (Giuseppe), 30, *31*, 67, 131, 134, 155
Gasparri (cardinal), 32, 137, *137*
Gassman (Vittorio), 51, 134, *134*
Gaulois, 71
Gela, 18, 114, 134
Gelati, 135
Gênes, 18, 19, 25, 26, 55, 56, *74*, 74, 94, 110, 118, 134, 138
Gênes (golfe de), 74
Gennargentu, 11
Gentile, 130
Gentile da Fabriano, 135
Gentile (Giovanni), 133
Ghiberti (Lorenzo), 42, 99, 132, 135, *135*
Ghirlandaio (Domenico), 39, 99, 135
Gian Domenico, 41
Gibelins, 25, 123
Gibellina, 114
Ginori, 96
Gioia Tauro, 113
Giordano Bruno, 137
Giorgione, 40, 80, 85
Giornale Nuovo, 53
Giotto, 35, 38, 80, 100, 123, 129, 135, 138
Giovanni di Milano, 38
Giovinazzo, 110
Giudice (Daniele del), 47
Glaces, 135
Goldoni, 47, 130
Goldoni (Carlo), 47, 130, 135
Gonzague, 48, 140
Gonzagues, 71, 72, 139
Gorgonzola, 59
Goths, 23
Gozzoli (Bennozzo), 99, 135
Grado, 87
Grado ((île de)), 87
Gramsci (Antonio), 135
Grande Grèce, 135, 150
Grand Paradis, 10
Grand-Saint-Bernard (col du), 11, 18
Granite, 135
Gran Sasso, 123

Grappa, 87, 136
Grégoire Ier le Grand, 48
Grégoire VI, 24
Grégoire VII, 24
Grégoire IX, 25
Grotta Gigante, 87
Groupe 63, 47
Guardi (Francesco), 41, 82, 136
Guarini, 37, 67, 68
Guazzoni (Enrico), 50
Gubbio, 100, 136
Guelfes, 25, 123, 131, *136*
Guelfes et gibelins, 136
Guillaume de Nogaret, 26

H

Habsbourg, 28, 76
Hadrien, 62, 139
Haut-Adige, 136
Haut-Adige (vallée du), 10
Haute-Adriatique, 155
Henri III, 24
Henri IV, 24, 27
Henri V, 24
Herculanum, 106, 127, 136, *136*, 146, 154
Hérules, 23
Horace, 137
Humbert Ier, 31
Huns, 23

I

Iesi, 103
Innocent III, 25
Innocent IV, 25
Inquisition, 137
Irrédentisme, 137
Isario (vallée de l'), 12
Ischia, 10, 106, 137
Ischia (île d'), 12
Isola Bella, 78
Isola Madre, 78
Ivrea, 67

J

Janicule, 149
Jules II, 36, 62, 141, 147
Junon, 22
Jupiter, 22
Juvarra, 37, 68
Juvarra (Filippo), 68
Juvenal, 137

L

Lacrima christi, 137
Lacs (région des), 67
Lagune, 137
Lamezia, 113
Lampedusa (Giuseppe Tomasi di), 47, 116, 137
Landini (Francesco), 48
Landolina, 143
Langhe, 67
L'Aquila, 122
Larche, 11
Latifondi, 139
Latifondo, 137
Latins, 23
Latium, 104, 122, 127, 128, 129, 137

Latran (accords du), 32, *137*, 137, 153
Lattuada, 133
Laurent le Magnifique (Médicis), 27, *27*, 99, 140
Lavaredo, *76*
Lecce, 37, 110, 138
Legnano, 25
Leone (Roberto), 51
Leone (Sergio), 51
Léon X, 36
Leopardi (Giacomo), 47, 103, 138
Lépide, 123
Levi (Carlo), 47, 138
Levi (Primo), 138
Lido, 82, 85, 137
Lignano Sabbiadoro, 87
Ligue lombarde, 24
Ligures, 23, 71
Ligurie, 11, 13, 17, 74, 138
Ligurienne, 28
Lipari, 116
Lipari (îles), 10, 12, 132
Lippi (Filippo), 39, 125, 138, *138*
Livie, 150
Livourne, 18, 43, 94, 141
Lodi, 28
Lollobrigida (Gina), 51, 138
Lombardi, 72
Lombardie, 12, 38, 48, 59, 72, 76, 125, 134, 138, 139, 155
Lombardie-Vénétie, 28
Lombards, 24
Loren (Sophia), 51, 138, *138*
Lorenzetti (Pietro), 138
Loreto (basilique de), 103
Lotto, 72
Lucanie, 13
Lucaniens, 23
Lucentini, 94
Lucius Tarquinius, 23
Lucques, 38, 94, *94*, 138

M

Machiavel, 52, 99, 125, 139
Maddalena (archipel de la), 118
Maderna, 49
Maderna (Bruno), 139
Mafia, 52, 114, 127, 128, 139, 149
Magenta, 30
Majeur (lac), 78, 125, 138, 139
Malaparte (Curzio), 139
Mantegna (Andrea), 39, 72, 80, 125, 139
Mantoue, 71, 72, *72*, 136, 138, *138*, 139, 140, 145
Manzoni (Alessandro), 47, 139
Manzù (Giacomo), 43
Maranello , *19*
Marc-Aurèle, 46, 139
Marches, 13, *103*, 103, 140, 153
Marco Polo, 82, 144
Maremmes, 13
Marengo, 28
Marina di Belvedere, 113
Marinetti (Filippo Tommaso), 140
Marini (Marino), 43
Marmolada (massif de la), 10, 76
Marmora, 31
Marsala, 30, 59, 114, 140
Martina (Franca), 110

Martini (Simone), *38*, 140
Masaccio, 38, 99, 140
Mascarpone, 59
Maser, 80
Mastroianni (Marcello), 51, 140, *140*
Matera, 148
Mazerati, 90
Mazzini (Giuseppe Marcello), 29, 134, 140
Mécénat, 140
Médicis, 48, 96, 99, 122, 123, 125, 140, 143, 148
Médicis (Villa), 122
Meledo, 37
Memphis (groupe), 71
Menrva, 22
Messine, 114, 140, *140*
Messine (Antonello de), 116
Messine (détroit de), 114, 149
Mestre, 82
Metaponto, 141
Mezzogiorno, 18, 104, 110, 113, 124, 131, 137, 138, 141, 142, 150
Michel-Ange, 36, 40, 42, *43*, 62, 72, 99, 100, 135, 141, *141*, 147
Michelozzo, 35
Milan, 18, 24, 25, 28, 29, 34, 35, 37, *37*, 43, 48, 56, *71*, 71, 110, 126, 130, 136, 138, 140, 141, 148, 155
Mille (expédition des), 155
Mincio, 12
Minerve, 22
Missoni, 71
Misurina, *76*
Modène, 18, 29, 42, 90, 132, 136
Modève, 25
Modigliani (Amedeo), 41, 94, 141
Molfetta, 110
Molise, 127, 141
Monreale, *114*, 116, 141
Montanelli (Indro), 53
Mont-Blanc (tunnel du), 18
Mont-Cassin, 24, 32
Mont-Cenis, 11, 67
Mont Cimone, 11
Monte Argentario, 93
Montecassino (abbaye de), 128
Montecatini, 33
Montedison, 71
Montefeltre (Frédéric de), 103
Montefeltro, 153
Montepulciano, 93
Montesarchio, 133
Monteverdi (Claudio), 48, 130, 141
Montferrat, 67
Montgenèvre, 11, 67
Mont Greco, 11
Monti (Vicenzo), 47
Mont Rose, 10
Mont Sannio, 11
Morante (Elsa), 47, 141, 142
Moravia (Alberto), 47, 141, 142
Mori, 18
Moro, 33, 52
Moroni, 72
Mottarone, 78
Murano, 85
Murano (îles de), 137
Murge, 110
Mussapi(Roberto), 47
Mussolini (Benito), *32*, 32, 34, 50, 71, *130*, 131, 133, 137, *137*, 142, *142*, 148
Muti (Riccardo), 54

N

Naples, 12, 18, 24, 25, 28, 29, 30, *30*, 32, 35, 37, 43, 49, 56, 58, 59, 104, *104*, 106, 123, 128, 129, 133, 134, 142, 154
Naples (baie de), 106, 127, 137
Napoléon, 28
Nenni (Pietro), 33
Néoréalisme, 131, 142
Néron, 129, 142, *142*, 154
Nerva, 151
Nervi, 37
Nicolosi, 132
Nicosie, 114
Noto, 114, *114*, 143, *143*
Nova Levante, 76
Novarre, 67
Nuraghe, 143
Nuraghe Palmavera, *118*

O

Octave, 62
Octavien, 122
Odoacre, 23, 143, 147
Offices (Galerie des)), 143
Olivetti, 17, 18, 33, 67, 104
Ombrie, 13, *100*, 100, 143
Opéra bouffe, 145
Oratorio, 143
Orbetello, 37
Oreste, 147
Orlando (président), 32
Orsini, 29
Orta (lac d'), 78
Orta San Giulio, 78
Ortles, 10
Orvieto, 22, 35, 100, 143
Ostia Antica, 143
Ostie, *64*, 152
Ostrogoths, 23
Ostuni, 110
Otranto, 110
Otton Ier, 24
Ovide, 143, *143*

P

Padoue, 38, 42, 80, *81*, 122, 139, 143, 153
Paestum, 106, *106*, 127, 143
Paganini (Niccolo), 49, 144
Palatin, 62, 133, 149
Palerme, 25, 30, 56, 114, 116, *116*, 123, 128, 141, 144, 153
Palestrina, 144, *144*
Palestrina (Pierluigi da), 48
Palio, 55, 93, *93*, 144, 149
Palladio, 37, *37*, 80, *81*, 85, 87, 155
Pallanza, 78
Panarea, 132
Panettone, 59
Pantellaria, 10
Paparazzi, 54
Parme, 28, 29, 42, 90, 132, 144
Parme-Plaisance (duché de), 28
Parmesan (le), 90, 144
Parthénopéenne, 28
Parti communiste italien, 144, *144*
Parti radical, 144

asolini (Pier Paolo), 51, 54, 125, 144, *144*
asso di Sella, 76
âtes, 144
aul III, 36
avarotti (Luciano), 54
avese (Cesare), 47
avie, 24, 25, 35, 71, 72, *72*, 144
elasgiennes (îles), 10
ellegrino (mont), 116
ellico (Silvio), 47
ergolèse (Jean-Baptiste), 49, 145
érouse, 35, 42, 56, 100, 123, 136, 145
érugin, 39, 100, 145
esaro, 103
escatori (île dei), 78
étarque, 27, 47, 72, 80, 99, 145
iano (Renzo), 54
iazza Armerina, 145
ic de La Mirandole, 40
ie II, 93
ie IX, 62
iémont, 12, 29, 59, 67, 78, 134, 138, 139, 145
iémont-Sardaigne (royaume de), 128, 155
ienza, 93
iero della Francesca, 145
iero di Cosimo, 145
ierre III d'Aragon, 25
ie XI, 32, 137
incio, 149
iombino, 18
iombino Dese, 80
irandello (Luigi), 145
iranèse, 41, 145
irelli, 18, 71
isanello, 18
isano (Giovanni), 42
isano (Nicola), 42, 146
ise, 18, 25, 38, 42, 74, 93, 94, *94*, 96, 118, 123, 136, 145, 146
ise (tour de), 52
izza, 58, 146
laute, 146
line, 78
lombières, 30
ô, *67*, 80, 90, 122, 138, 146
ô (delta du), 153
olenta, 58
ompée, 128
ompéi, 34, *104*, 106, *106*, 127, 136, 146, *146*, 154
ô (plaine du), 10, 11, 12, 24, 26, 67, 68, 72, 78, 130
ordenone, 72
orto Cervo, 118
ortofino, 74
orto-Marghera, 18, 19
orto Torres, 118
ositano, 146
otenza, 124
ouille, 13, 110, 141, 146
ozzo (Andrea), 37
raia Mare, 113
rato, 18, 96
ratt (Hugo), 85
réalpes, 80
rocida, 106
rosecco, 59
ucci (Emilio), 96
uccini (Giacomo), 49, 72, 94, 138, 146, *146*
utti, 146
ythagore, 141

Q

Queirolo, 106
Quercia (Jacopo della), 42, 88, 94, 138
Quirinal, 149

R

Radetzki (maréchal), 29
Raguse Ibla, 114
Raimondi (Ruggero), 54
Rapallo, 74
Rapallo (traité de), 32
Raphaël, 40, 62, 72, 88, 99, 103, 147, *147*
Ravello, 106
Ravenne, 18, 23, 24, *35*, 42, 90, *91*, 132, 143, 146, 147
Recanati, 103
Reggio, 26
Reggio di Calabria, 113
Rémus, 147
Reni (Guido), 88
Republica (La), 52
Respighi (Ottorino), 49
Ribera, 106
Ricasoli, 96
Riccio (Andrea), 42
Rimini, 90, *91*, 122, 136, 147, 148
Risi (Dino), 51, 147
Risorgimento, 29, 67, 137, 147
Risotto, 59
Riviera di Ponente, 74
Riviera du Levant, 138
Riviera du Ponant, 138
Riviera ligure, 124
Rivoli, 28
Robertis (Francesco de), 50
Romagne, 17, 24, 29, 125
Romaine, 28
Romano (Giulio), 72
Rome, 22, 23, 30, 31, 34, 36, 37, 39, 40, 50, 53, 56, 59, *62*, 62, *64*, 122, 123, 126, 127, 128, 130, 137, 143, 144, 147, *147*, 151, 152, 154, 155
Romulus, 62, 147
Romulus Augustulus, 143, 147
Ronconi (Luca), 54
Rose (mont), 78
Rosi (Francesco), 149
Rossellini, 116, 129, 133, 142, 150
Rossellini (Roberto), 51, 147
Rossellino (Bernardo), 93
Rossi, 29
Rossini, 72, 99, 124, 132
Rossini (Gioacchino), 49, 147
Rumor, 33

S

Sabains (monts), 12
Sabines, 147
Sabins, 23
Sacarlatti, 49
Saccargia, 118
Sacro Monte, 78
Sadowa, 31
Saint Ambroise, 48
Saint Benoît, 24
Saint François, 100, 123
Saint-Gothard, 11
Saint-Luc (académie de), 122
Saint-Pierre (basilique), 36, *36*, 43, 62, 141
Salerne, 104, 106, 127
Salerne (golfe de), 122, 144
Salieri, 148
Salina, 132
Salluste, 148
Salo, 32, *78*, 148
Salo (république de), 142, 148
Sammartini, 49
Sammartino, 43
San Daniele, 87
Sanfelice, 106
San Frediano, 94
Sangallo le Vieux, 93
San Gimignano, 35, 93, 148
San Marino, 148
Sanmartino, 106
San Reno, 74
Santa Margherita, 74, 118
Santa Teresa Gallura, 118
Sant'Elia (Antonio), 37
Sardaigne, 10, 11, 13, *15, 16*, 17, 28, 42, 74, 118, 141, 148, 152, 155
Sardaigne (royaume de), 28
Sassari, 118
Sassi, 148
Savoie (maison de), 67, 68
Savonarole, 47, 99, 125, 148, *148*
Scala de Milan, 72, 125, 148, *148*
Scalfari (Eugenio), 52
Scaliger, 80
Scarlatti (Domenico), 148
Schio, 18
Sciascia (Leonardo), 54, 114, 149
Scola (Ettore), 51, 149
Ségeste, 116, 149
Sele (plaine du), 106
Sélinonte, 116, 149, *149*
Sénèque, 142
Sept Collines, 149
Septime Sévère, *62*, 149
Serpotta, 43, 116
Sestrières, 68
Sestri-Ponente, 18
Sforza, 71, 72, 130
Sicile, 10, 11, 12, *12*, 13, 17, 35, 37, 42, 43, 59
Sicile, 114, 131, 132, 134, 135, 140, 141, 144, 145, 149, 152, 153
Sienne, 35, 38, 42, 55, 59, *93*, 93, 96, 123, 132, 136, 144, 146, 149
Signorelli (Luca), 100, 143
Sila (massif de la), 113
Simplon (col du), 11
Sirmione, *78*
Sixtine (chapelle), 40, 125, 141
Solari (Giovanni), 35
Solfatare, 104, 129
Solferino, 30
Solonte, 116
Sordello de Mantoue, 48
Sorrente, 104, 106, 149
Spezia (golfe de la), *18*, 138
Spolète, 100, *100*
Sport, 149
Stacchini, 37
Stelvio (col du)), 10, 11
Stradivarius, 149, *149*
Strehler (Giorgio), 54, 72
Stresa, 78
Stromboli, 10, 12, 132, 150
Strozzi (Bernardo), 74
Stupinigi, 68
Suétone, 46, 154
Suèves, 23
Svevo (Italo), 47, 150
Syracuse, 18, 114, 116, 135, 150

T

Tabucchi (Antonio), 54
Taburno (mont), 133
Tacite, 46, 150, *150*, 154
Taleggio, 59
Taormina, 114, 116, 132, 150, *150*
Tarente, 18, 110, 150
Tarquinia, 133, 150
Tarvis, 11
Tasse (le), 48, 80, 150, *150*
Taviani (Vittorio et Paolo), 150
Tende (col de), 11
Tessin, 12
Théodoric, 24
Tibaldi, 103
Tibère, 126, 127, 150
Tibre, 23, 62, 100, 143, 151
Tiepolo (Giambattista), 41, 80, 85, 87, *146*, 151
Tifosi, 149
Tinia, 22
Tintoret (le), 41, 85, *151*, 154
Tite-Live, 46, 151
Titien, 40, 85, 99, 151, 154
Tivoli, 151, 155
Tolentino, 103
Torcello, 85, 137
Torelli, 49
Torriti, 38
Toscane, 13, *13*, 17, 22, 28, 37, 38, 42, 53, 59, 93, *93*, 103, 123, 127, 129, 133, 138, 149, 151, *151*
Toscanini (Arturo), 90, 144, 148, 151
Toto, 151
Trains, 151
Trajan, 151
Trani, 110, *110*
Trapani, 149
Trastévère, 64, 152
Trattiora, 152
Tremezzo, *78*, 78
Trente, *76*, 76
Trentin, 31, 122, 136, 137, 152
Trentin-Haut-Adige, 76
Trévise, 153
Trieste, 19, 31, *87*, 87, 137, 150, 152, 153
Trieste-Monfalcone, 18
Trulli, 152, *152*
Tubisacce, 113
Turin, 18, 25, 28, 37, 67, 68, 110, 133, 145, 152, *152*
Tyrrhénien (littoral), 127
Tyrrhénienne (mer), 129, 132, 151, 152

U

Ucello (Paolo), 39, 103, 152
Udine, 87

Ungaretti (Giuseppe), 152, *153*
Uni, 22
Urbino, 103, 125, *140*, 153

V

Valadier(Giuseppe), 37
Valdagno, 18
Val d'Aoste, 68, 153, *153*
Valentino, 71
Val Gardena, *11,* , 76
Vancini, 51
Vandales, 23
Vanvitelli, 106
Varèse, 18
Vasari (Giorgio), 99, 129, 143, 153
Vatican (Cité du), 32, 58, 62, 138, 147, 153
Vedute, 128
Vénète (plaine), 80
Vénètes, 23
Vénétie, 59, 76, 78, 80, 134, 153, 155
Vénétie Julienne, 12
Vénétie Julienne-Frioul, 153
Vénétie Tridentine, 12
Veneto, 12
Veneziano (Domenico), 39
Venise, 18, 24, 25, 26, *26*, 29, 35, 39, 40, 41, 42, 48, 55, 56, 59, 80, *81*, *82*, 82, 85, 123, 124, 125, 126, 127, 132, 133, 135, 137, 140, 146, 151, 153, *153*, 154, 155
Vêpres siciliennes, 153
Vercelli, 67, *68*
Verdi, 72, 90, 144
Verdiccio, 103
Verdi (Giuseppe), 25, *49*, 154, *154*
Verga Giovanni, 154
Vérone, 80, 145, 153, 154
Véronèse, 41, 80, 85, 154, *154*
Verrocchio, 42, *43*, *99*, 154
Versace, 71
Vespasien, 23, 34, 154
Vésuve, 12, 104, *106*, 106, 127, 136, 137, 146, 154
Via Appia, 154
Vicence, 37, 80, *81*, 155
Vicenza, 59
Victor-Emmanuel, 134
Victor-Emmanuel Ier, 29
Victor-Emmanuel II, *20, 21*, 29, 31, *62*, 67, 68, *71*, *154*, 155
Victor-Emmanuel III, 31, 32
Villa Adriana, 155
Villanoviens, 22
Viminal, 155
Vinci (Léonard de), 40, 41, 72, 99, 147, 154, *154*, 155
Virgile, 46, 106, 155, *155*
Visconti (Luchino), 51, 54, 71, 80, 116, 137, 140, *144*, 155, *155*
Viso, 10
Viso (Mont), 146
Vitruve, 35, 155
Vivaldi (Antonio), *48*, 155
Volta (Alessandro), 155
Volterra, 22, 35, 93
Vulcano, 132

Z

Zeffirelli (Franco), 51

159

Photographies

S.P.A. — A.L.A. Fotocine : 144/145

Appetito : 50 (m.g).

Artephot — A. Held : 46 — 146 (m.d).

Artistes Associés : 51.

A. Bert : 128 (g).

Bodleian Library, Oxford : 26.

Carjat : 147 (d).

Dino Cavicchioli : 140 (m).

Cedri : Titus : 154 (d).

S. Chirol : 15 (g) — 37 (g) — 44 (b) — 45 — 57 (d) — 59 (g) — 81 (b) — 109 (b) — 112 (h.g). 112/113.

G. Dagli Orti : 20/21 — 23 (g) — 23 (m) — 24 — 25 — 27 (g) — 28 (g) — 28 (d) — 29 — 30 — 31 — 35 (g) — 36 — 146 (b.m).

Diaf — B. Belly : 15 (d) — 95 (b) — 96/97 — 119 (h) — 119 (b) — G. Biollay : 69 — R. Bouquet : 83 (b) — 91

(h) — 102/103 (b) — J. Gabanou : 54 (g) — 114/115 — J.-P. Garcin : 11 (d) — 11 (g) — 17 — 43 (d) — 53 (d) — 57 (g) — 62/63 (b) — 66 (h.d) — 66/67 — 68/69 (h) — 68/69 (b) — 70 (d) — 70 (g) — 73 (g) — 73 (d) — 72773 (b) — 73 (b) — 76 — 77 (h) — 77 (b) — 98 (h.g) — 102 — de Jaeghere : 37 (d) — 70/71 — J.P. Langeland : 8/9 — 13 — 44 (h) — 55 (d) — 63 — 65 (d) — 92 (h) — 92 (b) — 97 (h) — 97 (b.d) — 98 (b) — J. Le Clainche : 79 (d) — 79 (b) — Parra Bordas : 84 (g) — B. Régent : 35 (d) — 78/79 — 81 (h) — 89 (g) — 88/89 — 89 (d) — 90 — 90/91 — 91 (b) — 117 (h) — D. Thierry : 53 (g) — 104/105 — 105 (h.d) 107 (g) — 106/107.

D.R. : 50 (h.g) — 50 (d) — 120/121 — 135 (d) — 143 (g) — 149 (m.g) — 154 (g).

Doc. Editions du Seuil : 149 (d).

Explorer — Y. Arthus : 82/83 — P. Duchemin : 62/63 (h) — L.Y. Loirat : 93 — 94 — 95 (h) — 98 (h.d) — 115 (b.g) — 116/117 — 117 (b) — 118/119 — J.P. Nacivet : 75 — G. Renoux : 56 — Ph. Roy :

18 — 74 (h) — K. Straiton : 34 — Tatopoulos : 16 (g) — B. Thomas : 66 (g) — H. Veiller : 99 (h) — A. Wolf : 52 — 65 (g).

Felici : 137.

Films Marceau : 133 (d).

A. Gael : 10 — 60/61 — 111 (b.g) — 111 (b.d) — 115 (b.d).

Gamma : Habib : 33 — 144 (m).

Gaumont : 138 (g).

D. Giorgio : 143 (m).

Giraudon : 41 (d) — 58 (g) — 122 (d) — 122 (m) — 127 (g) — 130 (m) — 136 (d) — 139 (d) — 142 (d) — 147 (g) — 148 (g) — 152 (d) — 155 (m) — Alinari : 134 (g) — 136 (g) — 140 (m) — 143 (d) — 144 (g) — 150 (d) — 151 (g) — 152 (m) — 154 (m) — Anderson : 124 (m) — 125 (g) — 126 (d) — 128 (d) — 131 (d) — 135 (g) — 138 (d) — 155 (g) — Brogi : 141.

S. Held : 80/81 — 83 (d) — 84 (d) — 105 (b) — 107 (d) — 108/109 — 109 (h) — 110/111.

Keystone : 32 (d) — 32 (g) — 130 (g) — 133 (g) — 153 (m).

Larousse : 129 (m.b) — 129 (d) — Giaconelli : 27 (d).

Laubscher : 142 (g).

Lauros-Giraudon : 123 (g) — 132 (g) — 133 (d) — 140/141 — 146 (b.d) — 149 (b.d) — 150 (g).

Lauros : 129 (g).

C. Lenars : 16 (d) — 74 (b) — 84/85.

M. Levassort : 54 (d) — 135 (m) — 147 (m) — 153 (g).

Lipnitzki : 145 (d).

Magnum — H. Cartier-Bresson : 124 (d) — 124 (g) — 126 (g) — 131 (g) — 145 (m) — 151 (d).

Hurn : 153 (d) — J.K. 127 (d).

Museo teatrale alla Scala, Milan : 148 (d).

V. Moreno : 12 — 112 (h.d).

Coll. J.L. Passek — Unitalia : 130 (d).

Pleins Feux : 58 (d).

Rapho : M. Bertinetti : 59 (d) — 64/65 — Pasquier : 86/87 — 102/103 (h) — Saint-Pierre : 14 — Silvester : 152 (g) — X. Testelin : 105 (h.g) — Tholy : 101 (d) — G. Viollon : 122 (g) — M. Yamashita : 86 (d) — 101 (g).

Rizzoli : 47 (g).

Roger-Viollet : 49 — 142 (m) — 150 (m) — Alinari : 148 (m).

C. Santos : 47 (m).

Scala : 22 — 38 (g) — 38 (d) — 39 — 40 — 41 (g) — 42 — 43 (g) — 48 (m) — 48 (d) — 86 (g) — 125 (d).

Coll. Sirot-Angel : 146 (g).

H. Stierlin : 132 (d).

Sygma — G. Giansanti : 19 (d) — 19 (g) — F. Meylan : 55 (g) — 139 (g) — Vollmer : 134 (d).

Top — Ionesco : 100/101.

Unitalia : 123 (d).

Warner Bros : 155 (d).

Photocomposition Maury Imprimeur S.A., 45330 Malesherbes.
Photogravure Leader Graphic, Paris. Impression Amilcare Pizzi, Milan.
Dépôt légal Février 1989 — N° Série Editeur 15050-513159 — Février 1989
IMPRIMÉ EN ITALIE (*Printed in Italy*)

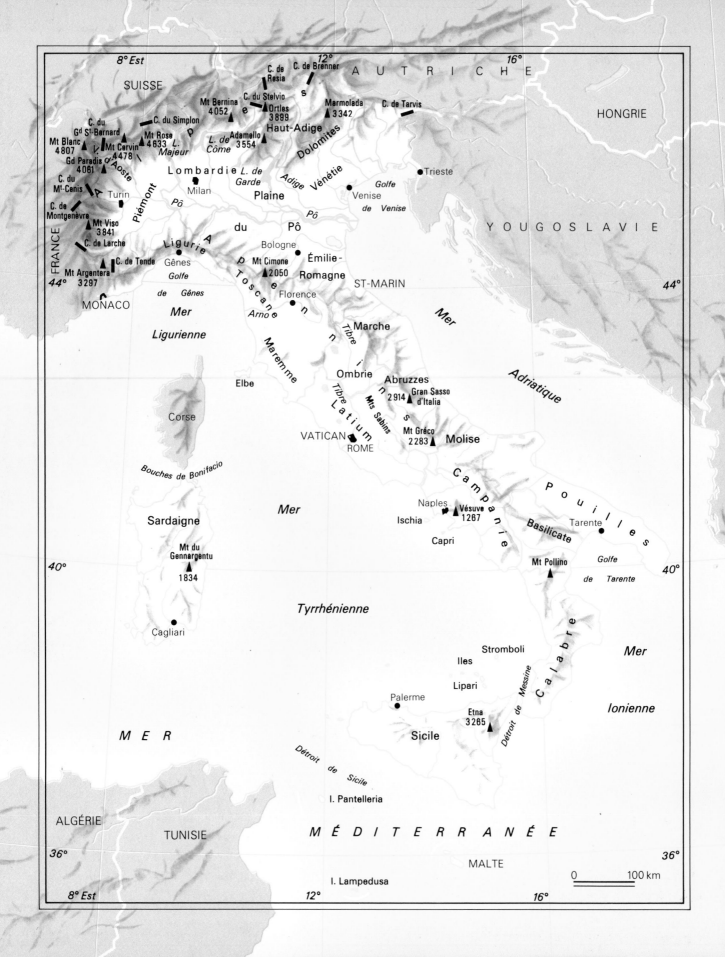